本书是国家社科基金一般项目“泛县域视角下产城融合共生路径研究”（16BGL212）、国家自然科学基金面上项目“绿色发展理念指导下区域绿色竞争力的动态监测与政策仿真研究”（71774074）、江西省社科规划项目“江西省传统优势产业转型升级的技术创新路径研究”（16GL06）、江西省教育厅科技研究项目“绿色科技为工业园区服务的效应与路径研究”（GJJ170202）的研究成果

生态与经济融合共生的理论与实证研究

——以江西省为例

陈运平　黄小勇◎著

THEORETICAL AND EMPIRICAL RESEARCH ON THE ECOLOGICAL AND ECONOMIC SYMBIOTIC

— A CASE STUDY OF JIANGXI PROVINCE

图书在版编目（CIP）数据

生态与经济融合共生的理论与实证研究/陈运平，黄小勇著 . —北京：经济管理出版社，2021. 3
ISBN 978 - 7 - 5096 - 7885 - 5

Ⅰ. ①生…　Ⅱ. ①陈…　②黄…　Ⅲ. ①生态经济—区域经济发展—研究—江西　Ⅳ. ①F127. 56

中国版本图书馆 CIP 数据核字(2021)第 055113 号

组稿编辑：杜　菲
责任编辑：杜　菲
责任印制：黄章平
责任校对：王淑卿

出版发行：经济管理出版社
（北京市海淀区北蜂窝 8 号中雅大厦 A 座 11 层　100038）
网　　址：www. E - mp. com. cn
电　　话：(010) 51915602
印　　刷：唐山昊达印刷有限公司
经　　销：新华书店
开　　本：787mm × 1092mm/16
印　　张：15. 25
字　　数：373 千字
版　　次：2022 年 1 月第 1 版　　2022 年 1 月第 1 次印刷
书　　号：ISBN 978 - 7 - 5096 - 7885 - 5
定　　价：98. 00 元

前　言

生态与经济融合共生是我国经济绿色发展的关键，也是产业生态化和生态产业化的重要体现。本书从江西经济运行的总体情况和转型升级的监测状况出发，对江西生态与经济融合共生水平进行评价分析，并研究江西生态与经济融合共生的主导产业选择和动力机制。本书的主要贡献是提出了生态与经济融合共生的测评体系，并利用投入产出均衡模型分析了主导产业的选择，以及从博弈论角度提出了生态与经济融合行为主体的动力机制。本书具体分为四篇。

第一篇：首先构建衡量经济运行的指标体系。为更好地监测江西经济运行情况，需要对其发展状况进行纵向的环比分析，同时与全国平均水平进行横向比较，进而得出综合的评价结果。省域经济运行的评价指标体系由三级目标集构成：一级目标集包括发展评价、后劲评价、统筹评价三部分。二级子目标集由速度、结构、效益构成评价指标子体系；由资源约束、资金投入、工业潜力构成后劲评价指标子体系；由城乡协调、区域协调、经济社会协调、人与自然协调和内外开放协调构成统筹评价指标子体系。三级具体目标集由39个具体指标构成，其中发展指标20个、后劲指标11个、统筹指标8个。其次对中部六省的经济运行纵向环比监测及其评价。具体包括：①综合指数及其实证评价。即运用综合指数来分析中部地区的经济运行情况、发展趋势和速度变化。②一级指标值及其实证评价。即根据一级指标值（发展指数、后劲指数、统筹指数）从总体情况、发展速度和贡献度三个方面对中部六省的运行进行纵向环比动态监测。③二级指标值及其实证评价。通过环比分析，深入研究二级指标值分别对中部六省经济运行的具体影响。最后对中部六省的经济运行与全国平均水平横向比较进行动态监测及评价。通过将中部六省的综合指数、发展指数、后劲指数、统筹指数分别与全国的平均水平进行横向比较，分析中部地区各个省份的发展现状，以找出江西在中部六省经济发展中的优劣势。

第二篇：随着人民生活水平的日益提高，社会公众对高质量生存环境的呼声越来越高，如何协调生态与经济的关系进而促进生态与经济共生共融，成为世界各地关注的问题。鉴于以上背景，以江西为研究对象，致力于对其生态与经济融合共生水平进行评价。第一，进行生态与经济融合共生的理论研究。在文献研究的基础上综述融合共生的实证研究趋势以及融合共生的评价体系研究动态，并对融合、共生以及生态与经济融合共生进行概念界定。第二，分析江西生态与经济发展概况。通过选取关键影响因素对江西的自然地理、社会经济和生态环境三方面进行现状分析，以明确研究对象的基本概况及其发展存在的问题。第三，构建生态与经济融合共生水平的综合评价指标体系。通过文献分析、专家咨询等方法探讨影响生态与经济融合共生水平的影响因素，从生态政策、生态产业、生态企业三个要素层分解出22个指标，从而确立生态与经济融合共生水平综合评价体系。第四，实证分析江西生态与经济融合共生水平。根据指标体系收集和整理相关的衡量数据，利用计量经济学方法对中部六省的生态与经济融合共生进行结果测算，通过综合评价找出江西生态与经济融合共生与其他中部五省相比存在的优势与不足并进行原因分析。第五，依据实证分析结果，提出实现江西省生态与经济融合共生发展的政策建议。

第三篇：我国经济已由高速增长阶段转向高质量发展阶段，生态与经济的协调发展是当前社会发展潮流中不可阻挡的趋势。主导产业作为地区经济发展的风向标，体现了当地经济发展的质量与潜力。由此可见，对江西主导产业的研究对分析江西生态与经济协调发展水平尤为重要。首先，主导产业及其发展变迁的理论研究。通过对国内外学术界关于主导产业研究文献的整理分析，发现国内外学者主要集中于主导产业选择的理论与实证研究、主导产业对经济增长与产业结构调整的影响研究及主导产业的演进研究，而对于主导产业的变迁原因、影响主导产业变迁的影响因素等相关研究甚少。因此探究主导产业变迁的影响因素对于引导主导产业选择、促进主导产业发展与优化产业结构具有重大意义。其次，江西主导产业的确定及其变迁分析。通过构建主导产业研究模型即DPG模型以及结合投入产出表，从定性与定量两个方向分析江西1997~2002年、2002~2007年、2007~2012年三个阶段的主导产业并进行变迁动态分析。再次，江西主导产业变迁影响因素的实证研究。利用DPG模型对主导产业变迁的影响因素进行分解，通过实证分析发现，不同时期推动江西主导产业变迁的主要因素会有所差别，但总体可以归纳为技术与贸易是推动1997~2012年江西主导产业变迁最主要的影响因素。最后，江西生态与经济融合共生下主导产业选择与发展的对策建议。通过对前文研究进行总结，并在充分考虑影响江西主导产业变迁的关键因素基础上对江西生态与经济融合共生下主导产业选择与发展提出建设性对策建议，以进一步提升江西生态与经济的融合水平，推动产业结构优化升级和发挥主导产业的联动效应。

第四篇：构建行为主体间的动力机制以探讨提升江西生态与经济融合共生水平的实现路径。首先，生态与经济融合共生动力机制理论基础研究。对生态与经济融合共生的国内外相关文献进行了梳理和述评，为后文进一步深入研究提供扎实的理论依据。其次，生态与经济融合共生的行为主体分析。以生态经济学、融合共生理论为基础，从博弈论的角度出发，界定生态与经济融合共生的四个行为主体即政府、区域环保组织、企业、消费者，并通过对各行为主体的生态效用目标分析构建行为主体间互相作用的关系网络。再次，生态与经济融合共生行为主体博弈模型分析。通过行为主体间的博弈模型分析以及结合我国经济与生态不协调发展现状，得出各行为主体博弈纳什均衡点位于（政府，区域环保组织，企业，消费者）的（非生态行为，非生态行为，非生态行为，非生态行为）。最后，生态与经济融合共生行为主体间动力机制设计。结合目前存在的博弈均衡状态，可以通过构建政府政策支持促进机制、区域环保组织技术推动机制、企业经济利益推动机制和消费者需求拉动机制以引导各个行为主体进行生态行为，更好地实现生态与经济的融合共生。

本书是在国家社科基金一般项目“泛县域视角下产城融合共生路径研究”（16BGL212）、国家自然科学基金面上项目“绿色发展理念指导下区域绿色竞争力的动态监测与政策仿真研究”（71774074）、江西省社科规划项目“江西省传统优势产业转型升级的技术创新路径研究”（16GL06）、江西省教育厅科技研究项目“绿色科技为工业园区服务的效应与路径研究”（GJJ170202）的阶段性成果研究基础上完成的，由江西师范大学陈运平教授、黄小勇教授负责，博士生刘燕，硕士生余倩、陈学鹏、钟子倩、李诗琪、沈炀、胡思颖、周梦凡、李鸿莉等协助完成，凝聚了相关课题组成员的巨大心血。在课题的研究和写作过程中参阅了大量生态与经济融合共生方面的文献，在此对文献作者和相关课题组表示深深的谢意。同时该书的出版还得到了江西省重点学科管理科学与工程、江西省高校人文社科基地管理决策与评价中心、江西省产业转型升级软科学研究基地、江西师范大学苏区振兴研究院和江西师范大学财政金融学院的资助，在此一并表示衷心的感谢。由于水平有限，书中不妥之处，敬请读者批评指正。

陈运平

二零二零年九月　于洪城

目　录

第四篇 江西省生态与经济融合共生的动力机制设计

绪　论

一、生态与经济融合共生研究意义

从理论方面来看，开展生态与经济融合共生研究对于深化可持续发展理论和相关经济学理论研究具有重要的意义，为江西生态经济协调发展提供理论支持。生态与经济融合共生的理论是建立在可持续发展理论、生态经济学理论、包容性增长理论等基础之上的，对融合共生理论的研究可以丰富其他理论研究。对江西生态与经济融合共生水平测算的研究相对较少，可利用本书研究结果与其他的研究结果进行比较与结合，进而对江西生态经济发展提供理论支持。

从现实意义来看，开展生态与经济融合共生研究有利于总结经验推进江西经济健康持续发展。中部六省地区是国家最重视的经济发展区域之一，江西作为中部六省之一，其经济发展自然不容忽视。通过本书研究，首先可以总结江西的经济与环境的协调程度，分析影响江西环境质量与经济发展的因素，并完善其经济发展模式。其次通过分析江西主导产业的选择方向，可以对江西经济与环境发展提出政策建议，推动江西生态与经济的进一步发展。最后从影响区域经济与生态融合共生的行为主体出发构建动力机制并提出相应的对策建议，可以给其他地区的可持续发展提供借鉴。

二、国内外研究现状及发展动态分析

（一）国外研究现状及动态分析

国外学者对经济与生态融合共生的研究在理论与实证上做了有益的探讨。学者开创了共生理论的研究，并把共生理论从生物学领域不断延伸和拓展到医学领域、农业领域和经济学领域。在经济学领域集中研究了产业共生与工业共生、区域经济合作以及经济与生态协调发展问题，主要包括融合共生的概念来源及演进研究、生态与经济矛盾统一问题的研究、生态与经济融合共生的实证影响研究、生态与经济融合共生的评价体系研究等。

De Bary（1879）最早提出“共生”一词，他认为共生就是不同种属生活在一起。由于他的研究领域是生物学，因此，共生在生物学领域得到了延伸发展，形成了生物学领域的共生理论。共生理论在生物学领域是指动植物互相利用对方的特性和自己的特性一同生活、相依为命的现象，之后该词慢慢运用于经济学领域。Carter（1973）强调，城市是自然、社会、经济、文化的复合体，需要做好城市各方面的共生问题，使其成为一个生态系统，并且能够使自然、社会、经济、文化等诸多方面协调发展。

单独从生态或经济角度无法解释人类经济发展的瓶颈。Coats 和 David（1973）发现人类在创造财富时同样使自己陷入人口倍增、粮食匮乏、能源短缺、资源枯竭、生态破坏等困境中，所以仅仅从单一的生态学或经济学角度无法解释和解决这类问题。生态经济学的概念由 Boulding（1950）正式提出，即生态系统包含人类系统，只有对生态学和经济学的耦合部分进行结合性分析才能从中找出生态与经济矛盾问题的解决办法。要研究生态与经济的矛盾统一关系，关键在于研究生态与经济系统的耦合性。Panayotou（1993）认为生态系统与经济系统存在整体和谐性、永续发展性、时空公平性，这解释了生态系统与经济系统的耦合机制的存在。

Krueger（1995）通过简单的实证计量证实了 EKC（Environmental Kuznets Curve）的存在。他们对城市特征、大气和水的质量、人均 GDP 进行回归分析，得出环境污染情况与经济发展速度呈正相关关系，但经济发展速度同样受到技术水平的影响。Ansuategi（2003）运用 EKCs 方法分析欧洲的经济增长与二氧化硫跨境污染关系，结果表明面临更严重的环境压力的国家将伴随产量更急剧下降的经济发展。以上表明，生态与经济的确有着相互影响的作用，因此，我们要重视生态与经济的融合共生。

在生态与经济融合共生的评价体系构建研究上，Mario 等（2001）通过社会代谢多尺度综合评估方法来测算人类社会的可持续发展。该方法通过人类活动（时间）量、体能投入量及附加值指标建立评价体系综合考察地区的社会、经济和环境的可持续发展状况。应用该方法进行的小区域社会代谢研究对其他地区的社会可持续发展具有指导意义。Warlenius 等（2014）基于生态债务构建的操作模块可运用于生物系统保护、生态经济发展、环境立法等方面。将生态债务作为一种工具和理论基础提出的模块化构建有利于实现世界环境保护的目标，进而促进生态经济的发展。这些观点均为本书的研究提供了理论与实证上的经验。

（二）国内研究现状及动态分析

国内学者的研究主要集中于生态与经济发展的关系研究、生态与经济评价指标体系选取研究、生态与经济融合共生的路径对策研究等。

1. 生态与经济发展的关系研究

有学者认为生态与经济二者有着一定的鸿沟与矛盾。贾莉等（2001）指出生态环境与经济之间在一定条件下存在着一种替代关系，快速的经济发展必须以牺牲环境质量为代价，要使生态环境得到好的保护和改善，必须要放缓经济发展。然而，这种替代关系是有限的，当生态被破坏到一定程度后，这种以牺牲环境为代价的做法不仅不能促进经济的发展，而且严重拖后经济发展的脚步。当然，也有学者认为生态与经济可以协调发展，甚至融合共生。黄小勇（2014）指出要通过调和经济与生态的关系，解决经济发展与生态保护的矛盾冲突问题，就不得不引入“共生”这个来源于生物学的概念。

2. 生态与经济评价指标体系选取研究

张青峰等（2011）运用系统科学理论与方法建立了评价黄土高原的经济社会发展与生态环境耦合程度的指标体系，其中一级指标是自然生态系统与社会经济系统，二级指标包括森林覆盖率、年均降水量、地区生产总值、人均 GDP 等 21 项。该指标体系中的生态环境指标是黄土高原突出的生态指标，能较客观地反映黄土高原地区生态与经济系统协调发展的程度。李怡雯（2012）运用层次分析法和变异系数协调度模型从经济发展指标和生态环境指标两大准则层出发，构建国内生产总值、财政收入、森林覆盖率等指标层对临安市的生态与经济发展进行综合评价。该指标体系将横向和纵向两个方面相结合，即从生态与经济的相关性以及二者在不同时间段的相互作用关系两个层面较为全面地评价了临安市的生态与经济情况。

3. 生态与经济融合共生的路径对策研究

付丽萍（2012）指出发展低碳经济的行为主体包括政府、企业、民众，只有三者协作才有可能促进我国生态与经济的和谐发展，然而，这些行为主体间有着不同的价值判断和效用函数，在发展生态经济过程中，主体之间存在着复杂的动态非合作多重博弈关系，要对不同的动力主体进行激励以更好地实现生态与经济的和谐发展。杨林（2005）认为，生态与经济的融合共生总是在一定的法律法规制度下进行，而现今我国没有明晰的制度如生态资源产权、健全的市场交易、公开透明的信息披露、完善的宏观配套、有效的微观控制等来实现生态与经济融合共生发展，所以要实现生态与经济融合共生必然要进行制度创新。由此，杨林提出要在环境资源产权、环境资源市场交易法、环境信息披露透明度、宏微观配套制度供给等方面的法律制度层面加以改善，从而实现生态与经济的融合共生发展。

总体来说，融合共生已经成为区域经济发展的重要主题，已经融入区域经济与生态协调发展领域，并且形成了相应的模式与机制。但国内关于生态与经济融合共生的研究尚未进入成熟阶段，没有形成系统的理论基础体系和研究框架，与现实发展的结合还有待进一步深化。

（三）国内外文献评述

从以上文献可以看出，不管是国内还是国外，对待生态与经济融合共生的态度都有两面性。一方面，生态与经济是不相融的，生态与经济是对立的两个方面，不可能实现同时发展。生态的保护必定阻碍着经济的发展，经济的蓬勃发展必须建立在践踏和破坏生态环境的基础上。另一方面，生态与经济是可以融合共生的，只不过这种融合共生需要寻找方法去实现。只要人类清醒地意识到问题与风险，认真对待，齐力想出解决办法和对策，降低污染，缓解环境承受的压力，必然可以慢慢实现生态与经济的融合共生。

在区域经济协调发展评价体系与实现路径研究上，不应将区域看成一个孤立的范围，根据区域经济发展理论的相关内涵，区域间的相互吸引与辐射已经日渐频繁，所以应该将所要分析的载体放到区际间去讨论，在比较中找到差距才显得更有意义，同时在评价体系的建立中，应该适当地考虑政策层面的指标，使得指标体系层次更加丰富与全面。关于生态与经济融合共生的评价指标的选取，应尽量将二者结合，而不应该单纯地割裂二者的关系。大多数学者从不同的方面不同的角度分析实现生态与经济融合共生需要的措施和方法论，但是很少有人注意到在整个社会经济生态系统中至关重要的行为主体的相互博弈，鲜有学者从行为主体博弈的角度去分析并实现生态与经济融合共生发展。主体间的相互促进和牵制作用可以对各个行为主体在生态与经济融合共生中的决策起到制衡作用，进而实现主体决策的博弈均衡状态。基于此，本书以江西为例，注重对生态与经济融合共生的测度评价研究、探索生态与经济融合共生的实现路径，通过指导主导产业选择的实践活动丰富区域生态与经济融合共生理论体系，探索生态与经济融合共生的动力机制以提出有针对性的对策建议。同时本书在研究中还高度注重与江西区域发展现实的动态结合以及密切关注中部地区之间的相互联系，不断加强理论研究和创新，力求以科学、创新的理论成果解释和指导实践。

三、研究内容

（一）江西经济运行总体评价与经济转型升级监测

根据研究主题，首先，在理论研究的基础上构建衡量江西经济运行的指标体系。其次，对中部六省的经济运行情况进行纵向环比动态监测及其评价。分别从综合指数、一级指标值以及二级指标值分析各个省份的经济运行情况，包括发展趋势与速度变化分析、总体情况分析、发展速度和贡献度分析。并通过对中部六省进行环比动态分析，指出江西与中部其他五省的差距所在和提出相应的对策建议。最后，对中部六省的经济运行情况与全国平均水平进行横向比较监测及评价。通过对中部六省与全国平均水平横向比较并进行综合评价，以找出江西在中部六省经济发展中的优劣势，提出相应的改进措施和指明未来发展的前进方向。

（二）江西生态与经济融合共生的水平评价

根据研究主题，首先，引入生态与经济融合共生的理论框架。在文献研究的基础上，综述融合共生的实证研究趋势以及融合共生的评价体系研究动态，并对融合、共生以及生态与经济融合共生进行概念界定。其次，分析江西生态与经济发展概况。通过选取关键影响因素对江西的自然地理、社会经济和生态环境三方面进行现状分析，以明确研究对象的基本概况及其发展存在的问题。再次，通过探讨生态与经济融合共生水平的影响因素，构建生态与经济融合共生水平的综合评价体系。又次，根据指标体系采集相关衡量数据对生态与经济融合共生进行实证研究。最后，提出实现江西生态与经济融合共生发展的政策建议。

（三）江西生态与经济融合共生的主导产业选择

利用可比价投入产出表和DPG分析法，研究1997~2012年江西主导产业的变迁及其影响因素，具体内容如下：首先，进行相关文献综述及研究动态述评，并界定主导产业的相关概念。其次，构建主导产业研究模型即DPG模型以及结合投入产出表，从定性与定量两个方向分析确定江西1997~2002年、2002~2007年、2007~2012年三个阶段的主导产业并进行变迁动态分析。再次，通过建立模型及处理数据，得出各个时间段影响江西主导产业变迁的主要因素。最后，通过对前文的研究结论进行总结，在充分考虑影响江西主导产业变迁的关键因素基础上，对江西生态与经济融合共生下主导产业选择与发展提出有建设性的对策建议。

（四）江西生态与经济融合共生的动力机制

此前已对江西生态与经济融合的水平进行了测度评价，以及分析了江西主导产业选择的变迁和影响因素，在这一部分主要是探讨提升江西生态与经济融合共生水平的实现路径。一是生态与经济融合共生的行为主体分析。生态与经济融合共生的相关行为主体包括政府、区域环保组织、企业和消费者，通过对行为主体的效用目标分析并构建行为主体的关系网络发现，各个行为主体为追求自身经济利益的最大化必然会忽视对生态环境的保护，实现生态与经济融合共生的重要性不言而喻。二是生态与经济融合共生的动力机制分析。通过构建行为主体间的博弈机制，建立各个行为主体在博弈中的效益函数，将不同变量代入得出不同的效益值，从而分析在不同效益的驱使下各个主体的行为选择，在互相影响下共同得出最终的帕累托最优行为选择；通过分析生态系统与经济系统间的失调发展问题提出促进生态与经济系统相互协调和共生发展的政策建议，以更好地实现江西生态与经济融合共生。

四、研究目标

以现有的国内外关于区域生态与经济融合共生有关的理论为指导思想，对理论发展及研究现状进行梳理，综合提出生态与经济融合共生的思想。对当前国内外的生态与经济融合共生发展现状进行研究分析，根据有关理论、历史经验和实践经验构建指标体系和模型，同时利用现有的中部六省相关数据进行实证研究，对江西与其他中部五省的生态与经济融合共生水平进行实证评价，通过研究实现以下目标：①通过构建评价指标体系揭示江西经济运行的总体情况以更好地实现转型升级；②构建生态与经济融合共生水平评价指标体系，并对江西生态与经济融合共生水平进行实证研究，以论述地区差距原因，提出有针对性的改善建议；③学习并掌握 DPG 分析法，运用 DPG 分析法定性与定量分析确定江西省的主导产业，为政府有针对性地制定某产业部门的产业政策或是完善相关产业部门的产业政策提供科学参考，进而促进江西产业结构的优化升级和经济又好又快发展；④在生态与经济之间建立一套政府、区域环保组织、企业和消费者相互牵制、相互激励的融合共生的动力机制，使得各个行为主体在实现自身效用目标的同时又不破坏生态环境，甚至能带来生态环境的优化，进而实现江西生态与经济融合共生。

五、拟解决的关键问题

（一）揭示江西经济与生态总体运行的发展现状以及构建测度评价体系

通过构建测度评价体系，从横向和纵向两个方面对江西生态与经济运行情况进行动态监测与实证分析，有效论证江西与中部其他五省之间的差距，为江西更好地改进生态与经济融合共生水平以及转型升级提供理论与实践的指导。只有有效地分析了现实问题，才能更好地为江西产业转型升级，实现生态与经济融合共生建言献策。

（二）做到统计方法上的兼容性

经济统计对经济活动的描述具有内在的统一性，环境统计则常常着眼于外在形状及其各种生物、物理、化学特性，难以用货币这样的常用经济语言去描述。生态与经济融合共生问题本身处于一种动态的不断变化发展中，准确进行测度非常困难，在描述生态与区域经济融合的关系上，既存在实物数据收集的困难，也存在实物数据估价方法上的困难。故需要通过对一般统计方法进行改进和完善，建立新的综合核算体系以适用生态与经济融合共生实际问题的研究。

六、研究方案与技术路线

（一）研究方法

本书在研究工作中坚持以相关理论及科学发展观思想为指导，采用以下研究方法：

1. 文献研究法

通过分析国内外学者在关于融合共生的实证研究趋势以及融合共生的评价体系研究动态的基础上，探讨近年此方面研究的现状及问题，从而找到相关研究可能的创新点，以此确立本书研究内容及研究方法。

2. 统计描述方法

通过统计描述法对江西生态与经济运行状况进行分析，得出江西生态与经济在各阶段的发展特点及存在的问题。

3. 静态分析和动态分析相结合

在运用指标体系对生态与经济融合共生情况进行评价时需要将静态和动态分析方法相结合。生态与经济融合共生是一个动态的、历史的过程。在对中部六省与全国平均水平或者江西与中部六省平均水平进行比较研究时，将结合区域生态与经济发展的动态轨迹进行分析，通过研究不同时期区域生态与经济融合共生水平找出适合江西的主导产业，以求探索提升生态与经济融合共生水平的共同经验和规律，为江西及其他地区生态与经济发展提供借鉴。

4. 层次分析法

采用层次分析法及专家咨询法构建生态与经济融合共生指标体系并进行综合评价。根据指标体系构建原则，从生态政策、生态产业、生态企业、生态园区四个指标出发，通过征询专家学者的意见提出评价江西省生态与经济融合共生水平的评价指标体系。

5. 博弈论方法

构建以动力源为基础的受益函数，通过博弈理论分析经济与生态共生发展的内生动力、外生动力、相关主体之间的关系结构、网络结构和系统结构。

6. 实证分析法

基于面板数据模型对江西的生态环境与经济增长的耦合程度进行实证分析，得出相关的评价结果并进行原因探悉，为江西的生态与经济融合共生的发展提出相关建议。

（二）技术路线

本书的技术路线遵循前期的资料收集与文献整理以及综述；实施阶段的课题分工和调研工作以及专题研究，取得研究的初稿；咨询修改阶段进行研究报告的会议讨论、专家咨询和修改；最后进行本书定稿和出版工作。具体技术路线如图 0－1 所示。

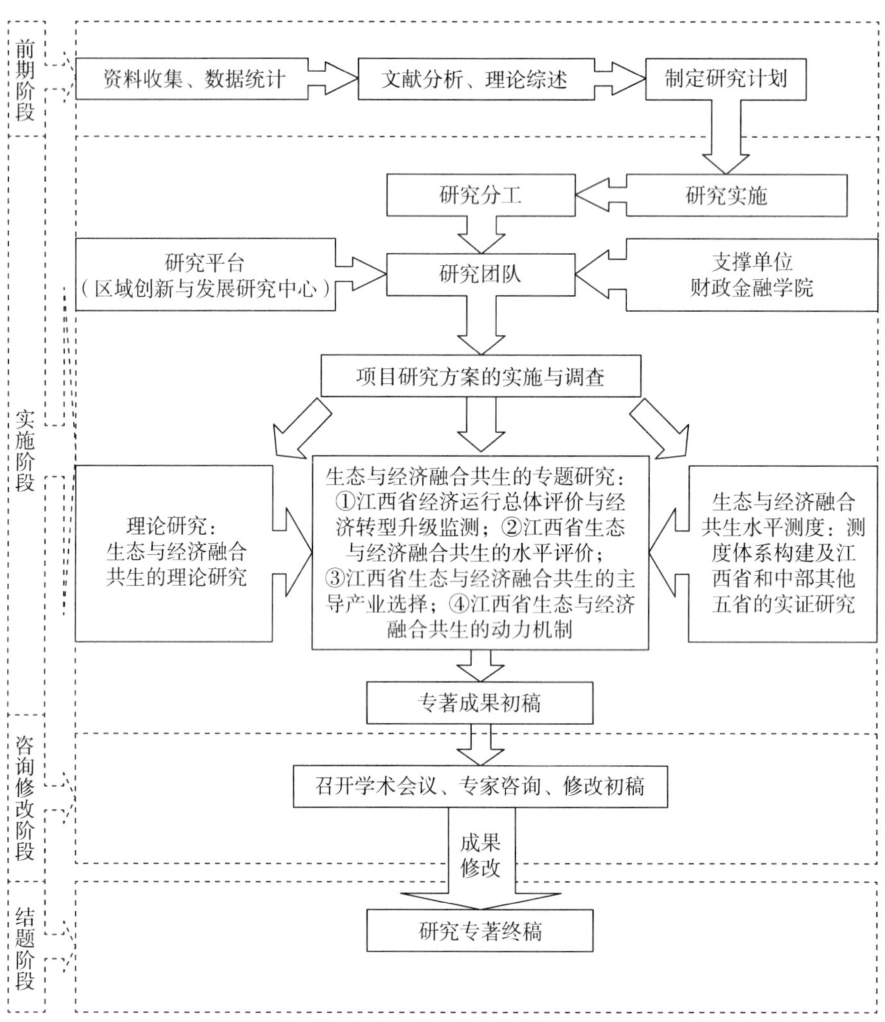

图 0－1　研究技术路线

七、特色与创新之处

（一）指标选取创新

与多数学者的指标选取角度（主要从生态效益、经济效益、社会效益探讨）略有不同，本书主要从生态政策、生态产业、生态企业三个维度来构建评价指标体系，通过该指标体系对江西生态与经济融合共生水平进行评价分析。

（二）实证方法创新

大多数学者是建立生态子系统与经济子系统二维指标体系，通过耦合模型来探讨生态与经济二者耦合度。本书指标体系测算的最终结果就是融合共生水平，继而与中部六省进行比较，找出差距及其原因。

（三）研究视角创新

基于投入产出表，将可比价投入产出表作为数据基础研究江西主导产业变迁及其影响因素，从实证分析中得出结论并给予相应的对策建议。

（四）研究理论创新

本书基于博弈理论分析基础探索性地构建生态与经济融合共生的动力机制。运用博弈论方法在各个行为主体间设计出一种使多方得益的利益牵动模式，使行为主体在系统博弈中独立决策并承担博弈结果，且各自的决策会和其他的参与人形成正反馈，使各行为主体在博弈中促进生态与经济融合共生发展。

第一篇

江西省经济运行总体评价与转型升级动态监测

本篇围绕江西经济总体评价与转型升级监测展开研究，从实证角度得出生态与经济融合共生发展理念具备实证上的研究空间。选择中部六省经济运行数据，利用构建好的经济运行指标体系对江西与中部其他五省的经济运行情况进行了发展、后劲和统筹三大维度的动态监测和对比，而且对监测结果进行实证评价，从实证方面解析问题，得出促进生态与经济融合共生发展的必要性，这也是未来经济从工商文明发展模式向生态文明发展模式转型的重要战略问题。

具体研究工作如下：①通过查找相关资料，对江西经济发展进行整体分析和评价。主要是明确自己所要研究对象的基本概况及其发展存在的问题。②构建衡量经济运行的指标体系。③对中部六省经济运行纵向环比动态监测及评价。具体包括：综合指数及其实证评价，即从综合指数和一级指标来看江西经济运行情况，并且分析各省份的发展趋势和速度变化；一级指标值及其实证评价，主要分析一级指标值指数相对于标准值的比较情况，同时也可以看出各因素对经济运行综合指数的贡献度，即发展指数、后劲指数和统筹指数对各个省份综合指数的贡献度；二级指标值及其实证评价，即更加具体地分析发展指数、后劲指数和统筹指数维度的各影响因素，并据此对中部六省进行环比动态分析。④中部六省经济与全国平均水平的横向比较监测及其评价。分别进行中部六省与全国平均水平的横向比较，比较的范围主要是综合指数、发展指数、后劲指数和统筹指数，并对比较结果进行综合评价找出江西在中部六省中的优劣势。

第一章 经济运行评价指标体系构建及其测算

本书是在尹继东等（2005）研究的基础上对经济运行指标体系进行后续研究和改进，特别是对评价指标体系中无法直接获取相应数据的指标进行了替代性指标的选取，并进行了相应的技术处理。该评价指标体系由三级目标集构成：一级目标集包括发展评价、后劲评价、统筹评价三部分。二级子目标集由速度、结构、效益构成发展评价指标子体系；由资源约束、资金投入、工业潜力构成后劲评价指标子体系；由“五个统筹”构成统筹评价指标子体系。三级具体目标集由39个具体指标构成，其中，发展指标20个、后劲指标11个、统筹指标8个。具体指标体系如表1－1所示。

表1－1 省域宏观经济运行评价指标体系

一级子系统	二级子系统	具体指标	指标权重
发展	速度	生产总值（GDP）增速	8.0
		财政总收入增速	4.0
		城镇居民可支配收入增速	2.0
		农民人均纯收入增速	3.0
		固定资产投资增速	3.0
		社会消费品零售额增速	2.0
		海关出口增速	1.0
	结构	城市化率（城镇人口比重）	3.0
		非农从业人员所占比重	3.0
		工业增加值占GDP比重	4.0
		制造业增加值占GDP比重	2.0
		高新技术产业增加值占GDP比重	1.5
		机电产品出口所占比重	1.5
	效益	人均生产总值	5.0
		人均财政收入	2.5
		农民人均纯收入	2.0
		城镇居民可支配收入	1.5
		人均储蓄存款余额	2.0
		工业效益综合指数	2.0
		投资效果系数	2.0

续表

一级子系统	二级子系统	具体指标	指标权重
后劲	资源约束	万元 GDP 电力消耗（逆）	3.0
		万元 GDP 煤炭消耗（逆）	2.0
		电力生产弹性系数	3.0
	资金投入	人均信贷资金增量	2.0
		人均实际利用外资	1.0
		人均财政支出	2.0
		人均固定资产投资	3.0
	工业潜力	人均工业投资总额	3.0
		工业投资增速	2.0
		人均 R&D 经费支出	2.5
		R&D 经费增速	1.5
统筹	城乡协调	城乡居民收入之比（逆）	3.0
	区域协调	区域人均 GDP 差距（逆）	2.0
		区域 GDP 增速差距（逆）	1.0
	经济社会协调	城镇登记失业率（逆）	3.0
		社会保险覆盖率	2.0
	人与自然协调	人口平均受教育年限	3.0
		环境监测综合达标率	3.0
	内外开放协调	外贸依存度	3.0

评价体系的具体流程如下：

首先，通过查阅相关统计年鉴，找出相关具体指标，并进行简单的测算，使各个具体指标（三级指标）都能够清晰地在表中显示。假设这些具体指标值为 E_{ij}，其中 i 为指标的含义（如生产总值增速），j 为年份。

其次，通过测算出的指标，计算各具体指标（三级指标）的比较值。假设以上一年为比较期，上一年的具体指标以 $E_{i_0j_0}$ 表示，而该指标的比较值用 A_{ij} 表示，该指标的权数用 ε_i 表示，则：

$$A_{ij} = E_{ij}/E_{i_0j_0} \times \varepsilon_i \tag{1-1}$$

再次，根据计算出的三级指标比较值，以加和的方式计算出二级指标值，假设二级指标值用 B_{ij} 表示，则：

$$B_{ij} = \sum_{i=1}^{n} A_{ij} \tag{1-2}$$

最后，利用与上一步骤相似的方法计算出一级指标值，进而计算出综合指数，通过综合指数和各个一级指标可以分析出各年与上一年相比较的经济增长的总体情况，以分析发展指标、后劲指标和统筹指标的演变情况。

第二章

中部地区经济运行的纵向动态监测

本章的实证研究数据由2003～2013年中部六省统计年鉴收集而来，按照构建的指标体系和实证分析方法来探讨中部地区江西与其他五省的经济运行差距。根据测算的2001～2013年中部六省经济运行指标值进行环比比较，可利用式（1－1）和式（1－2）计算出的评价指数，包括各年综合指数以及各年的一级指标指数。

一、综合指数及其实证评价

（一）总体分析

我们用中部地区各省的经济运行情况可以分析出其发展趋势。从数据分析结果可以看出，在假设上一年度综合指数为100、发展指数为55、后劲指数为25、统筹指数为20的基础上，2001～2013年的综合指数都超过了100，说明经济运行情况每年都比上一年好，2001～2013年中部六省经济运行纵向环比监测综合指数如表2－1所示，其运行趋势如图2－1所示。

表2－1　2001～2013年中部六省经济运行纵向环比监测综合指数

地区＼年份	2001	2002	2003	2004	2005	2006	2007	2008	2009	2010	2011	2012	2013
江西	112.35	125.52	115.10	113.31	102.58	125.78	113.81	113.63	101.89	116.08	109.62	112.82	117.65
湖南	107.45	109.65	111.86	114.75	104.54	116.21	113.99	113.33	101.95	110.27	108.08	111.35	114.26
湖北	108.30	112.20	109.30	119.80	109.04	112.47	111.54	111.08	101.10	113.03	103.98	109.54	112.34
河南	104.20	116.79	115.36	118.32	105.46	108.10	115.74	106.53	100.32	122.32	111.85	112.53	115.64
安徽	103.91	123.01	112.35	111.86	104.49	111.05	117.45	107.41	99.58	121.88	108.67	116.52	118.62
山西	104.68	119.47	115.19	111.48	101.77	111.42	110.44	109.49	104.03	115.54	103.55	108.54	110.28

具体来看，各省每年的经济运行纵向环比监测综合指数都超过了100，说明每年的经济运行情况相较于上年都有一定的发展。而从每年的比较情况来看，2001年，江西的经济运行综合指数为12.35%，排在中部六省之首，之后是湖北（8.30%）和湖南（7.45%），而到2013年排名情况有了变化，排在首位的是安徽，经济运行综合指数增长了18.62%，江西次之，为17.65%。按照年均综合指数来看，江西年均增长13.86%，排在第一位，其次是安徽，年均增长12.06%。这一排名状况显然与单纯的GDP指数排名差异较大，恰恰说明在省域经济运行领域，本书所用指标更加倾向于经济发展质量，包括经济发展的可持续性、健康性、绿色生态性和协调性，从而得出了与GDP指数不一样的排名结果，也进一步说明不能唯GDP论，必须在促进经济增长过程中加入绿色生态因素、协调发展因素、包容性因素、可持续发展因素等，综合这些因素可以认为，江西乃至整个中部地区经济运行的趋势是生态与经济融合共生发展。

（二）趋势分析

从图2-1可以看出，中部六省区域经济运行情况从2001年开始经过了几乎一样的高峰和低谷，2001年低谷、2002年高峰、2005年低谷、2006年高峰、2009年低谷、2010年高峰、2011年低谷，2013年上扬。这符合经济运行的总体趋势和规律，一般来讲，低谷过后，经济运行进入正轨，自然就会有反弹，而且反弹后的经济运行情况相对于低谷时更好。

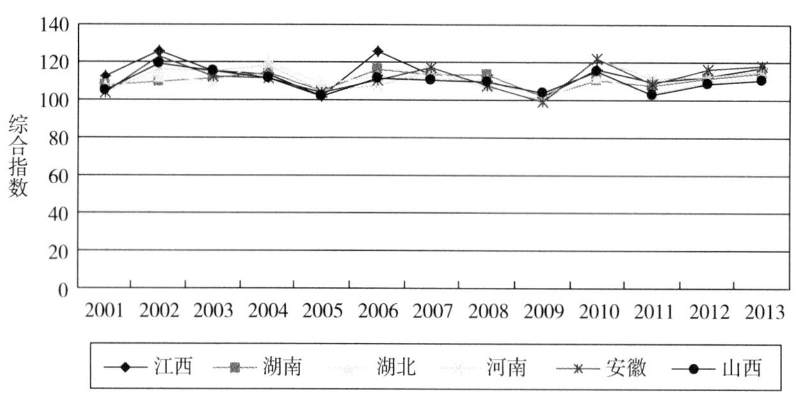

图2-1　2001~2013年中部六省经济运行纵向环比监测综合指数趋势

具体来看，中部六省经济运行纵向环比监测综合指数基本上在100~120，个别省份在某几个年份突破120。这说明经济运行情况要实现突破，脱离中等收入陷阱，就需要转型升级，转变经济发展方式，在绿色生态发展和统筹协调发展上做出更大贡献。同时，在发展趋势上突破工商文明框架下的经济运行模式，能够在生态文明框架下实现经济共生发展。

（三）速度分析

为更好地分析中部六省经济运行综合指数的增长速度，可以5年为期分三个阶段做速度分析，即分别测算综合指数在2001～2004年、2001～2008年、2001～2013年的环比增速平均值。如表2－2所示。

表2－2　2001～2013年中部六省综合指数环比增长速度

地区	综合指数总值			综合指数环比增长速度			类型
	2001～2004年综合指数总值	2001～2008年综合指数总值	2001～2013年综合指数总值	2001～2004年年均环比增速	2001～2008年年均环比增速	2001～2013年年均环比增速	
江西	466.28	922.08	1480.14	16.57	15.26	13.86	减速
湖南	443.71	891.78	1437.69	10.93	11.47	10.59	减速
湖北	449.60	893.73	1433.72	12.40	11.72	10.29	减速
河南	454.67	890.50	1453.16	13.68	11.31	11.78	减速
安徽	451.13	891.53	1456.80	12.78	11.44	12.06	减速
山西	450.82	883.94	1425.88	12.71	10.49	9.68	减速

具体来看，中部六省纵向环比监测综合指数的增长速度在分阶段进行平均值计算后呈现减速的状态，也就是说，中部地区虽然经济在不断发展，但是其综合指数年均环比增长速度在下降。减速就意味着中部六省经济总体运行情况在2001～2013年的13年内没有最初4年好，也没有次4年好，说明中部地区各省需要实现经济发展的转型，就要找到新的经济增长点和价值点，在区域经济发展模式上找到新的思路，这就是生态与经济融合共生发展。

二、一级指标值及其实证评价

在分析了经济运行综合指数总体监测情况后，需要对促进经济运行综合指数的影响因子分别进行比较分析。本部分主要分析一级指标值指数相对于标准值的比较情况，从中可以看出，各因素对经济运行综合指数的贡献度，即发展指数、后劲指数和统筹指数对中部六省综合指数的贡献度。前文已有论述，标准值就是假设上年度发展指数为55、后劲指数为25、统筹指数为20，将各年实际因子指数与标准值比较，看其是否变得更好，高于标准值就是在不断进步，对综合指数起到了正效应，而低于标准值就是情况更坏，对综合指数的贡献效应为负。

（一）发展指数及其实证评价

1. 总体情况

根据测算，2001 ~2013 年中部六省发展指数环比增长速度如表 2 -3 所示。表中数据除 2008 年和 2009 年因国际金融危机的影响，多数省份发展指数小于 55 外，其他时间点发展指数都超过了 55 的标准值，因此，可以认为中部六省的经济发展指数良好。

表 2 -3　2001 ~2013 年中部六省发展指数环比增长速度

地区＼年份	2001	2002	2003	2004	2005	2006	2007	2008	2009	2010	2011	2012	2013
江西	66. 92	64. 22	63. 22	65. 24	57. 04	59. 69	63. 59	59. 90	51. 28	59. 69	57. 74	60. 75	64. 84
湖南	58. 72	58. 48	62. 06	65. 30	57. 95	57. 87	63. 93	61. 37	53. 61	61. 52	59. 90	63. 28	66. 13
湖北	59. 25	58. 58	59. 52	70. 82	60. 06	61. 44	62. 93	57. 26	54. 80	64. 20	56. 76	62. 57	65. 40
河南	58. 30	62. 87	63. 60	68. 68	54. 46	58. 14	65. 00	54. 01	52. 33	75. 04	68. 87	63. 32	66. 40
安徽	57. 58	67. 85	59. 72	63. 61	57. 12	60. 73	66. 71	55. 33	53. 06	73. 83	59. 88	67. 79	69. 93
山西	58. 62	66. 41	64. 81	61. 02	55. 11	57. 49	60. 22	57. 45	56. 92	66. 90	55. 40	60. 42	62. 12

具体来看，2001 年江西的发展指数排在第一位，为 66. 92，之后是湖北（59. 25）、湖南（58. 72）、山西（58. 62）、河南（58. 30）、安徽（57. 58），到 2013 年，状况发生了较大变化，排在第一位的是安徽，为 69. 93，之后是河南（66. 40）、湖南（66. 13）、湖北（65. 40）、江西（64. 84）、山西（62. 12）。说明安徽处在快速发展中，而江西虽然也在发展，但是在中部处于不利地位。从发展指数的年均环比增加值来看，安徽为 7. 50，排在第一位，河南为 7. 40，江西为 6. 08，湖北为 6. 04，湖南为 5. 78，山西为 5. 22。发展指数的不断增加可以从一个侧面说明区域经济增长成果正在被大多数人所共享，惠及更多的人。

2. 发展趋势

为更加清晰地理解和直观体现中部六省发展指数的各年分布情况，还可以对其进行趋势分析，如图 2 -2 所示。

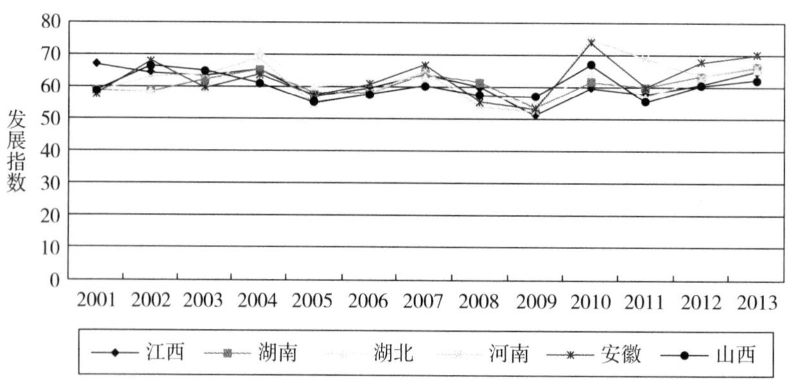

图 2 -2　2001 ~2013 年中部六省经济运行纵向环比监测发展指数趋势图

具体来看，中部六省经济运行纵向环比监测发展指数基本保持一致的走向，与综合指数所体现的趋势一致，发展指数所处的区间基本在50～70，除河南、安徽在2010年超过70外，其他各省在各年都保持稳定，围绕60这条线上下波动。需要说明的是只有经济发展指数不断增加，才能使经济成果惠及所有人，这就是共生理念。

3. 发展速度

表2－4是2001～2004年、2001～2008年、2001～2013年中部六省分区间的发展指数总值及环比增长速度情况，可以此来判断发展指数是在增速还是在减速。从这三个区间来看，总体提升变化不大，江西从9.90下降到6.09，说明其他指数正在好转，即后劲指数和统筹指数向好，整体来看中部六省都在减速，说明中部地区其他指数都在变好，这有利于经济发展整体运行的健康和持续，为区域经济健康发展和持续发展提供良好的环境，促进经济的全面发展，这对共生发展理念的提出和论证具有重要的实践意义。

表2－4　2001～2013年中部六省发展指数年均环比增加值

地区	发展指数总值			发展指数环比增长速度			类型
	2001～2004年发展指数总值	2001～2008年发展指数总值	2001～2013年发展指数总值	2001～2004年年均环比增加值	2001～2008年年均环比增加值	2001～2013年年均环比增加值	
江西	259.60	499.82	499.82	9.90	7.48	6.09	减速
湖南	244.56	485.68	485.68	6.14	5.71	5.78	减速
湖北	248.17	489.86	489.86	7.04	6.24	6.05	减速
河南	253.45	485.06	485.06	8.36	5.64	7.39	减速
安徽	248.76	488.65	488.65	7.19	6.09	7.55	加速
山西	250.86	481.13	481.13	7.72	5.15	5.22	减速

具体来看，中部六省发展指数年均环比增加值除安徽外，基本都处于减速状态，也就是说，2001～2008年不如2001～2004年情况好，而2001～2013年不如2001～2008年情况好，虽然年均增加值变化不大，但是基本能够反映出三个维度的发展趋势，经济发展有下行迹象，也就是说，要在一个更好的发展区间上运行需要突破和新举措，这些突破和新举措需有新的发展思路，这就是共生发展。

4. 贡献度分析

贡献度指发展指数与综合指数的比值。根据标准值要求，发展指数占综合指数的比值为55%是较好的，指标过高说明发展指数较好，后劲指数或统筹指数的贡献度低，指标过低则说明发展指数本身出了问题。据此，我们计算出2001～2013年中部六省纵向环比发展指数对综合指数的贡献度，如表2－5所示。总体来看，中部六省发展指数都在55%左右，偏离不大。江西的为54%，偏小了1%，湖南、湖北、山西的都为55%，较为标准；而河南、安徽发展指数较大，其贡献值达到56%，偏大了1%。

表2-5　2001~2013年中部六省纵向环比发展指数对综合指数的贡献度

地区＼年份	2001	2002	2003	2004	2005	2006	2007	2008	2009	2010	2011	2012	2013
江西	0.60	0.51	0.55	0.58	0.56	0.47	0.56	0.53	0.50	0.51	0.53	0.54	0.55
湖南	0.55	0.53	0.55	0.57	0.55	0.50	0.56	0.54	0.53	0.56	0.55	0.57	0.58
湖北	0.55	0.52	0.54	0.59	0.55	0.55	0.56	0.52	0.54	0.57	0.55	0.57	0.58
河南	0.56	0.54	0.55	0.58	0.52	0.54	0.56	0.51	0.52	0.61	0.62	0.56	0.57
安徽	0.55	0.55	0.53	0.57	0.55	0.55	0.57	0.52	0.53	0.61	0.55	0.58	0.59
山西	0.56	0.56	0.56	0.55	0.54	0.52	0.55	0.52	0.55	0.58	0.54	0.56	0.56

具体来看，2001年，江西的纵向环比发展指数对综合指数的贡献度达到60%，超过了5个点，影响了后劲指数和统筹指数的贡献度，说明经济发展较好，但是后劲不足或者统筹较差，协调性不强；有相同趋势的还有河南和山西。2013年，江西的贡献度回归55%，说明发展指数进入正常的范畴，经济发展情况良好；而其他省份都超过了55%，说明经济发展迅速，需要注意后劲和统筹问题，不要因为经济发展而影响经济协调。

（二）后劲指数及其实证评价

1. 总体情况

根据评价指标体系测算，2001~2013年中部六省纵向环比后劲指数如表2-6所示。从前文可知，后劲指数上年标准值为25，表中的后劲指数大大超过了标准值。这说明中部六省发展后劲都较强，体现了中部地区是我国未来经济发展新的经济增长点和价值增长点，具有重要的经济发展战略位置。

表2-6　2001~2013年中部六省纵向环比后劲指数

地区＼年份	2001	2002	2003	2004	2005	2006	2007	2008	2009	2010	2011	2012	2013	平均值
江西	25.12	41.53	31.80	26.47	25.94	44.31	29.03	33.12	31.32	34.58	31.07	31.25	31.76	32.10
湖南	28.63	30.99	28.91	28.33	28.17	37.54	30.18	31.86	28.59	27.53	27.66	28.12	28.92	29.65
湖北	28.06	32.38	28.33	28.18	27.27	30.14	28.26	33.45	28.64	27.07	27.03	27.15	27.21	28.71
河南	25.93	33.93	31.92	29.34	28.62	29.04	30.30	31.95	27.76	27.27	28.34	28.93	29.14	29.42
安徽	26.42	35.27	31.94	28.02	27.03	29.30	30.33	31.44	27.36	26.76	28.22	28.56	28.72	29.18
山西	26.68	33.49	29.82	28.75	26.94	33.94	29.26	31.47	28.76	27.49	27.69	27.95	28.22	29.27

具体来看，2001年，中部六省发展后劲指数比较平均，指数较大的是湖南，其次是湖北，而到2013年，发展后劲指数较大的是江西，其次是河南，说明这些地区的发展后劲较好，后劲指数比上一年有较大进步。从近13年的平均数来看，江西超过标准

值，为32.1，高居中部六省之首，其后是湖南，为29.65，超过标准值4.65；河南是29.42，超过标准值4.42；山西是29.27，超过标准值4.27；安徽是29.18，超过标准值4.18；湖北是28.71，超过标准值3.71。从年均环比后劲指数可以看出，中部六省后劲指数每年都变得更好，分布均衡，处于齐头并进状态。

2. 发展速度

为了解后劲指数的发展趋势与速度，我们将中部六省后劲指数分为2001～2004年、2001～2008年、2001～2013年三个期间维度来进行分析，了解其发展趋势。如表2－7所示。

表2－7　2001～2013年中部六省后劲指数年均环比增加值

地区	后劲指数总值			后劲指数环比增长速度			类型
	2001～2004年后劲指数总值	2001～2008年后劲指数总值	2001～2013年后劲指数总值	2001～2004年年均环比增加值	2001～2008年年均环比增加值	2001～2013年年均环比增加值	
江西	124.92	257.32	417.30	6.23	7.17	7.10	减速
湖南	116.86	244.61	385.43	4.22	5.58	4.65	减速
湖北	116.95	236.07	373.17	4.24	4.51	3.71	减速
河南	121.12	241.03	382.47	5.28	5.13	4.42	减速
安徽	121.65	239.75	379.37	5.41	4.97	4.18	减速
山西	118.74	240.35	380.46	4.69	5.04	4.27	减速

具体来看，中部六省后劲指数基本处于减速状态，除江西减速较小外，其他省的减速比较明显，说明江西发展后劲年均增加值比较稳定，而其他省份后劲指数稳定性较差。各省年均增加值虽然都为正值，但是后劲指数增长情况波动较大，而且处于减缓状况，说明中部六省正在经历经济结构调整，经济结构调整会影响后劲影响因子，从而影响经济发展后劲。

3. 贡献度分析

根据测算，2001～2013年中部六省纵向环比后劲指数对综合指数的贡献度如表2－8所示。

表2－8　2001～2013年中部六省纵向环比后劲指数对综合指数的贡献度

地区＼年份	2001	2002	2003	2004	2005	2006	2007	2008	2009	2010	2011	2012	2013	平均值
江西	0.22	0.33	0.28	0.23	0.25	0.35	0.26	0.29	0.31	0.30	0.28	0.28	0.27	0.28
湖南	0.27	0.28	0.26	0.25	0.27	0.32	0.26	0.28	0.28	0.25	0.26	0.25	0.25	0.27
湖北	0.26	0.29	0.26	0.24	0.25	0.27	0.25	0.30	0.28	0.24	0.26	0.25	0.24	0.26
河南	0.25	0.29	0.28	0.25	0.27	0.27	0.26	0.30	0.28	0.22	0.25	0.26	0.25	0.26
安徽	0.25	0.29	0.28	0.25	0.26	0.26	0.26	0.29	0.27	0.22	0.26	0.25	0.24	0.26
山西	0.25	0.28	0.26	0.26	0.26	0.30	0.26	0.29	0.28	0.24	0.27	0.26	0.26	0.27

具体来看，中部六省后劲指数对综合指数的贡献度大部分高于25%的标准值，说明后劲指数对综合指数的贡献较大。江西只在2001年、2004年低于25%，最高时达到了33%，高于标准值8个百分点；而湖南都高于标准值，最高值出现在2006年，为32%；湖北除2004年、2010年、2013年为24%外，其他年份也高于标准值。从贡献度的年平均值来看，江西以28%的比值居首位，而湖南、山西以27%居次，湖北、河南和安徽以26%次之，但是总体来看相差都不大，说明中部地区后劲指数对综合指数贡献较大，同时也说明其他指数贡献较小。

（三）统筹指数及其实证评价

1. 总体情况

通过测算，2001～2013年中部六省纵向环比统筹指数如表2－9所示，如前文所述，统筹指数的标准值是20，超过20说明统筹指数比前一年更好，在不断进步，反之退步。江西只在2002年、2005年、2009年低于标准值，其余年份都超过了20，说明江西的统筹情况较好，即区域经济协调发展情况较好。湖南有四年低于标准值，说明统筹情况良好，但在后两年指数下降，说明区域经济协调情况有下降趋势；湖北、安徽、山西与湖南的情况类似；河南进入2004年后，统筹指数保持较高水平增长，具有较大的进步，说明区域协调发展情况较好。

表2－9　2001～2013年中部六省纵向环比统筹指数

地区＼年份	2001	2002	2003	2004	2005	2006	2007	2008	2009	2010	2011	2012	2013	平均值
江西	20.31	19.77	20.08	21.60	19.60	21.78	21.20	20.61	19.29	21.81	20.81	20.87	21.05	20.68
湖南	20.10	20.18	20.88	21.12	20.42	20.81	19.88	20.10	19.76	21.22	20.52	19.95	19.21	20.32
湖北	20.99	21.24	21.45	20.80	21.71	20.88	20.35	20.37	17.66	21.75	20.18	19.82	19.73	20.53
河南	19.97	19.99	19.84	20.30	20.30	20.90	20.43	20.56	20.23	20.51	20.64	20.28	20.10	20.31
安徽	19.92	19.89	20.69	20.23	20.34	21.02	20.35	20.64	19.17	21.29	20.56	20.17	19.97	20.33
山西	19.39	19.57	20.56	21.71	19.72	19.99	20.96	20.57	18.35	21.16	20.45	20.17	19.94	20.20

具体来看，江西的统筹指数平均值为20.68，高居首位，而湖北次之，为20.53，安徽（20.33）、湖南（20.32）、河南（20.31）相差不大，排在末位的是山西，为20.20。从排名可以看出，江西区域统筹情况较好，区域经济协调发展情况较好，也说明不是经济发展水平高的地区，统筹指数就越好。同时，我们也要看到，2013年，湖南、湖北、安徽、山西的统筹指数都低于20，说明区域统筹发展水平在下降，情况没有上年好，需得到关注。

2. 发展速度

我们把2001～2013年划分为三个期间维度，即2001～2004年、2001～2008年、2001～2013年来分别考察中部六省统筹指数增加值变化情况，其中，江西和河南处于加速状态，而其他四省呈减速状态。这说明中部地区在统筹发展方面具有不均衡性，会影响中部地区整体统筹发展的速度。具体如表2－10所示。

表2－10　2001～2013年中部六省统筹指数年均环比增加值

地区	统筹指数总值			统筹指数环比增长速度			类型
	2001～2004年统筹指数总值	2001～2008年统筹指数总值	2001～2013年统筹指数总值	2001～2004年年均环比增加值	2001～2008年年均环比增加值	2001～2013年年均环比增加值	
江西	81.76	164.95	268.78	0.44	0.62	0.68	加速
湖南	82.28	163.49	264.15	0.57	0.44	0.32	减速
湖北	84.48	167.79	266.93	1.12	0.97	0.53	减速
河南	80.10	162.29	264.05	0.02	0.29	0.31	加速
安徽	80.73	163.08	264.24	0.18	0.38	0.33	减速
山西	81.23	162.47	262.54	0.31	0.31	0.20	减速

具体来看，江西每一个期间都有进步，2001～2013年环比增加值为0.68，环比增加值不断增加，统筹情况得到了良好的改善；河南也从最初的0.02增加到0.31，说明在不断进步，而湖南从0.57下降到0.32，湖北从1.12下降到0.53，安徽从0.38下降到0.33，山西从0.31下降到0.20，说明中部地区大部分省份都处于结构调整期，需要进行区域结构调整，实现区域经济统筹发展。这为下一步的经济发展方向提供了思路，要在速度上有所突破，需要有新的思路和理念，即共生发展。

3. 贡献度分析

按照贡献度标准值，纵向环比统筹指数对综合指数的贡献度是20%，但是从表2－11可以看出，中部地区各省基本没有达到这一标准值，说明中部地区统筹指数对综合指数的贡献度较低，而且中部地区整体的统筹发展水平不高。

表2－11　2001～2013年中部六省纵向环比统筹指数对综合指数的贡献度

年份 地区	2001	2002	2003	2004	2005	2006	2007	2008	2009	2010	2011	2012	2013	平均值
江西	0.18	0.16	0.17	0.19	0.19	0.17	0.19	0.18	0.19	0.19	0.19	0.18	0.18	0.18
湖南	0.19	0.18	0.19	0.18	0.20	0.18	0.17	0.18	0.19	0.19	0.19	0.18	0.17	0.18
湖北	0.19	0.19	0.20	0.17	0.20	0.19	0.18	0.18	0.17	0.19	0.19	0.18	0.18	0.19
河南	0.19	0.17	0.17	0.17	0.19	0.19	0.18	0.19	0.20	0.17	0.18	0.18	0.17	0.18
安徽	0.19	0.16	0.18	0.18	0.19	0.19	0.17	0.19	0.19	0.17	0.19	0.17	0.17	0.18
山西	0.19	0.16	0.18	0.19	0.19	0.18	0.19	0.19	0.18	0.18	0.20	0.19	0.18	0.18

具体来看，2013年，区域统筹指数贡献度基本为17%、18%，这与20%还是有一定的差距。2001～2013年的统筹指数平均值为18%，说明中部地区各省统筹水平与标

准值比较还有差距。为此，中部地区要不断地提高统筹指数水平，而哪些因素会影响统筹指数的增长水平，这需要从共生理念出发来加以考量，未来的趋势应是不断推进区域经济的共生发展，从而提升统筹水平。

三、二级指标值及其实证评价

为分析2001～2013年发展指数影响因素，本部分将二级指标值指数按照各省加以具体分析。中部地区发展指数变化不大，发展指标对经济运行的作用在减弱，环比综合指数有不断下降的趋势。因此，中部地区应抓住机遇，促进产业转型，转变经济发展结构，实现产业创新，增强企业和产业发展能力，使发展速度、结构和效益都能够保持良好的状态。

（一）发展指数维度的指标值及其实证评价

发展指数维度指标包括速度、结构和效益三项，其中，速度指标的标准值是23、结构指标的标准值是15、效益指标的标准值是17，都是利用本年度的实际值与上年度的标准值比较来判断情况的好坏，同时贡献度也能够说明问题，速度指标的标准贡献度为42%，结构指标的标准贡献度为27%，效益指标的标准贡献度为31%。

1. 江西

根据指标体系的测算，2001～2013年江西纵向环比发展指数维度指标值如表2－12所示。

表2－12　2001～2013年江西纵向环比发展指数维度指标值

指标＼年份	2001	2002	2003	2004	2005	2006	2007	2008	2009	2010	2011	2012	2013
发展指数	66.92	64.22	63.22	65.24	57.04	59.69	63.59	59.90	51.28	59.69	57.74	60.75	64.84
速度	32.77	29.63	28.69	28.82	20.61	23.33	27.30	24.90	17.74	25.42	23.50	24.12	25.54
结构	15.81	15.48	15.60	15.81	17.57	17.44	16.64	15.60	15.82	16.11	15.21	15.02	14.96
效益	18.34	19.11	18.93	20.61	18.86	18.92	19.65	19.30	17.72	18.16	19.04	21.61	24.34

具体来看，江西的速度指标值都超过了23的标准值，说明经济发展情况较好，效益指标值都超过了17的标准值，说明每年的效益都在变得更好。影响江西经济运行发展问题的主要因素是经济结构，结构指标值在2013年下降到了14.96，低于15的标准值。从年均值来看，速度的年均指标值是25.56，高出标准值2.56；结构的年均指标值是15.93，高出标准值0.93；效益的年均指标值是19.58，高出标准值2.58。结构的年

均指标值偏离标准值的绝对值最小，结构因素影响较大。结构变化会影响发展指数的变化，结构与效益因素增加值较小，结构因素有下降趋势，从而进一步论证了江西应该在产业结构调整、产业转型、产业协调发展以及提高产业附加值、增加居民收入等方面做好工作。

2. 湖南

根据指标体系的测算，2001～2013 年湖南纵向环比发展指数维度指标值如表 2－13 所示。

表 2－13 2001～2013 年湖南纵向环比发展指数维度指标值

指标＼年份	2001	2002	2003	2004	2005	2006	2007	2008	2009	2010	2011	2012	2013
发展指数	58.72	58.48	62.06	65.30	57.95	57.87	63.93	61.37	53.61	61.52	59.9	63.28	66.13
速度	24.31	24.35	28.13	31.03	22.38	23.23	28.65	26.12	19.25	26.61	24.82	25.52	26.16
结构	15.38	15.24	15.38	14.90	17.01	16.15	15.60	15.78	15.22	15.33	15.43	17.61	19.10
效益	19.03	18.89	18.54	19.38	18.56	18.48	19.69	19.48	19.13	19.57	19.64	20.15	20.87

具体来看，湖南的速度指标值除个别年份外都超过了 23 的标准值，说明经济发展变得更好；效益指标值全部超过了 17 的标准值，说明经济效益较为良好；结构指标值除 2004 年外都超过了 15 的标准值，说明经济结构较为合理。从平均值来看，速度的年均指标值是 25.43，高出标准值 2.43，结构的年均指标值是 16.01，高出标准值 1.01，而效益的年均指标值是 19.34，高出标准值 2.34。结构指标值相对较低，未来应大力提升结构指标水平。从年均贡献度来看，速度指标的实际贡献度为 42%，与标准贡献度一致，结构指标的实际贡献度为 26%，低于标准贡献度 27%，效益指标的实际贡献度为 32%，高于标准贡献度 31%。这说明经济结构贡献度偏低，需要做好经济结构调整。

3. 湖北

根据指标体系的测算，2001～2013 年湖北纵向环比发展指数维度指标值如表 2－14 所示。

表 2－14 2001～2013 年湖北纵向环比发展指数维度指标值

指标＼年份	2001	2002	2003	2004	2005	2006	2007	2008	2009	2010	2011	2012	2013
发展指数	59.25	58.58	59.52	70.82	60.06	61.44	62.93	57.26	54.80	64.20	56.76	62.57	65.40
速度	25.19	24.53	25.22	36.91	24.65	25.97	27.16	21.94	19.88	29.43	21.01	25.77	27.88
结构	15.32	15.09	15.07	14.54	16.68	15.58	15.57	15.56	15.82	15.05	15.44	15.58	15.65
效益	18.74	18.96	19.22	19.37	18.74	19.90	20.20	19.77	19.60	19.72	20.31	21.22	21.87

具体来看，湖北的速度指标值除个别年份外都超过了 23，说明经济发展基本稳定，持续进步；效益指标值都超过了 17，说明经济效益较好；结构指标值除 2004 年外都超

过了15，说明经济结构较为合理。从平均值来看，速度的年均指标值是25.81，高出标准值2.81，结构的年均指标值是15.46，高出标准值0.46，效益的年均指标值是19.82，高出标准值2.82。结构指标值相对较低，未来应该大力提升结构指标水平。从年均贡献度来看，速度指标的实际贡献度为42%，与标准贡献度一致，结构指标的实际贡献度为25%，低于标准贡献度27%，效益指标的实际贡献度为32%，高于标准贡献度31%，指标的结构贡献度偏低，需要做好经济结构调整。

4. 河南

根据指标体系的测算，2001～2013年河南纵向环比发展指数维度指标值如表2－15所示。

表2－15　2001～2013年河南纵向环比发展指数维度指标值

指标＼年份	2001	2002	2003	2004	2005	2006	2007	2008	2009	2010	2011	2012	2013
发展指数	58.30	62.87	63.60	68.68	54.46	58.14	65.00	54.01	52.33	75.04	68.87	63.32	66.40
速度	23.80	27.99	29.86	32.61	20.92	23.63	28.28	18.65	18.59	40.17	27.53	27.65	27.89
结构	15.70	15.61	15.63	15.64	16.03	15.80	16.11	15.72	15.39	15.36	15.70	15.85	15.92
效益	18.80	19.26	18.10	20.43	19.52	18.72	20.61	19.64	18.36	19.50	19.64	19.82	22.59

具体来看，河南的速度指标值除个别年份外都超过了23的标准值，说明经济发展基本稳定，持续进步；效益指标值都超过了17的标准值，说明经济效益较好；结构指标值都超过了15的标准值，说明经济结构较为合理。从平均值来看，速度的年均指标值是26.74，高出标准值3.74，结构的年均指标值是15.73，高出标准值0.73，效益的年均指标值是19.61，高出标准值2.61。结构指标值相对较低，未来应大力提升结构指标水平。从年均贡献度来看，速度指标的实际贡献度为43%，高于标准贡献度42%，结构指标的实际贡献度为25%，低于标准贡献度27%，效益指标的实际贡献度为31%，与标准贡献度31%一致，说明结构指标的贡献度偏低，需要做好经济结构调整。

5. 安徽

根据指标体系的测算，2001～2013年安徽纵向环比发展指数维度指标值如表2－16所示。

表2－16　2001～2013年安徽纵向环比发展指数维度指标值

指标＼年份	2001	2002	2003	2004	2005	2006	2007	2008	2009	2010	2011	2012	2013
发展指数	57.58	67.85	59.72	63.61	57.12	60.73	66.71	55.33	53.06	73.83	59.88	67.79	69.93
速度	23.32	33.44	26.06	27.49	22.04	25.61	30.78	19.90	18.62	37.85	24.06	32.12	34.28
结构	16.03	15.15	15.60	15.43	16.13	15.87	16.15	15.72	15.52	15.69	15.76	15.82	15.93
效益	18.22	19.26	18.06	20.69	18.95	19.25	19.79	19.70	18.92	20.28	20.06	19.85	19.72

具体来看，安徽的速度指标值除个别年份外都超过 23 的标准值，说明经济发展基本稳定，持续进步；效益指标值都超过了 17 的标准值，说明经济效益较好；结构指标值都超过了 15 的标准值，说明结构较为合理。从平均值来看，速度的年均指标值是 27.35，高出标准值 4.35，结构的年均指标值是 15.75，高出标准值 0.75，效益的年均指标值是 19.44，高出标准值 2.44。结构指标值相对较低，未来应大力提升结构指标水平。从年均贡献度来看，速度指标的实际贡献度为 43%，高于标准贡献度 42%，结构指标的实际贡献度为 25%，低于标准贡献度 27%，效益指标的实际贡献度为 31%，与标准贡献度 31% 一致，说明结构指标的贡献度偏低，需要做好经济结构调整。

6. 山西

根据指标体系的测算，2001 ~2013 年山西纵向环比发展指数维度指标值如表 2 –17 所示。

表 2 –17　2001 ~2013 年山西纵向环比发展指数维度指标值

指标＼年份	2001	2002	2003	2004	2005	2006	2007	2008	2009	2010	2011	2012	2013
发展指数	58.62	66.41	64.81	61.02	55.11	57.49	60.22	57.45	56.92	66.90	55.40	60.42	62.12
速度	25.06	32.28	30.49	25.81	19.57	23.15	26.05	22.61	19.83	32.64	20.76	25.38	26.55
结构	15.26	15.40	15.31	14.70	16.69	15.71	15.08	15.08	18.96	14.97	15.50	15.61	15.72
效益	18.30	18.73	19.00	20.51	18.85	18.64	19.16	19.76	18.13	19.29	19.15	19.43	19.85

具体来看，山西的速度指标值除个别年份外都超过了 23 的标准值，说明经济发展基本稳定，持续进步；效益指标值都超过了 17 的标准值，说明经济效益较好；结构指标值除个别年份外，都超过了 15 的标准值，说明经济结构基本合理。从平均值来看，速度的年均指标值是 25.40，高出标准值 2.4，结构的年均指标值是 15.69，高出标准值 0.69，效益的年均指标值是 19.13，高出标准值 2.13。结构指标值相对较低，未来应大力提升结构指标水平。从年均贡献度来看，速度指标的实际贡献度为 42%，与标准贡献度 42% 一致，结构指标的实际贡献度为 26%，低于标准贡献度 27%，效益指标的实际贡献度为 32%，高于标准贡献度 31%，说明结构指标的贡献度偏低，需要做好经济结构调整。

（二）后劲指数维度的指标值及其实证评价

为具体分析后劲指数影响因素，本部分将二级指标值指数按照各省加以具体分析。中部地区经济运行后劲较强，有力地推动了中部地区经济运行。后劲指数发展趋势的整体形状与综合指数的走向高度一致。中部地区应不断减少资源约束限制，增加资金投入以及增强工业发展后劲，当然这些目标的实现与高新技术的发展是分不开的，应加大技术研发力度，增强产业技术核心竞争力，储备充足的技术，加大产业发展后劲。

1. 江西

根据指标体系的测算，2001 ~2013 年江西纵向环比后劲指数维度指标值如表 2 - 18 所示。

表 2 - 18　2001 ~2013 年江西纵向环比后劲指数维度指标值

指标＼年份	2001	2002	2003	2004	2005	2006	2007	2008	2009	2010	2011	2012	2013
后劲指数	25.12	41.53	31.80	26.47	25.94	44.31	29.03	33.12	31.32	34.58	31.07	31.25	31.76
资源约束	7.57	10.71	8.50	6.63	5.94	24.13	8.24	8.61	9.02	11.26	8.82	8.85	8.96
资金投入	9.88	12.68	11.42	9.52	9.14	9.68	9.84	10.71	12.68	13.11	10.94	11.23	11.56
工业潜力	7.67	18.14	11.88	10.32	10.86	10.50	10.95	13.80	9.62	10.21	11.31	11.17	11.24

具体来看，资源约束指数各年发展不均衡，2006 年比 2005 年有较大的增加，主要是 2005 年电力生产弹性系数较小所致，其他年份的指标体系各有升降；资金投入指数维持在较均衡的水平，约为 10，具有较大的发展空间，资金如有较大调整势必影响发展后劲，可大大提高江西经济的发展潜力；工业潜力指数较均衡，维持在 11 左右，因此，工业潜力方面也可以大大提高，增加工业投资，增加研发资金的投入，必定可以增强工业发展所需的技术含量，从而增加工业发展的后劲。

2. 湖南

根据指标体系的测算，2001 ~2013 年湖南纵向环比后劲指数维度指标值如表 2 - 19 所示。

表 2 - 19　2001 ~2013 年湖南纵向环比后劲指数维度指标值

指标＼年份	2001	2002	2003	2004	2005	2006	2007	2008	2009	2010	2011	2012	2013
后劲指数	28.63	30.99	28.91	28.33	28.17	37.54	30.18	31.86	28.59	27.53	27.66	28.12	28.92
资源约束	8.12	8.49	8.55	7.66	6.85	9.31	8.43	9.50	8.57	7.94	8.50	8.72	8.84
资金投入	9.01	9.37	9.98	9.39	9.97	10.29	10.29	10.29	10.07	9.30	9.68	9.64	9.75
工业潜力	11.50	13.13	10.39	11.27	9.35	17.94	11.46	12.07	9.95	10.29	9.48	9.76	10.33

具体来看，由于后劲指数维度标准值的资源约束为 8，资金投入为 8，工业潜力为 9，与此标准相对应，其各维度的指标都基本超过了这一数值，说明都在进步；从平均值来看，资源约束的均值为 8.42，高出标准值 0.42，资金投入的均值为 9.77，高出标准值 1.77，工业潜力的均值为 11.3，高出标准值 2.3，资源约束年均增加值较低，这极大地影响区域经济后劲发展；从年均贡献度来看，资源约束年均贡献度为 28%，低于标准值 32%；资金投入年均贡献度为 33%，高于标准值 32%，工业潜力年均贡献度为 38%，高于标准值 36%，说明资源约束对后劲指数的贡献率较低，未来应降低资源

约束的局面。这需要从资源的综合利用和开发等方面来进行，做到共生利用。

3. 湖北

根据指标体系的测算，2001～2013 年湖北纵向环比后劲指数维度指标值如表 2－20 所示。

表 2－20　2001～2013 年湖北纵向环比后劲指数维度指标值

指标＼年份	2001	2002	2003	2004	2005	2006	2007	2008	2009	2010	2011	2012	2013
后劲指数	28.06	32.38	28.33	28.18	27.27	30.14	28.26	33.45	28.64	27.07	27.03	27.15	27.21
资源约束	8.48	9.43	8.29	7.28	7.84	8.32	8.68	9.07	8.43	7.95	8.64	8.75	8.86
资金投入	9.28	9.49	9.54	9.02	9.05	10.33	9.82	10.37	10.15	9.47	9.76	9.84	9.88
工业潜力	10.29	13.46	10.51	11.88	10.38	11.49	9.75	14.01	10.05	9.65	8.63	8.56	8.47

具体来看，湖北除资源约束在 2004 年、2005 年低于标准值外，其他各维度的指标都超过标准数值，说明每年的情况都在变好；从平均值来看，资源约束的均值为 8.46，高出标准值 0.46；资金投入的均值为 9.69，高出标准值 1.69；工业潜力的均值为 10.5，高出标准值 1.5，从这里可以看出，资源约束年均增加值较低，影响区域经济后劲发展的主要影响因素将是资源约束；同时，从年均贡献度来看，资源约束年均贡献度为 29%，低于标准值 32%；资金投入年均贡献度为 34%，高于标准值 32%；工业潜力年均贡献度为 37%，高于标准值 36%，说明资源约束对后劲指数的贡献率较低，未来应解决资源约束的困境，加快产业转型升级的步伐，提高资源利用效率，坚持创新驱动发展战略，寻找新的可再生的替代资源，突破资源约束的困境。

4. 河南

根据指标体系的测算，2001～2013 年河南纵向环比后劲指数维度指标值如表 2－21 所示。

表 2－21　2001～2013 年河南纵向环比后劲指数维度指标值

指标＼年份	2001	2002	2003	2004	2005	2006	2007	2008	2009	2010	2011	2012	2013
后劲指数	25.93	33.93	31.92	29.34	28.62	29.04	30.30	31.95	27.76	27.27	28.34	28.93	29.14
资源约束	7.46	6.84	8.88	8.71	7.82	7.34	8.66	8.70	8.18	8.53	8.30	8.51	8.62
资金投入	8.51	9.96	11.20	9.70	9.71	10.87	10.83	10.10	9.67	9.77	9.33	9.42	9.48
工业潜力	9.96	17.13	11.83	10.93	11.10	10.84	10.82	13.15	9.90	8.96	10.71	11.00	11.04

具体来看，河南除资源约束在 2006 年和资金投入在 2001 年低于标准值外，其他各维度的指标都超过了标准数值，说明每年的情况都在变好；而从平均值来看，资源约束的均值为 8.20，高出标准值 0.20，资金投入的均值为 9.89，高出标准值 1.89，工业

潜力的均值为11.34，高出标准值2.34，从这里可以看出，资源约束年均增加值较低，影响区域经济后劲发展的主要影响因素将是资源约束；同时，从年均贡献度来看，资源约束年均贡献度为27%，低于标准值32%；资金投入年均贡献度为33%，高于标准值32%；工业潜力年均贡献度为39%，高于标准值36%，说明资源约束对后劲指数的贡献率较低，未来应该解决资源约束的困境。

5. 安徽

根据指标体系的测算，2001～2013年安徽纵向环比后劲指数维度指标值如表2－22所示。

表2－22　2001～2013年安徽纵向环比后劲指数维度指标值

指标＼年份	2001	2002	2003	2004	2005	2006	2007	2008	2009	2010	2011	2012	2013
后劲指数	26.42	35.27	31.94	28.02	27.03	29.30	30.33	31.44	27.36	26.76	28.22	28.56	28.72
资源约束	7.52	6.47	9.81	8.28	6.27	6.74	7.75	7.66	7.63	7.96	7.97	8.01	8.17
资金投入	9.02	10.61	10.51	8.99	9.50	11.47	1.90	10.20	10.05	9.93	9.24	9.34	9.41
工业潜力	9.88	18.20	11.62	11.75	11.26	11.08	10.68	13.59	9.68	8.87	11.01	11.21	11.14

具体来看，安徽资源约束在大多数情况下低于标准值，说明安徽处于快速发展中，资源约束较大，资源远远不能满足其发展，更要做好资源综合开发和利用工作。而资金投入和工业潜力指标值较好，从平均值来看，资源约束的均值为7.71，低于标准值0.29；资金投入的均值为9.24，高出标准值1.24；工业潜力的均值为11.54，高出标准值2.54，从这里可以看出，资源约束年均增加值是最低的，且低于标准值，说明资源约束这一指标会成为制约安徽未来经济发展的重要因素；从年均贡献度来看，资源约束年均贡献度为26%，大大低于标准值32%；资金投入年均贡献度为32%，与标准值32%一致，工业潜力年均贡献度为40%，大大高于标准值36%，说明资源约束对后劲指数的贡献率较低，未来应该解决资源约束的困境。

6. 山西

根据指标体系的测算，2001～2013年山西纵向环比后劲指数维度指标值如表2－23所示。

表2－23　2001～2013年山西纵向环比后劲指数维度指标值

指标＼年份	2001	2002	2003	2004	2005	2006	2007	2008	2009	2010	2011	2012	2013
后劲指数	26.68	33.49	29.82	28.75	26.94	33.94	29.26	31.47	28.76	27.49	27.69	27.95	28.22
资源约束	8.19	7.99	8.14	8.55	7.84	8.30	8.66	9.32	8.69	8.53	8.23	8.33	8.38
资金投入	9.23	9.15	10.97	9.48	10.06	10.04	9.90	9.49	9.05	9.63	10.23	10.35	10.49
工业潜力	9.25	16.35	10.44	10.72	9.04	15.60	10.71	12.66	11.02	9.32	9.23	9.27	9.35

具体来看，山西除资源约束在 2002 年、2005 年低于标准值外，其他各维度的指标都超过了标准数值，说明每年的情况都在变好。从平均值来看，资源约束的均值为 8.39，高出标准值 0.39；资金投入的均值为 9.85，高出标准值 1.85；工业潜力的均值为 11，高出标准值 2.00，从这里可以看出，资源约束年均增加值也较低，影响区域经济后劲发展的主要影响因素将是资源约束。从年均贡献度来看，资源约束年均贡献度为 29%，低于标准值 32%；资金投入年均贡献度为 34%，高于标准值 32%；工业潜力年均贡献度为 38%，高于标准值 36%，说明资源约束对后劲指数的贡献率较低，未来应该解决资源约束的困境。

（三）统筹指数维度的指标值及其实证评价

在假设上一年度统筹指数为 20 的前提下，从表 2－24 至表 2－29 可以看出，这一指标值各年基本没有太大变化，维持在 19.6～21.8，相对比较平稳，但是需要进一步做好城乡协调、区域协调、经济社会协调、人与自然协调以及内外开放协调，只有这些协调因素做好了，才能有效地改善统筹指数。当然要实现这些协调关系，其社会资本的积累以及体制机制的完善是非常必要的。积累好社会资本，才能减少协调成本；体制机制的完善才能使资源分配更加合理，实现经济发展统筹指数的提高。为了更好地分析统筹指数，下面分省具体分析统筹指数的二级指标。

1. 江西

根据指标体系的测算，2001～2013 年江西纵向环比统筹指数维度指标值如表 2－24 所示。

表 2－24　2001～2013 年江西纵向环比统筹指数维度指标值

指标＼年份	2001	2002	2003	2004	2005	2006	2007	2008	2009	2010	2011	2012	2013
统筹指数	20.31	19.77	20.08	21.60	19.60	21.78	21.20	20.61	19.29	21.81	20.81	20.87	21.05
城乡协调	2.92	2.74	2.91	3.28	2.93	3.02	2.89	3.11	3.15	3.37	3.10	3.22	3.31
区域协调	3.09	3.24	2.71	3.21	2.96	3.65	3.08	2.48	2.23	2.64	2.92	3.04	3.15
经济社会协调	5.38	4.83	4.58	5.21	5.05	4.96	5.35	5.18	5.08	5.30	5.23	5.36	5.39
人与自然协调	6.33	6.04	6.00	6.51	5.75	6.28	6.19	6.21	6.62	6.82	6.34	6.42	6.47
内外开放协调	2.59	2.92	3.88	3.39	2.91	3.87	3.69	3.63	2.21	3.68	3.22	2.83	2.73

具体来看，城乡协调指数在 2001～2013 年几乎都维持在 3 左右，没有太大变化，城乡居民收入之比在近 10 年没有得到有效的缩小；区域协调指数也在 3 左右，各年情况没有太大变化，主要是由区域人均 GDP 差距以及增速所影响；经济社会协调指数维持在 5 左右，人与自然协调指数维持在 6 左右，内外开放协调指数维持在 3.5 左右，变化都不大。当然，受国际金融危机的影响，2008 年、2009 年各指数都有所下降，影响了统筹指数的增加，2010 年由于经济的全面复苏，各项指标都有所上升。

2. 湖南

根据指标体系的测算，2001～2013 年湖南纵向环比统筹指数维度指标值如表 2－25 所示。

表 2－25　2001～2013 年湖南纵向环比统筹指数维度指标值

指标＼年份	2001	2002	2003	2004	2005	2006	2007	2008	2009	2010	2011	2012	2013
统筹指数	20.10	20.18	20.88	21.12	20.42	20.81	19.88	20.10	19.76	21.22	20.52	19.95	19.21
城乡协调	2.88	3.05	2.87	2.99	2.99	2.95	2.95	3.09	2.99	3.12	3.08	3.11	3.18
区域协调	2.83	3.05	3.03	3.35	2.60	3.34	2.74	2.88	3.24	3.39	2.90	3.02	3.14
经济社会协调	5.03	5.09	5.41	5.09	5.82	5.25	5.10	5.07	5.34	5.14	5.32	5.35	5.38
人与自然协调	6.31	6.10	6.11	6.09	6.15	6.16	6.10	5.88	6.04	6.04	6.04	6.07	6.13
内外开放协调	3.05	2.89	3.47	3.61	2.87	3.11	2.99	3.18	2.14	3.53	3.17	2.40	1.38

具体来看，由于城乡协调、区域协调、经济社会协调、人与自然协调和内外开放协调的标准值分别为 3、3、5、6、3，内外开放协调的指数显然是不够的，处于较低的水平，而经济社会协调和人与自然协调做得较好，城乡协调和区域协调正在加强，从年均值来看，城乡协调、区域协调、经济社会协调、人与自然协调和内外开放协调的指数分别为 3.02、3.04、5.26、6.09 和 2.91，低于平均值的只有内外开放协调指数，可以判断，制约未来区域统筹指数发展的主要因素是内外开放协调指数。因此，湖南要努力提升内外开放协调度，充分发挥地理位置和环境资源优势，重视当地旅游产业的发展，依靠旅游产业带动地区经济发展，协调对内对外开放水平。

3. 湖北

根据指标体系的测算，2001～2013 年湖北纵向环比统筹指数维度指标值如表 2－26 所示。

表 2－26　2001～2013 年湖北纵向环比统筹指数维度指标值

指标＼年份	2001	2002	2003	2004	2005	2006	2007	2008	2009	2010	2011	2012	2013
统筹指数	20.99	21.24	21.45	20.80	21.71	20.88	20.35	20.37	17.66	21.75	20.18	19.82	19.73
城乡协调	2.98	3.25	3.09	2.98	3.19	3.00	2.97	3.15	2.78	3.11	3.07	3.09	3.11
区域协调	3.27	3.14	3.13	3.25	3.08	3.38	2.91	2.92	2.54	3.30	2.91	3.05	3.14
经济社会协调	5.23	5.39	5.47	5.23	5.83	5.25	5.18	5.06	4.75	5.44	5.13	5.16	5.21
人与自然协调	6.37	6.31	6.29	5.98	6.34	6.14	6.21	6.06	5.45	6.36	6.06	6.10	6.15
内外开放协调	3.14	3.15	3.47	3.36	3.27	3.11	3.08	3.18	2.14	3.54	3.02	2.42	2.12

具体来看，统筹指数在不断走低的情况下，城乡协调、区域协调、经济社会协调、

人与自然协调和内外开放协调度随之走低，下降较快的是内外开放协调指数，2012 年、2013 年分别为 2.42、2.12，都低于标准值 3，而城乡协调、区域协调、经济社会协调、人与自然协调指数基本维持在标准水平，情况较好。需要指出的是一定要提升内外开放协调度，加强区域间的外贸依存度。

4. 河南

根据指标体系的测算，2001 ~ 2013 年河南纵向环比统筹指数维度指标值如表 2 - 27 所示。

表 2 - 27　2001 ~ 2013 年河南纵向环比统筹指数维度指标值

指标＼年份	2001	2002	2003	2004	2005	2006	2007	2008	2009	2010	2011	2012	2013
统筹指数	19.97	19.99	19.84	20.30	20.30	20.90	20.43	20.56	20.23	20.51	20.64	20.28	20.10
城乡协调	2.87	2.67	2.73	3.08	3.00	3.01	3.03	3.01	2.98	3.11	3.13	3.16	3.24
区域协调	3.10	3.25	2.66	3.19	3.05	3.24	3.05	3.13	3.54	3.17	3.16	3.19	3.22
经济社会协调	4.81	4.87	4.85	4.75	4.97	4.98	5.15	5.04	5.00	5.13	5.09	5.11	5.14
人与自然协调	6.12	6.12	6.04	6.20	6.10	6.13	6.06	6.28	6.13	6.03	6.10	6.15	6.28
内外开放协调	3.07	3.08	3.56	3.09	3.25	3.55	3.13	3.09	2.58	3.06	3.16	2.67	2.22

具体来看，统筹指数基本维持在 20 左右，基本达标，有较大的上升空间，相对应的城乡协调、区域协调指数也基本维持在 3 左右，经济社会协调指数除前五年低于 5 这一标准值外，基本比较稳定，人与自然协调指数较好，每年都在 6 以上，说明中部地区的生态环境还是保持较好的状态，内外开放协调指数近两年较低，基本上低于标准值 3，这说明决定未来统筹指数的因素是内外开放协调度。

5. 安徽

根据指标体系的测算，2001 ~ 2013 年安徽纵向环比统筹指数维度指标值如表 2 - 28 所示。

表 2 - 28　2001 ~ 2013 年安徽纵向环比统筹指数维度指标值

指标＼年份	2001	2002	2003	2004	2005	2006	2007	2008	2009	2010	2011	2012	2013
统筹指数	19.92	19.89	20.69	20.23	20.34	21.02	20.35	20.64	19.17	21.29	20.56	20.17	19.97
城乡协调	2.90	2.96	2.95	2.99	2.97	2.97	2.96	2.97	2.96	3.05	3.02	3.08	3.12
区域协调	3.24	3.11	2.84	3.13	3.38	3.02	3.07	3.03	2.94	3.17	3.24	3.32	3.38
经济社会协调	4.71	4.70	5.11	4.79	4.81	5.17	5.20	5.26	5.02	5.22	5.00	5.08	5.14
人与自然协调	6.18	5.98	6.01	6.38	5.81	6.33	6.10	6.21	6.21	6.00	6.18	6.24	6.28
内外开放协调	2.90	3.19	3.83	2.92	3.30	3.57	3.04	3.20	2.02	3.78	3.13	2.45	2.05

具体来看，2001～2013年安徽统筹指数基本上还是高于20这一标准值的，城乡协调指数在2001～2009年都低于3这一标准值，说明其水平还较低，区域协调、经济社会协调、人与自然协调基本都达到了标准值的需求，适合统筹指数的发展，能够保证区域经济的协调发展，然而内外开放协调在近两年有下行趋势，低于3的标准水平，说明需在区域开放协调方面做好相应工作，以促进区域统筹发展。

6. 山西

根据指标体系的测算，2001～2013年山西纵向环比统筹指数维度指标值如表2－29所示。

表2－29　2001～2013年山西纵向环比统筹指数维度指标值

指标 \ 年份	2001	2002	2003	2004	2005	2006	2007	2008	2009	2010	2011	2012	2013
统筹指数	19.39	19.57	20.56	21.71	19.72	19.99	20.96	20.57	18.35	21.16	20.45	20.17	19.94
城乡协调	2.66	2.98	2.84	3.42	2.61	2.86	3.05	3.14	2.78	3.11	3.30	3.35	3.41
区域协调	3.03	3.13	2.92	3.26	3.19	3.19	2.85	3.29	3.27	3.08	3.16	3.19	3.20
经济社会协调	4.56	4.35	5.47	4.82	5.21	4.85	5.01	4.95	4.55	5.33	5.14	5.18	5.23
人与自然协调	6.14	6.05	6.06	6.02	6.02	6.05	6.12	6.12	5.97	6.12	5.97	6.05	6.17
内外开放协调	3.00	3.12	3.26	4.18	2.64	3.07	3.99	3.07	1.78	3.52	2.89	2.40	1.93

具体来看，城乡协调指数在2001～2006年是低于标准值3的，在2007～2013年基本维持在3左右，变化不大，说明城乡协调指数有所改变，情况在变好。但是，城乡居民收入之比在近13年没有得到有效的缩小，影响区域统筹发展；区域协调指数在3左右，各年情况没有太大变化，这主要是区域人均GDP差距以及增速所影响，要有所突破，就必须进一步缩小人均GDP差距；经济社会协调指数在2001～2009年都低于5这一标准值，说明经济社会协调指数相对落后，近年才有所回升，维持在5左右；人与自然协调指数勉强维持在6左右，而内外开放协调指数近几年有所下降。

四、结论与对策

通过对江西与中部其他五省的经济运行进行纵向环比动态监测对比和实证评价，得出结论如下：从一级指标维度来看，影响经济运行滞后性的最重要因素是统筹指数，统筹指数对经济运行综合指数的贡献度最低，而统筹指数主要是统筹区域、城乡、人与自然、内外开放协调度等方面，这些方面都包含着共生发展的影响因素，是共生发展的雏形。从二级指标维度来看，影响发展指数最重要的因素是结构指标，这些因素有一个共同特点就是协调、联动、统筹，其本质也都是共生问题，而且大部分属于产业共生的范畴；影响后劲指数最重要的因素是资源约束指标，表明要转变经济增长方式，减少资源浪费，而且要注意做好经济发展与资源之间的关系，实现资源的共生利用，属于资源共生的问题；制约未来区域统筹指数发展的主要因素是内外开放协调指数，说明要推动区域间的开放度，实现更好的合作共生，这是属于区际共生的问题。

具体而言，江西在经济运行综合指数和趋势分析上均位于前列，但综合发展速度略低，这告诉我们，江西迫切需要加快产业结构的转型升级，在经济发展的模式中寻找新思路、新方向。从一级指标来看，江西在中部地区已处于不利地位，而且江西发展指数对综合指数的贡献值过大，这无疑会影响后劲指数和统筹指数的贡献值，表明江西经济发展较好，但是后劲不足或者统筹较差，经济的协调性有待加强；从二级指标来看，江西的发展指数中的速度指标远高于其他中部六省，但 2013 年江西的结构指数低于标准值，且有下降趋势。后劲指数维度中与其他五省有差异的集中在资源约束这一指标，影响其他五省经济运行的主要因素在于资源约束，而江西资源约束的指数各年发展不均衡，相反，影响的主要因素在于资金的投入，工业潜力基本维持在 11 左右，比较均衡。在统筹指数维度中，江西城乡居民收入差距并未得到有效的缩小，其他各指标变动不大。因此，我们要注重经济的统筹协调发展，推进新型产业的发展，做好产业规划与引进的顶层设计，提高产业附加值；推进“大农业”建设，增加对工业的投资以及研发资金的投入，鼓励企业进行技术创新，提高江西经济的发展潜力；在开采利用资源的同时要注意部分资源的不可再生性，提高资源的利用效率，积极发展可再生资源；在注重经济建设的同时不能忽视生态建设，应统筹城乡、区域各县市、人与自然的协调发展。

综上所述，可以做出判断，江西与其他五省经济运行的纵向动态监测比较和实证评价能够从实践方面论证“生态与经济融合共生”的这一主题，包括研究的必要性、可行性，而且从江西及其他中部五省的经济运行趋势来看，要实现突破或者培育新的经济增长点，需要在实践中推动经济的共生发展，追求共生价值，使经济持续健康发展不再仅仅建立在低层次的重复建设上，而应该实现工商文明向生态文明的过渡，达到经济社会的共生再造。

第三章 中部地区省域经济与全国平均水平的横向比较监测

在假设上一年度综合指数为100，发展指数为55，后劲指数为25，统筹指数为20的基础上，从本章分析可得，与全国各指标进行对比后，中部地区各年经济运行综合指数在不断提高，与全国经济运行情况综合指数的差距在不断缩小，在发展指标、后劲指标和统筹指标各方面都有提高的空间。但与全国平均水平相比，仍存在部分问题，除统筹指数外，发展指数和后劲指数都低于全国平均水平（全国的发展指数为55，后劲指数为25），说明中部地区经济运行中统筹情况较好，但是发展和后劲的各项指标与全国平均水平相比有一段差距，进入21世纪以来一直落后于全国平均水平，因此，中部地区应充分把握当前国家扩大投资的良好宏观环境，变国内外挑战为中部崛起的有利机遇，促进经济进一步发展。

一、江西与全国平均水平的横向比较

（一）综合指数分析

从表3-1可以看出，地处中部地区的江西与全国经济运行相关指标比较以后，2001~2013年综合指数都小于100，意味着在假定全国为100的情况下，江西各年指数都小于全国平均水平，并且综合指数在2001~2013年变化不大，但是慢慢变得与100的标准非常接近，但这些年江西经济运行总体水平未超过全国平均水平。具体来看，落后国家平均水平2001年是6.89、2002年是1.82、2003年是1.54、2004年是3.63、2005年是7.77、2006年是5.08、2007年是4.47、2008年是1.31、2009年是1.36、2010年是0.84、2011年是0.79、2012年是0.46、2013年是0.39，落差虽然不大，在无限接近，但江西经济整体运行还是没能超过全国平均水平，有待进一步提高。

表 3－1 江西与全国经济运行指标比较指数

各年综合指数 / 一级指标	2001 年	2002 年	2003 年	2004 年	2005 年	2006 年	2007 年	2008 年	2009 年	2010 年	2011 年	2012 年	2013 年
	93.11	98.18	98.46	96.37	92.23	94.92	95.53	98.69	98.64	99.16	99.21	99.54	99.61
发展	52.88	51.18	52.60	51.54	49.40	49.47	50.21	57.01	52.32	55.11	55.23	55.56	55.62
后劲	16.91	23.89	22.82	20.49	19.62	22.36	22.32	22.87	28.90	28.47	28.42	28.49	28.71
统筹	23.32	23.11	23.04	24.34	23.21	23.09	23.00	21.21	19.52	15.58	15.56	15.49	15.28

（二）发展指数分析

在假设全国的发展指数为 55 的前提下，如表 3－1 所示，江西发展指数比全国滞后 2001 年是 2.12、2002 年是 3.72、2003 年是 2.4、2004 年是 3.46、2005 年是 0.6、2006 年是 0.53、2009 年是 2.68；受国际金融危机的持续影响，全国在发展指数方面都有所下降，而江西主要是以内向型经济为主，受此影响较小。江西在发展指数方面高于全国，2007 年高 0.21、2008 年高 2.01、2010 年高 0.11、2011 年高 0.23、2012 年高 0.56、2013 年高 0.62。近年，江西经济发展指数在不断地上升，超出全国平均水平，当然，我们也要看到由于自身开放型经济发展水平较低，受外贸影响总体较小，才高于国家平均水平，从侧面说明江西要不断发展外向型经济，做好与发达地区的联动，实现发展指数质的提高。为更好地了解江西与全国在发展指数方面的二级指标影响因素，可以用表 3－2 来进行揭示。

表 3－2 江西与全国发展指数二级指标比较指数

年份 / 指标	2001	2002	2003	2004	2005	2006	2007	2008	2009	2010	2011	2012	2013
速度	24.23	27.76	29.68	28.06	24.88	24.13	24.32	29.82	26.03	27.02	25.89	26.58	27.12
结构	13.11	11.10	11.11	11.12	11.83	13.01	13.63	14.49	14.16	14.67	14.32	14.13	14.16
效益	15.54	12.32	11.81	12.36	12.69	12.33	12.26	12.70	12.13	13.42	15.02	14.85	14.34

具体来看，速度指标比较指数平均为 26.58，高于标准值 23，说明江西发展速度明显高于全国平均水平；结构指标比较指数平均为 13.14，低于标准值 15，说明发展结构存在问题，需要做好结构调整；效益指标比较指数平均为 13.21，低于标准值 17，说明发展成果的人均水平较低，发展总量较低，需大力提高经济增长的质量。从整体来看，江西速度指标波动较大，带动了发展指数上下波动，而结构与效益指标比较稳定，对发展指数的提升贡献不大，为此，应该进一步扩大速度指标，同时加大结构与效益指标的贡献力度。如此，发展指数才有可能超过全国平均水平。

（三）后劲指数分析

在假设全国后劲指数为 25 的前提下，如表 3－1 所示，江西后劲指数比全国滞后

2001 年是 8.09、2002 年是 1.11、2003 年是 2.18、2004 年是 4.51、2005 年是 5.38、2006 年是 2.64、2007 年是 2.68、2008 年是 2.13；在 2008 年以后，首次实现了逆转，高于全国平均水平，2009 年是 3.9、2010 年是 3.47、2011 年是 3.42、2012 年是 3.49、2013 年是 3.71，这与后金融危机时期，江西经济不退反进的内向型经济发展模式有关系，也是发展动力强劲的原因。这 6 年的发展后劲不断增强，高于全国平均水平，说明江西具备了向更高层次经济发展推进的实力。在此，具体分析影响后劲指数低于全国平均水平的二级指标指数，如表 3－3 所示。

表 3－3　江西与全国后劲指数二级指标比较指数

年份 指标	2001	2002	2003	2004	2005	2006	2007	2008	2009	2010	2011	2012	2013
资源约束	7.89	8.36	8.67	7.78	6.61	8.61	8.62	7.87	9.31	9.36	9.02	8.81	8.79
资金投入	3.52	5.32	5.50	5.57	5.82	5.53	5.54	6.89	6.68	6.49	7.01	7.23	7.45
工业潜力	5.50	10.22	8.66	7.14	7.19	8.22	8.16	8.11	12.91	12.62	12.39	12.45	12.47

从表 3－3 可以看出，在近 10 年中，资源约束平均为 8.44，与标准值 8 比较接近，说明与全国平均水平相比较，资源约束强度仅处于平均水平，虽然森林、水资源较为丰富，但并没有资源优势；资金投入平均为 6.04，低于全国标准值 8，说明资金约束较明显，国家需要加大对江西的转移支付，增强江西经济的造血功能；工业潜力平均为 9.7，高于标准值 9，说明工业发展潜力较大，这是推进江西经济后劲指数的重要方面。工业潜力指标指数在逐年增加，但是由于受到资源约束与资金投入指数的影响，江西整体后劲指数也受到了较大影响，从而滞后于全国平均水平。在此，进一步证明江西要提高发展后劲就必须提高资金投入，增强工业发展后劲，突破资源约束，实现跨越式发展。

（四）统筹指数分析

假设全国统筹指数为 20，如表 3－1 所示，2001～2008 年江西统筹指数都略高于全国平均水平，说明江西在平衡区域经济发展，城乡协调、经济社会协调、人与自然协调、内外开放协调方面高于全国平均水平。但是在 2009～2013 年这一指数却成为阻碍经济发展的重要因素，说明江西在经历经济转型升级发展的进程中，在推进经济发展过程中忽视了统筹发展指数，在这一指标方面还应有所突破，为江西经济运行的综合指数做出更大贡献，促进江西经济实现又好又快可持续发展。然而要特别注意到 2008 年、2009 年、2010 年、2011 年、2012 年、2013 年，这 5 年的统筹指数都在下降，说明经济进入新一轮的非均衡发展中，各种协调工作也要不断跟进，以减少各统筹因素对经济发展的消极影响。具体情况如表 3－4 所示。

具体来看，江西城乡协调平均水平为 3.19，高于全国标准值 3，说明城乡水平较为协调；区域协调平均水平为 3.36，高于全国标准值 3，说明区域协调情况较好；经济社会协调平均水平为 4.94，低于全国标准值 5，说明经济社会协调较滞后；人与自然协调平均水平为6.59，高于全国标准值6，说明生态环保情况良好；内外开放协调平均水平为2.36，低于全国标准值3，说明内外开放度水平较低，需要在内外开放度方面做好相应工作，促进内陆开放型经济发展。

表3－4　江西与全国统筹指数二级指标比较指数

指标＼年份	2001	2002	2003	2004	2005	2006	2007	2008	2009	2010	2011	2012	2013
城乡协调	3.37	3.29	3.22	3.82	3.71	3.71	3.59	3.26	2.89	2.72	2.58	2.61	2.65
区域协调	4.34	4.37	4.33	4.45	4.31	3.96	3.53	3.01	2.85	2.18	2.07	2.11	2.15
经济社会协调	5.29	5.27	5.25	5.47	5.14	5.17	5.23	5.14	5.01	4.29	4.28	4.31	4.42
人与自然协调	7.38	7.31	7.33	7.84	7.12	7.09	7.42	6.78	5.88	5.50	5.43	5.32	5.27
内外开放协调	2.94	2.87	2.90	2.76	2.94	3.17	3.23	3.02	2.89	0.89	1.19	1.14	0.79

二、湖南与全国平均水平的横向比较

（一）综合指数分析

从表3－5可以看出，2001～2013年湖南综合指数都小于100，意味着在假定全国标准值为100的情况下，湖南各年综合指数都小于全国平均水平；总体来看，综合指数在2001～2013年变化不大，其平均值为97.7，比标准值低2.3，说明湖南的经济运行情况总体较好，稍微滞后全国发展水平。具体来看，2001年落后国家平均水平2.91、2002年落后3.35、2003年落后3.66、2004年落后2.68、2005年落后4.32、2006年落后3.04、2007年落后4.75、2008年落后1.25、2009年落后1.02、2010年落后0.88、2011年落后0.75、2012年落后0.64、2013年落后0.59，虽然与全国的水平差距慢慢在缩小，但还未赶上全国平均水平，说明湖南有很大的发展空间。

表3－5　湖南与全国经济运行指标比较指数

一级指标＼各年综合指数	2001年	2002年	2003年	2004年	2005年	2006年	2007年	2008年	2009年	2010年	2011年	2012年	2013年
	97.09	96.65	96.34	97.32	95.68	96.96	95.25	98.75	98.98	99.12	99.25	99.36	99.41
发展	52.41	46.61	51.63	51.59	50.19	50.96	50.48	58.41	57.52	56.89	57.38	57.42	57.53
后劲	24.27	26.45	20.75	21.93	21.31	23.94	23.20	22.00	26.38	25.97	25.93	25.98	26.02
统筹	20.41	23.59	23.96	23.80	24.18	22.06	21.57	18.34	15.08	16.26	15.94	15.96	15.86

（二）发展指数分析

在假设全国的发展指数为55的前提下，如表3－5所示，湖南发展指数比全国滞后2001年是2.59、2002年是8.39、2003年是3.37、2004年是3.41、2005年是4.81、2006年是4.04、2007年是4.52；受国际金融危机影响，全国在发展指数方面有所下降，而地处中部地区的湖南不降反升，2007年以后，湖南在发展指数方面高于全国，2008年高3.41、2009年高2.52、2010年高1.89、2011年高2.38，2012年高2.42，2013年高2.53，说明湖南地处内陆，其经济发展并未受到太多国际金融危机的影响，在近年得到较好的发展，因此，发展指数总体情况变得更好。为更好地了解湖南与全国在发展指数方面的二级指标影响因素，可以用表3－6来揭示。

表3－6　湖南与全国发展指数二级指标比较指数

指标＼年份	2001	2002	2003	2004	2005	2006	2007	2008	2009	2010	2011	2012	2013
速度	23.20	21.86	27.32	26.72	21.96	22.41	24.01	28.82	26.21	27.24	26.26	26.33	26.48
结构	13.67	11.53	12.21	12.62	13.49	13.65	13.81	15.28	16.17	15.61	16.12	16.25	16.31
效益	15.54	13.22	12.10	12.25	14.74	14.89	12.66	14.30	15.14	14.04	15.00	14.84	14.74

具体来看，速度指标比较指数平均为25.29，高于全国平均水平的标准值23，说明发展速度明显高于全国平均水平，有利于带动湖南发展指数的增长，发展速度优于全国平均水平，是促进湖南经济快速运行的重要保障；结构指标比较指数平均为14.36，低于全国平均水平的标准值15，说明结构指数不佳，需要不断地进行结构调整，以实现结构的优化；效益指标比较指数平均为14.11，大大低于全国平均水平的标准值17，说明效益指数较小，需要不断推动发展效益的提升，增加人均收入，让经济增长为全体居民共享，提升幸福度。

（三）后劲指数分析

在假设全国后劲指数为25的前提下，如表3－5所示，湖南后劲指数比全国滞后2001年是0.73、2002年是1.45、2003年是4.25、2004年是3.07、2005年是3.69、2006年是1.06、2007年是1.80、2008年是3.00；2009年后，首次实现了逆转，高于全国平均水平2009年是1.38、2010年是0.97、2011是0.93、2012年是0.98、2013年是1.02，说明近年湖南发展后劲增强，在全国经济下行压力前不降反升，说明地处中部地区的湖南也可以认为是全国新的经济增长点，具有较大的发展潜力和投资潜力，其发展弹性较大，能够带来较好的发展效果。在此，我们可以具体分析影响后劲指数发展的深层次原因。如表3－7所示。

具体来看，在近13年，资源约束平均为7.7，低于全国标准平均水平8，说明资源约束在湖南还是存在的，需在电力、煤炭等资源性消耗方面做好优化工作；资金投入平均为6.4，也大大低于全国标准平均水平8，资金困难是中部地区普遍存在的问题，大大影响了后劲指数的增长，需要不断地改善；工业潜力平均为10。资金投入指标指数在逐年增加，但由于受到资源约束与工业潜力的影响，湖南整体后劲指数受到较大影响，滞后于全国平均水平。在此，进一步证明湖南要提高发展后劲，就必须提高研发投入及研发水平，增强工业发展后劲，突破资源约束，实现跨越式发展。

表3－7　湖南与全国后劲指数二级指标比较指数

指标＼年份	2001	2002	2003	2004	2005	2006	2007	2008	2009	2010	2011	2012	2013
资源约束	7.81	7.65	7.11	7.51	6.27	8.32	8.12	7.17	8.11	8.16	8.02	8.11	8.15
资金投入	7.35	6.81	5.01	5.41	6.06	6.36	6.04	5.92	6.26	6.59	7.23	7.36	7.41
工业潜力	9.11	11.99	8.63	9.01	8.98	9.26	9.04	8.92	12.01	11.22	10.68	10.51	10.46

（四）统筹指数分析

假设全国统筹指数为20，如表3－5所示，2001～2007年湖南统筹指数略高于全国平均水平，说明这些年份湖南在平衡区域经济发展，城乡协调、经济社会协调、人与自然协调、内外开放协调方面高于全国平均水平，对综合指数的提高具有正向贡献作用，但从2008年开始，这一指标逐渐下降，低于全国水平的标准值20，说明在统筹指数方面湖南在逐渐下降，经济发展进入到调整期，需要更加关注经济发展协调问题。具体情况如表3－8所示。

表3－8　湖南与全国统筹指数二级指标比较指数

指标＼年份	2001	2002	2003	2004	2005	2006	2007	2008	2009	2010	2011	2012	2013
城乡协调	3.09	3.22	3.27	3.60	3.84	3.66	3.22	2.88	2.42	2.52	2.54	2.59	2.61
区域协调	3.16	3.98	4.23	4.44	4.78	3.06	3.41	2.78	2.15	2.21	2.37	2.44	2.53
经济社会协调	5.19	5.77	5.85	5.11	5.29	5.17	5.29	5.01	4.36	4.29	4.21	4.29	4.32
人与自然协调	6.19	7.47	7.53	7.77	7.15	7.06	6.44	5.21	5.01	5.37	5.43	5.47	5.55
内外开放协调	2.78	3.15	3.08	2.88	3.12	3.11	3.21	2.46	1.14	1.89	1.39	1.17	0.85

具体来看，城乡协调、区域协调、经济社会协调、人与自然协调和内外开放协调指数的13年平均值为3、3、4、6、2，这与全国标准值平均水平3、3、5、6、3有一定的出入，特别是经济社会协调指数和内外开放协调指数都低于全国标准水平，需稳定外贸、促进就业以及加强社会保障体系的建设，来提高这些指数的水平，带动统筹指数的增长。

三、湖北与全国平均水平的横向比较

(一) 综合指数分析

根据统计数据测得湖北的情况如表 3 -9 所示，从中可以看出，湖北经济运行总体指数是良好的，基本上都接近或者超过了全国平均水平。具体来看，在 2004 年、2005 年、2008 年、2009 年、2011 年、2012 年、2013 年都超过了全国标准值 100，这些年份的综合指数水平都比全国平均水平好，经济运行情况也比全国水平高。

表 3 -9　湖北与全国经济运行指标比较指数

各年综合指数 一级指标	2001 年	2002 年	2003 年	2004 年	2005 年	2006 年	2007 年	2008 年	2009 年	2010 年	2011 年	2012 年	2013 年
	97.86	99.61	98.46	101.20	100.36	98.27	93.50	100.19	102.39	99.10	100.40	101.61	101.89
发展	47.58	46.69	49.52	55.95	52.02	50.92	49.69	55.50	58.48	59.27	56.89	57.01	57.34
后劲	28.89	28.09	24.33	21.81	22.63	25.21	21.73	23.10	26.43	22.99	26.72	27.21	27.85
统筹	21.39	24.83	24.61	23.44	25.71	22.14	22.08	21.59	17.48	16.84	16.79	17.39	16.70

从表 3 -9 还可以看出，在近 13 年湖北经济运行总体水平基本接近或超过全国平均水平。具体来看，湖北落后全国平均水平 2001 年是 2.14、2002 年是 0.39、2003 年是 1.54、2006 年是 1.73、2007 年是 6.50、2010 年是 0.90；但高于全国平均水平 2004 年是 1.20、2005 年是 0.36、2008 年是 0.19、2009 年是 2.39、2011 年是 0.40、2012 年是 1.61、2013 年是 1.89，逐渐超过了全国经济发展水平，说明湖北经济处在非均衡发展中。从湖北平均水平也可以看出，湖北 13 年的平均水平是 99.6，基本达到了全国标准值 100，经济运行较为良好，有中部地区发展之首之称。

(二) 发展指数分析

在假设全国的发展指数为 55 的前提下，如表 3 -9 所示，2001 年湖北发展指数比全国滞后 7.42、2002 年滞后 8.31、2003 年滞后 5.48、2004 年超前 0.95、2005 年滞后 2.98、2006 年滞后 4.08、2007 年滞后 5.31；但由于湖北及时调整发展结构和方式，湖北发展指数有了长足的进步，2007 年以后，湖北在发展指数方面高于全国平均水平，2008 年高 0.5、2009 年高 3.48、2010 年高 4.27、2011 年高 1.89、2012 年高 2.01、2013 年高 2.34，说明湖北经济在发展指数的带动下，促进了综合指数高于全国平均水平，发展指数对整个经济发展的贡献度较高，在未来应该更大力度地推进发展指数，更好地促进经济良好发展。为更好地了解湖北与全国在发展指数方面的二级指标影响因素，可以用表3－10来进行揭示。

表3－10　湖北与全国发展指数二级指标比较指数

指标＼年份	2001	2002	2003	2004	2005	2006	2007	2008	2009	2010	2011	2012	2013
速度	23.68	22.03	24.02	25.89	23.05	22.40	22.66	26.89	27.03	28.33	26.02	26.54	26.72
结构	11.48	11.58	12.11	14.78	13.79	13.63	13.92	14.83	16.27	16.23	15.22	15.31	15.46
效益	12.42	13.08	13.39	15.28	15.18	14.90	13.11	13.78	15.18	14.71	15.65	15.16	15.16

具体来看，速度指标比较指数平均为25，高于全国平均水平的标准值23，说明发展速度对发展指数的贡献度较大，拉动了湖北经济指数的增长；而结构指标比较指数平均为14，低于全国平均水平的标准值15，说明在结构方面还需大力调整，经济结构调整是湖北经济未来发展的重要方面；效益指标比较指数平均为14，低于全国平均水平的标准值17，说明湖北经济增长的成果要能够进一步挖掘出效益，让全体居民共享，实现包容发展。

（三）后劲指数分析

在假设全国后劲指数为25的前提下，如表3－9所示，湖北后劲指数比全国滞后2003年是0.67、2004年是3.19、2005年是2.37、2007年是3.27、2008年是1.9、2010年是2.01；但是湖北的后劲指数也有比全国好的年份，2001年高3.89、2002年高3.09、2006年高0.21、2009高1.43、2011年高1.72、2012年高2.21、2013年高2.85，说明湖北经济发展后劲在这几年较强，而且逐渐在增加。我们具体分析影响后劲指数低于全国平均水平的二级指标指数，如表3－11所示。

表3－11　湖北与全国后劲指数二级指标比较指数

指标＼年份	2001	2002	2003	2004	2005	2006	2007	2008	2009	2010	2011	2012	2013
资源约束	9.99	9.36	8.17	7.40	7.61	8.61	7.42	7.80	8.56	8.01	8.02	8.13	8.21
资金投入	7.92	8.39	7.08	5.27	5.83	6.59	5.54	6.49	6.96	6.49	7.31	7.45	7.56
工业潜力	10.98	10.33	9.08	9.14	9.19	10.01	8.77	8.81	10.91	8.49	11.39	11.63	12.08

具体来看，资源约束平均为8.3，高于全国平均水平标准值8，说明湖北受到资源约束的影响较小，低于全国平均水平，有利于促进后劲指数的增加；资金投入平均为6.8，明显低于全国平均水平标准值8，资金投入不够，大大影响了后劲指数的增加，应增加资金投入；工业潜力平均为10，高于全国平均水平标准值9，说明湖北工业发展

后劲较强。

（四）统筹指数分析

假设全国统筹指数为20，如表3－9所示，2001年湖北统筹指数略高于全国平均水平，说明湖北在平衡区域经济发展，城乡协调、经济社会协调、人与自然协调、内外开放协调方面高于全国平均水平。当然湖北在这方面还应有所突破，为经济运行的综合指数做出更大贡献，促进湖北经济又好又快发展。需注意到，2008年、2009年、2010年的统筹指数都在下降，说明经济进入新一轮的非均衡发展中，各种协调工作要不断跟进，减少各统筹因素对经济发展的消极影响。具体情况如表3－12所示。

表3－12　湖北与全国统筹指数二级指标比较指数

年份 指标	2001	2002	2003	2004	2005	2006	2007	2008	2009	2010	2011	2012	2013
城乡协调	3.21	3.24	3.29	3.30	3.77	3.43	3.28	3.48	2.82	2.48	2.82	2.84	2.87
区域协调	3.46	3.78	4.33	4.55	4.88	3.26	3.64	3.18	2.65	2.25	2.57	2.61	2.65
经济社会协调	5.46	6.66	5.88	5.09	5.79	5.17	5.27	5.38	4.86	4.27	4.24	4.25	4.22
人与自然协调	6.21	7.97	7.83	7.55	7.85	7.16	6.76	6.51	5.01	5.17	5.13	5.15	5.18
内外开放协调	3.05	3.18	3.28	2.95	3.42	3.12	3.13	3.04	2.14	2.67	2.03	2.54	1.78

具体来看，城乡协调、区域协调、经济社会协调、人与自然协调和内外开放协调指数的13年平均值为3、3、5、6、2，这与全国标准值平均水平3、3、5、6、3有一定的出入，前面的几大因子都达到了全国标准水平，而且略有提升，但是内外开放协调度指数低于全国标准水平，需稳定外贸、促进就业以及加强社会保障体系的建设，来提高外贸对湖北统筹指数的贡献度。

四、河南与全国平均水平的横向比较

（一）综合指数分析

从表3－13可以看出，河南与全国相关指标比较以后，2001～2013年综合指数都小于100，意味着在假定全国为100的情况下，河南各年指数大部分小于全国平均水平，综合指数在2001～2013年变化不大，基本与100的全国平均水平的标准值接近。落后国家平均水平2001年是3.44、2002年是2.79、2003年是3.34、2004年是0.60、

2005 年是 2. 34、2006 年是 1. 73、2007 年是 6. 50、2008 年是 0. 31；但是 2009 年高出全国平均水平 0. 39，2010 年低于全国平均水平 0. 9，2011 年低于全国平均水平 0. 1，2012 年和 2013 年分别高于全国平均水平。这些数据变化已经表明，河南整体经济运行与全国平均水平基本接近，有赶超之势。

表 3－13　河南与全国经济运行指标比较指数

各年综合指数 / 一级指标	2001 年	2002 年	2003 年	2004 年	2005 年	2006 年	2007 年	2008 年	2009 年	2010 年	2011 年	2012 年	2013 年
	96. 56	97. 21	96. 66	99. 40	97. 66	98. 27	93. 50	99. 69	100. 39	99. 10	99. 90	100. 01	100. 05
发展	49. 58	49. 69	49. 52	55. 05	52. 02	50. 92	49. 69	55. 57	56. 48	59. 27	56. 39	56. 44	56. 52
后劲	25. 59	25. 49	24. 33	24. 31	24. 53	25. 21	21. 73	23. 10	26. 43	22. 99	26. 72	26. 81	26. 95
统筹	21. 39	22. 03	22. 81	20. 04	21. 11	22. 14	22. 08	21. 02	17. 48	16. 84	16. 79	16. 76	16. 58

从平均数来看，综合指数的平均水平为 98. 3，仅落后全国标准值 1. 7，河南经济发展水平与全国平均水平接近。从均值来看，发展指数为 53、后劲指数为 24、统筹指数为 19，基本都小于全国平均值，差距较小的是后劲指数和统筹指数，说明河南发展后劲较强，而且统筹指数较好，区域协调发展水平较高。

（二）发展指数分析

假定发展指数为 55 的前提下，如表 3－13 所示，河南发展指数比全国滞后 2001 年是 5. 42、2002 年低 5. 31、2003 年低 5. 48、2004 年高 0. 05、2005 年低 2. 98、2006 年低 4. 08、2007 年低 5. 31；而从 2008 年开始，河南发展指数都超过了全国标准水平，2008 年超 0. 57、2009 年超 1. 48、2010 年超 4. 27、2011 年超 1. 39、2012 年超 1. 44、2013 年超 1. 52，说明在这些年份中河南经济发展指数较好，超过全国平均水平，对综合指数的改善具有重要的作用。为更好地了解河南与全国在发展指数方面的二级指标影响因素，用表 3－14 来进行揭示。

表 3－14　河南与全国发展指数二级指标比较指数

年份 / 指标	2001	2002	2003	2004	2005	2006	2007	2008	2009	2010	2011	2012	2013
速度	23. 54	23. 10	23. 72	24. 89	23. 01	22. 42	22. 55	26. 45	24. 49	26. 33	26. 34	26. 41	26. 47
结构	13. 48	13. 52	12. 53	14. 33	13. 81	13. 61	13. 97	15. 11	16. 31	16. 93	14. 98	15. 01	15. 13
效益	12. 56	13. 07	13. 27	15. 83	15. 20	14. 89	13. 17	14. 01	15. 68	16. 01	15. 07	15. 02	14. 92

具体来看，速度指标比较指数平均为 24. 50，高于全国平均值 23，说明发展速度是促进河南发展指数增加的主要贡献者，发展速度为河南整体经济运行带来了强大的动力，可以进一步加强；而结构指标比较指数平均为 14. 51，低于全国标准值 15，说明结

构调整方面需继续完善，为发展指数做出更大贡献；效益指标比较指数平均为14.51，大幅低于全国平均水平，效益指数直接关系到居民生活水平和生活质量，也就是幸福指数，因此需加大经济效益的改善，促进居民生活水平的提升。

（三）后劲指数分析

在假设全国后劲指数为25的前提下，如表3－13所示，河南后劲指数比全国平均水平2001年高0.59、2002年高0.49、2003年低0.67、2004年低0.69、2005年低0.47、2006年高0.21、2007年低3.27、2008年低1.9、2009年高1.43、2010年低2.01、2011年高1.72、2012年高1.81、2013年高1.95，说明河南后劲指数在大多数年份超过全国平均水平，对经济运行综合指数的贡献较大，且有不断上升之势，对经济发展综合水平的提升具有重要的作用。

表3－15　河南与全国后劲指数二级指标比较指数

指标＼年份	2001	2002	2003	2004	2005	2006	2007	2008	2009	2010	2011	2012	2013
资源约束	9.26	9.01	8.21	8.14	8.06	8.92	7.39	7.69	8.66	8.11	8.03	8.09	8.12
资金投入	6.32	7.45	7.14	7.16	7.31	7.26	5.61	6.44	7.11	6.59	7.81	7.87	7.93
工业潜力	10.01	9.03	8.98	9.01	9.16	9.03	8.74	8.97	10.66	8.29	10.88	10.85	10.90

具体来看，河南资源约束平均为8.2、资金投入平均为7.07、工业潜力平均为9.57。资金投入指标指数在逐年增加，但是还是低于全国平均水平8，大大影响河南后劲指数的进一步提升，而资源约束和工业潜力水平超过国家标准值幅度也不大，因此，在未来要不断破除资源约束的困境，拓宽资金来源渠道，促进工业深化发展，提升工业发展后劲。

（四）统筹指数分析

假设全国统筹指数为20，如表3－16所示，2001年河南统筹指数略高于全国平均水平，说明河南在平衡区域经济发展，城乡协调、经济社会协调、人与自然协调、内外开放协调方面高于全国平均水平。当然河南在这一指标方面还应有所突破，为河南经济运行的综合指数做出更大贡献，促进河南经济又好又快发展。要特别注意到2008年、2009年、2010年，这三年的统筹指数都在下降，说明经济进入新一轮的非均衡发展中，各种协调工作需不断跟进，减少各统筹因素对经济发展的消极影响。具体情况如表3－16所示。

具体来看，城乡协调、区域协调、经济社会协调、人与自然协调和内外开放协调指数的13年平均值为3、3.2、4.9、5.8、2.8，这与全国标准值平均水平3、3、5、6、3有一定的出入，城乡协调和区域协调水平和全国平均水平基本符合，但是经济社会协调、人与自然协调和内外开放协调都低于全国平均水平，因此河南需加强统筹指数，为综合指数提供更多的帮助，实现区域经济的协调发展。

表 3－16 河南与全国统筹指数二级指标比较指数

年份 指标	2001	2002	2003	2004	2005	2006	2007	2008	2009	2010	2011	2012	2013
城乡协调	3.10	3.04	3.15	3.12	3.33	3.33	3.23	3.34	2.93	2.44	2.72	2.76	2.81
区域协调	3.64	3.11	4.11	3.64	4.01	3.29	3.66	3.12	2.68	2.52	2.77	2.79	2.85
经济社会协调	5.37	5.88	5.74	5.09	5.02	5.08	5.38	5.21	4.64	4.22	4.14	4.23	4.32
人与自然协调	6.18	6.78	6.56	5.04	5.55	7.36	6.76	6.21	5.07	5.22	4.83	4.87	4.91
内外开放协调	3.10	3.22	3.25	3.15	3.20	3.08	3.05	3.14	2.16	2.44	2.33	2.11	1.69

五、山西与全国平均水平的横向比较

（一）综合指数分析

如表 3－17 所示，具体来看，2001～2013 年山西的综合指数都小于 100，意味着在假定全国为 100 的情况下，山西各年指数都小于全国平均水平，且综合指数在 2001～2013 年变化不大，平均值为 98.36，不断与全国平均水平接近，但仍存在差距。山西经济运行总体水平没有超过全国平均水平，经济发展总体上滞后于全国平均水平。具体来看，落后国家平均水平 2001 年是 3.31、2002 年是 2.69、2003 年是 2.11、2004 年是 3.13、2005 年是 2.08、2006 年是 0.43、2007 年是 2.85、2008 年是 1.81、2009 年是 1.29、2010 年是 1.44、2011 年是 0.46、2012 年是 0.39、2013 年是 0.31，落差不大，有赶上全国平均水平之势。

表 3－17 山西与全国经济运行指标比较指数

各年综合指数 一级指标	2001 年	2002 年	2003 年	2004 年	2005 年	2006 年	2007 年	2008 年	2009 年	2010 年	2011 年	2012 年	2013 年
	96.69	97.31	97.89	96.87	98.92	99.57	97.15	98.19	98.71	98.56	99.54	99.61	99.69
发展	50.12	49.89	50.32	52.05	54.10	53.92	51.68	55.05	55.43	56.71	56.39	56.42	56.53
后劲	25.18	25.09	24.73	24.78	24.51	25.09	23.37	23.12	25.36	23.79	26.03	26.25	26.31
统筹	21.39	22.33	22.84	20.04	20.31	20.56	22.10	20.02	17.92	18.06	17.12	16.94	16.85

（二）发展指数分析

在假设全国的发展指数为55的前提下，如表3－17所示，山西发展指数比全国滞后，2001年是4.88、2002年是5.11、2003年是4.68、2004年是2.95、2005年是0.9、2006年是1.08、2007年是3.32；2008年以国际金融危机为转折点，发展指数超过了全国平均水平，2008年超0.05、2009年超0.43、2010年超1.71、2011年超1.39、2012年超1.42、2013年超1.53，说明山西在国际金融危机后发展指数比全国好，并且有不断上升趋势，符合中部地区的区域经济发展实际情况，正进入新一轮的经济发展周期。为更好地了解山西与全国在发展指数方面的二级指标影响因素，可以用表3－18来进行揭示。

表3－18　山西与全国发展指数二级指标比较指数

年份 指标	2001	2002	2003	2004	2005	2006	2007	2008	2009	2010	2011	2012	2013
速度	23.24	23.12	23.68	24.78	22.95	23.08	22.68	26.32	24.86	26.19	26.09	26.12	26.17
结构	13.08	13.45	12.60	14.41	13.84	13.30	13.74	15.09	16.31	16.87	14.99	15.02	15.23
效益	13.26	13.12	13.24	15.86	15.23	14.54	13.27	14.16	15.31	16.21	15.31	15.28	15.13

具体来看，速度指标比较指数平均为24.56、结构指标比较指数平均为14.46，效益指标比较指数平均为14.61，这些指标除速度指标超过了全国标准值23外，结构指标低于全国平均水平标准值15，效益指标低于全国标准值17，特别是效益指标较小，是山西发展指数低于全国平均水平的主要因素。从山西发展指数平均值也可以看出，山西发展指数平均值为53.74，低于全国标准值55，因此，要保持发展速度，不断地优化结构，促进发展效益的提升。

（三）后劲指数分析

在假设全国后劲指数为25的前提下，如表3－17所示，山西后劲指数基本高于全国平均水平，2001年高0.18，2002年高0.09，2003年、2004年、2005年低于全国平均水平，分别是0.27、0.22、0.49，而2006年又高于全国平均水平，为0.09，2007年、2008年分别低于全国平均水平，分别为1.63、1.88，2009年高出全国平均水平0.36，2010年低于全国平均水平1.21，这些年波动较大，但从2011年到2013年又较全国平均水平高，分别是1.03、1.25、1.31，山西后劲指数进入一个新的发展期，而且后劲强、动力大，是我国区域经济发展最具活力的地区之一。在此，可以具体分析影响后劲指数低于全国平均水平的二级指标指数，如表3－19所示。

具体来看，山西资源约束平均为8.35、资金投入平均为7.36、工业潜力平均为9.17。除了资金投入低于全国发展水平外，其他两个指数都高于全国水平，资金投入指标指数在逐年增加，但总量不大，山西整体后劲指数也受到了较大影响，滞后于全国平均水平。在此，进一步证明山西要提高发展后劲，就必须提高人均信贷资金增量、人均实际利用外资、人均财政支出、人均固定资产投资。

表 3－19　山西与全国后劲指数二级指标比较指数

指标＼年份	2001	2002	2003	2004	2005	2006	2007	2008	2009	2010	2011	2012	2013
资源约束	9.14	8.78	8.18	8.21	8.09	8.66	8.02	7.97	8.77	8.08	8.16	8.23	8.34
资金投入	6.82	7.27	7.39	7.29	7.37	7.41	6.32	6.27	7.37	7.17	8.25	8.38	8.42
工业潜力	9.22	9.04	9.16	9.27	9.05	9.02	9.04	8.88	9.22	8.54	9.62	9.64	9.55

（四）统筹指数分析

假设全国统筹指数为 20，如表 3－17 所示，2001～2008 年山西统筹指数略高于全国平均水平，说明山西在平衡区域经济发展，城乡协调、经济社会协调、人与自然协调、内外开放协调方面高于全国平均水平。但在 2008～2013 年山西与全国统筹指数相比较都低于这一标准值，说明山西经济在新常态下，要注意提升区域协调发展指数，做好区域协调发展工作。具体情况如表 3－20 所示。

表 3－20　山西与全国统筹指数二级指标比较指数

省份＼年份	2001	2002	2003	2004	2005	2006	2007	2008	2009	2010	2011	2012	2013
城乡协调	3.17	3.16	3.17	3.09	3.26	3.10	3.13	3.14	2.96	2.85	2.92	2.98	3.12
区域协调	3.54	3.18	4.23	3.59	3.87	3.10	3.62	3.02	2.86	2.91	2.97	3.08	3.24
经济社会协调	5.25	5.69	5.63	5.12	4.89	4.88	5.53	4.91	4.67	4.29	4.14	4.19	4.28
人与自然协调	6.18	6.98	6.66	5.20	5.22	6.31	6.64	5.81	5.00	5.24	4.36	4.39	4.41
内外开放协调	3.25	3.31	3.15	3.04	3.07	3.17	3.18	3.14	2.43	2.77	2.73	2.30	1.80

具体来看，城乡协调、区域协调、经济社会协调、人与自然协调和内外开放协调指数的 13 年平均值为 3、3、4、5、2，这与全国标准值平均水平 3、3、5、6、3 有一定的出入，城乡协调和区域协调水平和全国平均水平基本符合，但是经济社会协调、人与自然协调和内外开放协调都低于全国平均水平，因此山西需加强统筹指数，为综合指数提供更多的帮助，实现区域经济的协调发展。

六、安徽与全国平均水平的横向比较

（一）综合指数分析

如表3－21所示，具体来看，2001～2013年安徽综合指数都小于100，意味着在假定全国为100的情况下，安徽各年指数都小于全国平均水平，而且综合指数在2001～2013年变化不大，但是基本接近100的水平，安徽经济发展总体上还滞后于全国平均水平。具体来看，落后国家平均水平2001年是1.4、2002年是1.59、2003年是1.34、2004年是0.8、2005年是2.84、2006年是0.36、2007年是2.35、2008年是1.56、2009年是0.71、2010年是0.66、2011年是1.36、2012年是1.05、2013年是0.87。

表3－21　安徽与全国经济运行指标比较指数

各年综合指数 / 一级指标	2001年	2002年	2003年	2004年	2005年	2006年	2007年	2008年	2009年	2010年	2011年	2012年	2013年
	98.60	98.41	98.66	99.20	97.16	99.64	97.65	98.44	99.29	99.34	98.64	98.95	99.13
发展	53.12	53.19	52.52	54.85	52.02	53.92	52.69	55.57	55.31	57.87	56.19	56.25	56.37
后劲	25.09	25.09	24.33	24.31	24.53	25.21	24.73	23.41	25.78	24.63	25.48	25.52	25.59
统筹	20.39	20.13	21.81	20.04	20.61	20.51	20.23	19.46	18.20	16.84	16.97	17.18	17.17

（二）发展指数分析

在假设全国的发展指数为55的前提下，如表3－21所示，安徽发展指数比全国滞后2001年是1.88、2002年是1.81、2003年是2.48、2004年是0.15、2005年是2.98、2006年是1.08、2007年是2.31；受国际金融危机的影响，全国在发展指数方面都有所下降，而安徽是以内向型经济为主，受此影响较小，因此在2008年，安徽在发展指数方面高于全国平均水平0.57，以国际金融危机为转折点，2009～2013年发展指数都高于全国平均水平，分别高出0.31、2.87、1.19、1.25、1.37。说明安徽经济发展进入新的发展期。为更好地了解安徽与全国在发展指数方面的二级指标影响因素，可以用表3－22来进行揭示。

具体来看，速度指标比较指数平均为24.7、结构指标比较指数平均为14.7、效益指标比较指数平均为15。这些指标除速度指标超过了全国标准值23外，结构指标低于全国平均水平标准值15、效益指标低于全国标准值17，特别是效益指标较小，严重影响发展指数低于全国平均水平，这从安徽发展指数平均值也可以看出，安徽发展指数平均值为54.6，低于全国标准值55。因此，要保持发展速度，不断地优化结构，促进发展效益的提升。

表3－22 安徽与全国发展指数二级指标比较指数

指标＼年份	2001	2002	2003	2004	2005	2006	2007	2008	2009	2010	2011	2012	2013
速度	23.71	23.89	24.11	24.33	22.95	23.93	23.68	26.32	24.39	25.91	26.02	26.13	26.25
结构	14.14	14.49	13.28	14.74	13.84	14.21	14.74	15.09	16.01	15.97	15.04	15.15	15.27
效益	15.27	14.81	15.13	15.79	15.23	15.78	14.27	14.16	14.91	15.99	15.12	14.97	14.85

（三）后劲指数分析

在假设全国后劲指数为25的前提下，与此相比，如表3－21所示，安徽后劲指数基本高于全国平均水平，2001年高0.09，2002年高0.09，2003～2005年低于全国平均水平，分别是0.67、0.69、0.47，而2006年又高于全国平均水平，为0.21，2007年、2008年低于全国平均水平，分别为0.27、1.59，2009年高出全国平均水平0.78，2010年低于全国平均水平0.37，这些年波动较大，2011～2013年高出全国水平，分别是0.48、0.52、0.59，安徽后劲指数进入新的发展期，后劲强、动力大，是我国区域经济发展最具活力的地方之一。在此，可以具体分析影响后劲指数低于全国平均水平的二级指标指数，如表3－23所示。

表3－23 安徽与全国后劲指数二级指标比较指数

指标＼年份	2001	2002	2003	2004	2005	2006	2007	2008	2009	2010	2011	2012	2013
资源约束	9.26	9.01	8.21	8.14	8.14	8.78	8.38	7.66	8.55	8.31	8.11	8.18	8.24
资金投入	6.62	7.45	7.14	7.16	7.27	7.44	6.61	6.58	7.63	7.84	7.89	7.92	8.05
工业潜力	9.21	9.03	8.98	9.01	9.12	8.99	9.74	9.17	9.61	8.48	9.48	9.42	9.30

具体来看，资源约束平均为8.38、资金投入平均为7.35、工业潜力平均为9.2。除资金投入低于全国发展水平外，其他两个指数都高于全国水平，资金投入指标指数在逐年增加，但总量不大，安徽整体后劲指数也受到较大影响，滞后于全国平均水平。在此，进一步证明安徽要提高发展后劲，就必须提高人均信贷资金增量、人均实际利用外资、人均财政支出、人均固定资产投资。

（四）统筹指数分析

假设全国统筹指数为20，如表3－21所示，2001～2008年安徽统筹指数略高于全国平均水平，说明安徽在平衡区域经济发展，城乡协调、经济社会协调、人与自然协调、内外开放协调方面高于全国平均水平。但是2008～2013年与全国统筹指数相比较却都低于这一标准值，说明安徽经济在新常态下要注意处理好区域协调发展指数，做好区域协调发展工作。具体情况如表 3－24 所示。

表 3－24　安徽与全国统筹指数二级指标比较指数

指标＼年份	2001	2002	2003	2004	2005	2006	2007	2008	2009	2010	2011	2012	2013
城乡协调	3.08	2.96	3.10	3.04	3.06	3.11	2.97	2.96	3.06	2.81	2.93	2.98	3.02
区域协调	3.14	3.17	4.21	3.57	3.47	3.08	3.24	3.02	2.89	2.57	2.89	2.95	2.98
经济社会协调	5.17	5.42	5.11	5.17	4.99	4.84	5.12	4.71	4.47	4.01	4.12	4.25	4.29
人与自然协调	5.71	5.48	6.33	5.12	5.72	6.29	5.89	5.63	5.11	4.98	4.23	4.25	4.32
内外开放协调	3.29	3.11	3.06	3.14	3.37	3.19	3.01	3.14	2.67	2.47	2.80	2.75	2.56

具体来看，城乡协调、区域协调、经济社会协调、人与自然协调和内外开放协调指数的 13 年平均值为 3、3、4、5、2，这与全国标准值平均水平 3、3、5、6、3 有一定的出入，城乡协调和区域协调水平和全国平均水平基本符合，但是经济社会协调、人与自然协调和内外开放协调都低于全国平均水平，因此安徽需提升统筹指数，实现区域经济的协调发展。

七、结论与对策

通过对中部地区六省经济运行横向比较动态监测和实证评价，结论如下：中部地区除湖北综合指数发展水平基本超过全国平均水平外，其他省份基本略低于全国平均水平，落差虽然不大，在无限接近，但中部地区经济整体运行还未能超过全国平均水平，有待进一步提高。我们也要看到由于自身开放型经济发展水平较低，受外贸影响总体较小，高于国家平均水平，从侧面说明中部地区要不断发展外向型经济，做好与发达地区的联动发展，实现发展指数质的提高，而且内外开放度水平较低，需做好相应工作来促进内陆开放型经济的发展。

总体上来看，江西经济发展还滞后于全国平均水平。与其他五省对比，2001 年江西的发展水平远远低于其他五省，现正逐渐缩小与全国平均水平的差距，后劲指数和统筹指数的提高起着不容忽视的作用。因此，我们要充分合理地高效利用现有的资源，突破资源约束，提高工业发展潜力，引进先进的技术和人才以增强江西工业发展的后劲，不断跟进协调工作，以降低各统筹因素对经济发展的消极影响，尤其要注意加快提高内外开放度水平，推动本地区的发展以及努力构建生态建设与经济建设的平衡，实现江西经济的持续与跨越式发展，缩小与其他中部五省的差距，达到全国平均水平及以上。

第二篇

江西省生态与经济融合共生水平实证研究

本篇内容主要参考硕士研究生余倩的毕业论文《江西省生态与经济融合共生水平的实证研究》。

改革开放以来，我国的工业化进程逐步加快，经济飞速发展，但是接踵而至的却是生态环境的持续恶化，中国大部分地区经济增长仍是以过度消耗资源、牺牲环境为代价的粗放型经济增长方式。随着人民生活水平日益提高以及生存环境高质量的呼声越来越高，如何协调生态与经济的关系，如何促进生态与经济的共生共荣成为世界各地关注的问题。生态与经济的发展在工业经济时代一直是矛盾的双方，世界各国政府也一直在找寻可持续、低碳、绿色的经济发展方式，促使生态与经济的融合共生发展。鉴于上述背景，本篇以江西为研究对象，对江西的生态与经济融合共生水平进行实证分析，提出提升生态与经济融合共生水平的对策建议。

本部分的研究内容分为五章，第一章为融合共生的理论框架，对理论研究内容进行简要回顾及进行相关概念界定。第二章为江西省生态与经济发展概况的介绍，通过查找相关资料，对江西的生态与经济发展进行整体分析、评价。第三章为生态与经济融合共生水平综合评价体系的建立，探讨影响生态与经济融合共生水平的影响因素，提取主要的影响因子，从而确立生态与经济融合共生水平综合评价体系。第四章为江西生态与经济融合共生水平的实证研究，建立指标体系，采集相关衡量数据，通过 SPSS 软件对结果进行实证检验，以论证其科学性，并核算江西生态与经济融合共生水平。第五章为江西生态与经济融合共生水平提升建议，从三方面提出相应对策，以期引领生态与经济的融合共生。

第一章

生态与经济融合共生水平的理论基础

一、国内外研究现状及发展趋势

（一）融合共生的实证研究趋势

1. 生态与旅游融合共生实证研究

Lai 和 Nepal（2006）采用问卷调查的形式对台湾自然保护区塔屋山的生态旅游发展进行实证研究。研究表明居民的态度、政府与社区的关系、价值冲突等都是影响生态旅游业发展的因素。

Yacob 等（2007）以马来西亚的热浪岛海洋公园为例，研究发现当地生态旅游事业发展带来了经济效益。生态旅游的发展给运营商带来效益，也创造了就业机会。但是由于它的经济效益外流过于严重，如生产中大量原材料需要进口，以及员工只有 19% 的收入用于当地消费，导致马来西亚的热浪岛海洋公园发展对经济影响力较弱。

Joungkoo 等（2010）对美国犹他州城市生态旅游发展进行研究，认为社会和环境因素比经济因素更能影响生态旅游业的发展，社区参与、环境保护的支持等在城市生态旅游中起着重要的作用。

Jaafardeng 和 Maideen（2012）以马来西亚的四个中小型岛屋为研究对象，试图探究环境相关的产品和活动与经济可持续发展的关系。研究表明这些生态旅游产品能够促进经济的可持续发展，小型商业团体运营模式最适合当地旅游经济的可持续发展。

刘定惠和杨永春（2011）主要从经济、生态环境与旅游业三大系统出发构建了三者耦合协调度数学模型，结合安徽 1990 ~ 2008 年数据，对安徽生态与旅游的耦合协调度进行实证分析，并对 2010 ~ 2012 年耦合协调度进行预测。

陶表红（2012）从资源环境、经济因素、可持续发展潜力三方面对江西 11 个市的生态旅游可持续发展状况进行综合评价。结论表明各市应充分利用当地特色，深度挖掘发展潜力，促进生态与旅游业的协调发展。

孙玉琴（2012）运用DEA（评价效率最有效的非参数方法）从要素投入和要素产出两方面对我国滨海地区的12个市的生态旅游效率进行评价。实证分析得出各地生态旅游的效益，并且进行了相对效率比较分析，对滨海地区旅游业的发展提供了有效的改进意见。

胡冀珍（2013）以云南沧源县翁丁佤族村为实证研究对象，通过借鉴毛利国际文化村旅游地开发的成功经验，探讨云南典型少数民族村落生态旅游可持续发展的途径。该实证研究对处理民族文化、生态环境保护与旅游业发展之间的关系有着重大意义。

李石斌（2014）采用德尔菲法及层次分析法构建了包括环境、资源、经济、社会和管理五个子系统的海南无居民海岛旅游可持续发展评价指标体系，并对海南5A级景区分界洲岛进行实证研究。该实证研究从发展现状与发展潜力的角度对海南无居民海岛旅游发展进行研究，内容新颖，为该地发展做出更确切的决策。

国内外关于生态与旅游融合共生的实证研究具有如下特点：①从研究内容来看，生态旅游涉及的领域较多，越来越多的学者研究人文生态旅游，如少数民族的风俗、民族文化等方面的探究。②从研究方法来看，多数研究从生态、经济、旅游等方面构建三者耦合协调度模型，对区域生态旅游业进行综合评价。③从研究深度来看，国内的研究侧重旅游规划、自然保护区和资源利用效率的研究，忽视了对社区居民、旅游行为主体的研究，而国外更能从多角度、多要素进行研究。

2. 生态与城市融合共生实证研究

Kent（2003）从防治污染、能源管理、土地使用、交通运输等方面选取34个指标，对美国的24个城市的可持续发展能力进行实证研究。又从34个指标中选取环境、经济发展、公众参与和社会公正4个评价可持续发展能力的因子详细论述，得出一些最有实践价值的城市不太重视有意义的和持续的公众参与和社会公正。

Asfaw（2011）从建设生态城市原则的角度出发，对肯尼亚的巫魔加的城市住宅规划中不到位以及建设中实施问题进行实证研究。财产私有化、保养不善使得公路和街道降级，该城市供水和污水处理设施的规划不能适应城市新的发展。研究证实相关咨询和利益群体的参与对城市可持续发展有重要意义。

Schienke等（2012）对中国的生态城市进程进行研究，他从不同的生态城市的例子中分析得出，不同的评价体系指标以及城市主体规划反映不同的人本论与认识论。与中国大部分生态城市建设中的自上而下的规划不同的是，该研究建议采取循序渐进的“边设计边规划”的方法促进生态城市的建设与发展。

王飞儿（2004）从人口、资源、环境、经济、社会、科技6个方面对杭州市做了发展水平、发展协调性、发展潜力、可持续发展综合能力4方面的实证分析，结合结果探究了其长时、中时、短时的限制因素。该实证研究过程中还涵盖了杭州的环境保护多项指标的差距分析，为杭州建立生态城市的目标提供了理论保障。

陈天鹏（2008）从结构、功能、协调度的角度评价哈尔滨的城市生态化状况，作者设计五级城市生态化程度评价分级表，创新式地运用人工神经网络构建可以预测生态城市发展的模型。

秦东钦（2011）运用生态足迹理论对招远市的城市可持续发展做了实证研究。生态足迹理论是研究在生态承载力范围内生态生产性土地所带来最大效用的理论。该实证研究选取了招远市 2009 年的生物资源、能源消费的数据，并将其最终结果与世界主要国家的生态足迹进行比较，得出招远市生态承载力在不断提高，但生态赤字短时间内无法降低的结论。该实证研究对象是资源型城市，因此收集的数据与资源有关。生态足迹法形象直观地展现了人地矛盾，有针对性的对策为其他资源型城市的发展提供了经验借鉴。

崔照忠（2014）对青州市的区域生态城镇化发展进行实证研究。首先从空间、自然、社会、经济、文化、政治生态系统 6 个维度对该地的现状进行系统分析，其次进行动力分析，最后对其综合竞争力、生态足迹、区域生态城镇化水平进行综合评价。该文研究县域生态化和城镇化耦合发展的方式，为研究我国的区域生态城镇化发展模式提供了可行的路径和方向。

国内外关于生态与城市融合共生的实证研究具有如下特点：①国外的生态城市的建设重实践，注重在建设过程中城市发展需要什么，并提出具体的设计和解决方案，更加突出公众参与在生态城市建设中起的重要作用。②国内不仅研究自然环境，而且从资源、经济、社会等方面多角度研究。但是在生态城市的建设中不够重视对居民的宣传教育，未发掘居民在这一环节中的重要地位。

3. 生态与经济融合共生实证研究

Krueger（1995）用实证分析证实 EKC（Environmental Kuznets Curve）的存在。他们对城市的特征、大气和水的质量、人均 GDP 进行回归分析，得出环境污染情况与经济发展速度呈现正相关关系，但又受到技术水平影响的结论。

Panayotou 等（1997）收集了 30 个发达国家 13 年的经济与环境指标数据，得出经济增长与环境质量呈倒“U”型曲线关系的结论。环境库兹涅茨倒 U 型曲线的基本含义是，在一个区域内，当经济发展处于较低水平时，其环境污染程度较轻，环境质量会随着经济增长而变坏，但当该区域经济发展水平达到一定程度后，环境质量会随着经济增长而逐渐改善。

Ansuategi（2003）运用 EKCs 方法对欧洲的经济增长与二氧化硫跨境污染的关系做了实证研究。结果表明面临更严重的环境压力的国家将伴随产量更急剧下降的经济发展。

张丽峰等（2010）运用生态足迹理论以及获取的 1996～2007 年的面板数据证明了环渤海经济圈的三省二市的生态足迹、能源足迹对经济的增长存在明显的正向关系，说明当地的经济增长靠高投入换取。该实证分析数据易于获取、可操作性较强，形象直观地描述了如今恶劣的人地矛盾关系。它所选取的面板数据将截面数据与时间序列数据相结合，不仅证明各省市生态足迹对经济的影响，而且直观地比较出三省二市之间的差异。

王美霞等（2010）借助耦合协调度模型对 1989～2008 年宝鸡市经济与环境系统的

耦合协调度进行定量分析。该文建立了一套包含经济系统与环境系统的评价指标体系，先分别对两大系统进行综合评价，再运用耦合协调度评价模型以及结合前人对其等级划分标准的研究成果判定宝鸡市两大系统相互间作用的效果。作者采用灰色预测法对宝鸡市 2009 ~ 2019 年环境与经济系统的耦合程度进行预测，总结出经济的活力、环境污染、经济结构是影响耦合度问题的主要因素。

邱林卉（2012）运用灰色关联度方法对晋江市经济综合指数与环境综合指数的相关数据进行关联度分析，对当地生态与经济的耦合程度进行评价并提出相应对策。该实证研究除横向与纵向比较，还对晋江市的生态与环境的协调发展程度做了趋势分析，研究较全面。

车婷（2013）以鄱阳湖地区的 6 个城市为载体，研究其生态与经济的耦合度，利用耦合度与耦合协调的计算模型结合经济实力综合指数与生态环境综合指数测算出鄱阳湖地区经济与生态协调发展的类型。详尽地分析它们存在的问题，对各个地区都有针对性。

孙玥和程全国（2014）基于能值分析构建了包括能值流量、能值来源指标、社会亚系统评价指标、经济亚系统评价指标、自然亚系统评价指标和综合指数等的辽宁生态经济系统评价体系，并结合 2000 ~ 2010 年的数据对辽宁的生态经济发展的可持续性进行实证分析。结果表明由于经济发展中不可再生能源的过度开发和浪费，使 2010 年的辽宁生态经济水平仅达到美国和日本 20 世纪 80 年代的水平。该研究方法将不同的能量转换为能值统一进行比较，便于进行定量分析研究，从而对经济发展中的自然资源的是否可持续利用进行评估，继而为制定经济方针政策提供科学依据。

国内外关于生态与经济融合共生的实证研究具有如下特点：①国外研究大多是通过数据分析得出研究目标的经济与生态的关系，以此验证 EKC 假设的存在性。②国内研究偏向构建生态与经济两大系统的指标体系，利用耦合协调度模型对两个子系统进行相互作用的测量。③在生态与经济的研究中，多数学者进行趋势分析，这对政策的制定有一定的帮助。

4. 生态与农业融合共生实证研究

Hantschel 和 Lenz（1993）对慕尼黑地区的农业生态系统做了实证研究，主要考察了两种不同的耕作方法对该地区生态效应的影响。该研究为农业的发展提出了生态友好型的农业发展模式。

Ragland 和 Lal（1993）对热带地区的农业可持续发展技术进行实证研究，由于热带土地更易受影响以及人口压力巨大，因此该地区农业更应该受到重视。该文提出应加强对热带地区的水土流失的控制以及土地产量情况的监测，该研究也为撒哈拉以南非洲的社会经济发展以及政策方面的可持续性提供了更为具体的措施，为热带地区农业发展树立典范。

Hiranandani（2010）通过对照加拿大与古巴的生态农业问题，为两国的农业发展提供互相借鉴之处。他提出人类生产不应该只注重气候对农业生产带来的变化，还应该注重农业发展给环境带来的影响。生态友好型的现代农业是可持续发展的农业，应是用更少的化学物质和能源燃料去达到本地化生产和消费的农业。

杨世琦和高旺盛（2006）通过建立包含生态、经济、社会三大子系统的农业生态系统评价指标体系，结合湖南益阳市资阳区 1990～2002 年的数据，对该地农业生态系统自协调发展进行实证研究。测算协调度的方法是依据数理统计理论与方法，构建了农业生态系统协调度测度理论和模型，包括功效函数、协调函数和协调度的变化范围以及协调度等级，该方法避免了专家打分法等方法对宏观系统的评价增加的人为误差。

翟勇等（2006）运用层次分析法及专家咨询法建立了自然生态系统、社会经济系统、农田污染系统三个层次 18 个因子的生态农业评价指标体系，运用评价指标矩阵结合安徽芜湖市 4 个县的数据进行当地生态农业的实证研究。该实证研究的数据不仅从社会、经济、生态三个方面着手，而且添加了农田污染系统的数据，更加客观地体现生态农业的发展现状。

吴大付等（2008）采用问卷调查法，以江西余江县的 121 个农户为对象，从农户层面研究生态农业的可持续发展状况，采用主成分分析法构建了以生产持续指数、经济持续指数、生态持续指数为一级指标的评价指标体系。在生态农业的发展中，农户起了基础性的决定作用，因此该实证研究以农户为对象探寻红壤地区的农业可持续发展对策，具有相当大的实践与现实意义。

林刚（2010）利用频度分析法对洛川县 2000～2008 年苹果产业的生态经济效益进行指标体系的选取，建立了以经济效益、生态效益、社会效益为一级指标的评价体系，并利用灰色关联度矩阵对指标数据进行实证分析，该实证研究不仅分析了该地苹果产业的综合生态经济效益，还分析了各指标数据的年度变化趋势，有效地分析出影响该地苹果产业生态经济效益的因素。

徐敏雄等（2014）从农业经济、农村社会、农业资源环境三个子系统共 21 个指标出发构建关于农业可持续发展评价指标体系，选取德昌市 2007～2012 年的数据对其农业发展的可持续水平进行评价。结果显示，随着各方的重视，德昌市在积极发展农业经济的同时，更加注重生态环境的保护与改善。

国内外关于生态与农业融合共生的实证研究具有如下特点：①国外学者在实证研究中侧重将两个或以上的地区农业发展进行对照分析或者在两种不同的农业发展模式的差距中找到解决对策。②国内的学者侧重从经济效益、生态效益、社会效益去测算某个区域内的生态农业发展状况，缺少区际间的对比。

（二）生态与经济融合共生实证研究

1. 生态与旅游融合共生评价体系研究

Nahuelhual 等（2014）提出土地利用和土地覆盖变化是影响生态系统服务的重要因素之一，并利用智利南部数十年的数据说明土地利用和土地覆盖变化对娱乐和生态旅游发展潜力及娱乐和生态旅游发展机遇的影响，并从旅游资源独特性、可到达性、旅游吸引力、旅游资源使用能力、风光美景度 5 个指标对智利南部生态旅游的发展进行综合评价。

王良健（2001）从旅游资源及环境保护能力、旅游经济、社会效益、旅游软硬环境建设力度、旅游客源市场开拓能力等方面建立旅游可持续发展评价指标体系，并运用该指标体系对张家界风景区的环境可持续问题进行探讨。该指标体系的因素及因子均采用国家一级环境质量标准提取，可推广性、适用性、标准化程度很高。

魏敏等（2004）运用 AHP 法、德尔菲法以及灰色关联度分析法建立农业生态旅游地综合评价的指标体系，主要从旅游资源、农业与生态环境以及社会经济条件三个维度获取指标。该指标体系最终运用到泰山的农业生态旅游开发实验区的综合评价中，该评价指标体系的三个子系统及其涵盖的评价因子范围及内容较为全面，对其他地区的适用性也很强。

王玉霞和郭连生（2010）运用 AHP 法从多样性、稀有性、稳定性等 7 个方面建立对大清沟自然保护区生态发展状况的综合评价指标体系。根据该指标体系的评价结果，大清沟的生态状况属于优良级。该指标体系对自然保护区的综合评价提供了比较客观的依据。

孙洁婧（2014）采用 AHP 法以滨海生态旅游资源评价为目标层，资源质量、资源价值、景点规模为一级指标，下设奇特程度、资源完整性、观赏价值、景点地域组合、旅游环境容量等 9 个二级指标，并采用专家打分法对这些指标进行权重确定，再结合实际情况构建了浙江滨海生态旅游资源评价系统。得出资源价值是滨海生态旅游资源可循环利用的最重要因素的结论，而且通过对全国 13 个滨海省市的生态旅游资源进行综合评价得出浙江的滨海生态旅游资源总体状况较好。该指标体系对今后滨海地区生态旅游资源的综合评价有借鉴意义。

国内外关于生态与旅游融合共生评价体系研究的特点：多数专家学者侧重研究旅游资源的评价体系，并对生态旅游进行多角度分析。由于旅游资源的多样性，没有一套标准的方法或指标体系对所有旅游资源进行评价，使其能量化和标准化，因此呈现的指标体系只具有借鉴意义，具体该如何测算还应充分考虑旅游资源的特点等方面。

2. 生态与城市融合共生评价体系研究

Giampietro（2001）通过社会代谢多尺度综合评估的方法测算人类社会的可持续发展。包括人类活动（时间）量、体能投入量及附加值建立评价体系综合考察地区的社会、经济和环境的可持续发展状况等指标。应用该方法进行小区域社会代谢研究对其他地区的社会可持续发展具有指导意义。

Berardi（2013）通过多重标准评级系统对城市生态居住区的可持续发展进行综合评价。主要介绍及对比了三种评价系统：英国建筑物环境评估体系、美国的《能源与环境设计先导》以及日本的建筑物综合环境性能评价系统。三个体系在选址、能源、水环境、交通、社区规划与设计、生态环境 6 个方面均设置了一系列评价指标，但该方法仍缺少社会、经济方面的可持续评价，需要制定可持续评价体系来监测生态住区的动态发展。

曹慧等（2002）运用层次分析法对南京市城市生态系统可持续性进行综合评价。该指标体系具有目标层、准则层和指标层，城市生态系统呈现复合发展态势，它受自然、经济、社会等多重因素的影响，该指标体系的建立有助于促进人与自然、人与社会、环境与经济的协调化发展。

陈天鹏（2008）采用频度统计法、理论分析法和德尔菲法，建立对哈尔滨市的可持续发展程度的综合评价指标体系。该指标体系以结构、功能、协调度三个方面为一级指标，以人口结构、基础设施、城市环境等 10 个方面为二级指标，对哈尔滨生态城市建设管理的现状进行定量评价。该指标体系兼顾了人口、社会、经济、环境和资源持续发展，较为复合式地对生态城市进行综合评价。

申远（2012）采用可变权重的方法对呼伦贝尔市的生态城市发展状况进行综合评价，该评价指标体系在传统的经济、环境、社会三方面的基础上增加资源禀赋水平和少数民族发展状况两个一级指标进行综合评价。这一指标体系的建立结合了西部地区、少数民族地区的特点，生态城市的综合评价具有地域特色。

钟永德等（2014）对杭州低碳生态城市评价体系进行设计。采用指标比较法、层次分析法和多维向量法从经济发展、社会和谐、低碳生态系统入手，构建了综合领域发展实现水平，低碳生态城市的发展度、协调度、持续度以及有效等价值 5 项综合评价指标与全市生产总值、出口总额、城市登记失业率、城市化水平、单位 GDP 能耗、空气质量达标天数等 35 项单项评价指标的评价体系，并结合实际情况对 2011 年杭州低碳生态城市建设进行了评价和分析。其综合评价结果是杭州低碳生态城市建设达到一般水平，各指标发展呈现不同步性。该评价体系以压力—状态—响应（PSR）模型为基础，充分体现了人类与环境之间的相互作用关系，具有实践意义。

国内外关于生态与城市融合共生评价体系研究的特点：①国外的指标体系构建偏向于某一学科，缺乏跨学科意识。生态城市的发展是社会、经济、生态共同作用的结果，应综合考虑指标体系的全面性。②国内的研究往往停留在理论或技术层面上，缺少可操作性。在构建生态城市的过程中，政府政策不可或缺，因此在指标体系的构建中应凸显政府政策的作用。

3. 生态与经济融合共生评价体系研究

Hoagland 和 Jin（2008）主要研究海洋生态系统的海洋活动强度以及比较海洋活动指数与海洋地区社会经济发展指数，以此获得区域性海洋环境的可持续发展数据。作者从社会经济指数、渔业和水产养殖业指数、旅游业指数、运输和采油量指数、海洋产业活动指数 5 个指标对世界主要海洋生态系统的 64 个地区经济发展进行综合评价，从海洋活动强度及社会经济发展程度的角度对这些地区进行分类。结论是这些地区由于经济发展，污染比海洋地区更加严重，因此为了几代人的利益应重视环境保护。

Leukhardt 和 Allen（2013）从代际公平、生活质量、社会凝聚力、国际责任四个维度，资源保护、气候保护、土地利用、经济绩效、农业发展、犯罪率、就业、机会公平、国际间合作等 21 个指标出发对德国的可持续发展进行测算。得出德国的可持续发展战略中缺少环境因素的考量，在国家发展层面上仍有改进余地的结论。

贺晟晨等（2009）运用系统动力学，从经济子系统以及环境子系统两方面构建模型，预测在生态环境的约束下经济该如何发展，并用此预测模型为苏州市的经济发展与环境保护的良性发展提供建议。运用该方法使协调、优化与决策都变得更有效。

张青峰等（2011）运用系统科学理论与方法建立了评价黄土高原的经济社会发展与生态环境耦合程度的指标体系，选取自然生态系统与社会经济系统为一级指标，相关的森林覆盖率、年均降水量、地区生产总值、人均 GDP 等 21 个经济环境指标为二级指标。该指标体系中的生态环境指标是黄土高原突出的生态指标，能客观地反映黄土高原地区生态与经济系统协调发展的程度。

李怡雯（2012）运用层次分析法和变异系数协调度模型，从经济发展指标和生态环境指标两大准则层出发，建立国内生产总值、财政收入、森林覆盖率等指标层，对临安市的生态与经济的发展进行综合评价。该指标体系采取横向和纵向两个方面（即从生态与经济的相关性层面以及二者在不同时间段的相互作用关系）相结合的方式，较为全面地评价了临安市的生态与经济情况。

曹辉（2014）运用结构层次分析理论从经济生态指数、社会生态指数和自然生态指数三个复合指标和人均 GDP、人均财政收入、非农业人口占总人口的比重、在岗职工平均工资、工业废水排放达标率、万元 GDP 能耗等 18 个单指标，采用熵值法对指标进行权重计算，构建了少数民族地区生态经济综合评价指标体系，并结合少数民族 2003 年以来的数据分析出该地区生态经济总体上呈现“省会城市最佳，以省会城市为中心，向周围梯次辐射”的空间格局。熵值法是一种比较客观的赋权方法，该综合评价结果反映出该地可持续发展的空间差异，可对不同地区“对症下药”。

国内外关于生态与经济融合共生评价体系研究的特点：①国外学者指标的选取更侧重代际公平、区际公平，但有些指标难以量化。②国内绝大多数学者的指标体系的建立采用了一种系统化的构建方式，形成了一个相对完整的层次结构模型，一般都是从社会、经济、生态环境等方面来描述系统的可持续性，按照系统层、要素层和指标层三级结构组织起来，操作性强。

4. 生态与农业融合共生评价体系研究

Thapa 等（2004）基于对农户调查搜集的经验数据，从多种作物制、土壤肥力管理度、病虫害管理、农药的使用、土地利用模式、产量稳定性、风险和不确定性等 12 个方面建立指标体系，对孟加拉国的传统农业和生态农业的两个生产系统的可持续发展进行综合评价。通过比较发现生态农业比传统农业更具有生态、经济和社会效益，生态农业并不是一味追求产出和经济价值，需要大量投入，这样大大降低了农药的使用，提高了土壤肥力和提供均衡的食物。

Rezaei - Moghaddam 和 Karami（2008）根据伊朗法尔斯的数据，利用层次分析法比较生态现代化理论与自上而下管理理论下的两种生态农业发展模式，分别从经济、社会、环境三个维度进行对比，两种模式下设生产力、盈利能力、就业、生活质量、公平度、参与度、环境保护、资源有效利用、产品质量 9 个指标。结果表明基于生态现代化理论发展的农业更受伊朗农户、妇女委员会、环保主义者、农村合作社董事成员的青睐。

潘安兴和王芳（2008）利用熵值法构建了农业循环经济评价指标体系，选取社会经济系统、资源系统和环境系统三个子系统来反映农业与生态环境之间的协调程度。

该指标体系中权重的确定避免了专家打分的主观性，采用“熵”确立，体现出指标的固有信息价值。

黄祖辉和林本喜（2009）基于资源利用效率，从土地资源、劳动力资源、水资源、技术资源、物资资源5方面建立高效生态现代农业的指标体系，并从县（市）域层次和农户（场）层次探究了浙江生态农业的发展状况。该评价体系采纳的指标充分结合了农业效益，并考虑微观主体的行为，提高了政策实施的可行度。

张立超（2011）运用频度统计法选取循环农业评价指标，从社会经济、资源减量投入、资源循环利用、环境安全4个维度构建指标体系，采用主成分分析的方法评价循环农业的发展水平。该评价方法避免了综合评分等方法中权重确定的主观性和随意性，使得评价结果更加符合客观现实。

刘旭等（2014）采用因子分析法和主成分分析法选取了资源基础因子、生态环境因子、产业规模因子、社会科技因子和政府支持因子5个主成分，共耕地面积、乡村从业人员数量、二级及好于二级的天数、森林覆盖率、第三产业比重、万人科技人员数量等17个具体指标构建了北京市县域尺度都市农业可持续发展评价指标体系。结合北京市2004～2011年相关数据得出各区县县域都市农业可持续发展水平不断提高的结论，同时也分析出各因子贡献力的大小及其空间分布差异，对促进都市农业可持续发展具有重要的理论和现实意义。

国内外关于生态与农业融合共生评价体系研究的特点：在生态农业可持续发展指标研究方面大致可以分为两类：一类主要从人口、资源环境与经济发展之间的物理化学影响方面构造相关指标，研究对象是测定经济发展与土壤退化、生物多样性减少及空气、水资源污染等环境问题之间的相关程度；另一类主要运用现代经济增长模型构造指标，研究农业发展在人口、资源环境相关变量的约束下能否持续下去的可能性及有关条件，即经济与人口、资源环境协调发展的条件。农业是一个复合型的产业，它的初始形态属于第一产业，农产品深加工属于第二产业，农村旅游属于第三产业，所以在生态农业的发展中如何融合其他产业进行评价是个复杂且值得深思的工程。

二、共生、融合共生界定

共生（Symbiosis）原为生物学名词，是指两种生物或两种中的一种由于不能独立存在而共同生活在一起，或一种生活于另一种体内，互相依赖，各能获得一定利益的现象，若互相分离两者都不能生存。它是大自然最普遍的现象，不只是生物学的专有名词，如以黑川纪章为首的一批日本建筑师把这个概念用在对世界各国不同的文化及传统的现代化态度上，提出了共生的思想。

共生思想与西方社会的现代化过程中的二元论是对立的两种思想，宗教与神话中的二元论、善神与邪神的设立、作为创造者的神和他的创造物等都起源于二元论。笛卡儿的哲学把一切依赖于上帝意志的无限存在都划分为相互对立的精神与物质，康德的哲学把事物与现象的分解归于源自二元论，具体表现为理性与感性、肉体与精神、必然与自由以及科学与艺术的二项对立，二者因为功能的不同而对立。而共生思想强调整体的存在，它并不试图借助辩证法将二项对立加以调和，也不寻求超越二项对立的统一原理。

共生本身并不排斥竞争，但合作对于共生具有更重要的意义。共生的本质特征之一在于通过合作共生单元自身在性质和能力方面有所增强。当然，强调合作并不等于排除竞争，但共生中的竞争并不是单纯的消灭与替代，而是通过竞争相互交流和补充，以实现系统的提高与进化。

共生过程本身就是共生单元共同进化的过程。共生单元通过物质、信息和能量的交流相互促进和激发，提高其生存和繁衍能力。共同激活、共同适应、共同发展是共生的深刻本质。共生为共生单元提供理想的进化路径，同时，在进化过程中可能产生新的单元形态或共生形态。进化是共生系统发展的总趋势和总方向。

融合是共生的前提，融合是指不同事物在技术融合等其他方式的基础上相互交叉、相互渗透，逐渐融为一体，成为新的事物属性或新型事物形态的动态发展过程。它强调事物边界的位置，并以形成新的事物作为其根本标志。而共生关注的是与价值相关联的不同事物间边界相融合的现象。在融合共生中，没有融合就没有可能产生共生。不同事物在共生的价值创造或价值实现过程中融合，而共生的价值总量融合了前者的贡献。

三、生态与经济融合共生界定

生态与经济融合共生不是将生态与经济在技术融合基础上简单地融合，而是在融合的过程中创造价值，具体包括经济生态化与生态经济化。

经济生态化：以经济反哺生态。体现在两个方面：一方面是GDP的“绿色”回馈，如生态修复、生态补偿，即将经济发展以一定比例回馈到生态建设，调控资本分配，引导生态保护与建设投入，促进生态环境健康发展；另一方面是GDP的“绿色”转化，如运用绿色技术，转变既有经济发展模式，引导绿色经济、优化产业结构、推进高效产出，并最大限度地降低经济发展过程中的生态消耗。

生态经济化：以生态资源催生经济。作为经济发展的必要条件，资源是体现生态核心价值和增值效益的关键，同时促使人地关系朝良性发展方向转化。这表现于环境资源作为生产资料直接投产并发展绿色经济，通过对生态资源的深入挖掘，以直接价值或是产品附加价值转化到产品中，同时体现于对资源环境承载力、生态环境容量提升之后所带来的激励性的环境、经济效应，从而促进绿色GDP的增长。

第二章

江西省生态与经济发展概况

一、自然地理概况

江西省地处中国东南偏中部长江中下游南岸，位于北纬24°29′14″至30°04′41″、东经113°34′36″至118°28′58″之间。东邻浙江、福建，南连广东，西靠湖南，北毗湖北、安徽而共接长江；上通武汉三镇，下贯南京、上海，南仰梅关、俯岭南而达广州。江西与东南沿海各港口和江北重镇的直线距离，大多在600~700千米。古称江西为“吴头楚尾，粤户闽庭”，乃“形胜之区”。

江西版图轮廓略呈长方形。东西省界明显长于南北，而北之宽又数倍于南，恰如一头昂首直立的海豹。全省南北长约620千米，东西宽约490千米。土地总面积166947平方千米，占全国土地总面积的1.74%，居华东各省市之首。

江西地貌类型较为齐全，分布大致呈不规则环状结构，常态地貌类型则以山地和丘陵为主。其中山地60101平方千米（包括中山和低山），占全省总面积的36%；丘陵70117平方千米（包括高丘和低丘），占42%；岗地和平原20022平方千米，占12%，水面16667平方千米，占10%。除常态地貌类型外，还有岩溶、丹霞和冰川等特殊地貌类型。

江西全省气候温暖，日照充足，雨量充沛，无霜期长，为亚热带湿润气候，利于农作物生长。年平均气温18℃左右，年均日照总辐射量为每平方厘米97~114.5千卡；年均日照时数为1473.3~2077.5小时。江西降水充沛，年均降水量1341~1940毫米，主要自然灾害有寒害、洪涝、干旱和冻害以及持续时间较为短暂的高温危害等。

二、主要社会经济指标发展概况

（一）人口

根据《江西统计年鉴》，2013 年江西年末常住人口数为 4522.15 万人，与上年相比，全年净增人口 18.21 万人。2013 年全省人口出生率为 13.19‰，死亡率为 6.28‰，自然增长率为 6.91‰，近年来，江西人口出生率和自然增长率呈不断下降趋势，但人口仍处于低出生、低自然增长阶段，人口发展态势总体上较稳定。

2013 年底，江西城镇人口占总人口的比重达到 48.87%，比 2012 年上升 1.36 个百分点，全省城镇人口总量达到 2209.97 万人，比 2012 年增加 70.15 万人。城市化进程在不断提高。

2013 年，全省 60 岁及以上老年人口 586.52 万人，其中 65 岁及以上老年人口 397.04 万人，占总人口比重 8.78%。按国际通用人口老龄化社会的标准，江西在 2005 年进入人口老龄化社会。2010 年以后，全省 60 岁以上人口占总人口比重的同比增幅均超过了 0.4 个百分点，2013 年为 0.58 个百分点，达到历年的最高水平，65 岁以上人口占总人口比重同比增幅均超过 0.3 个百分点，人口老龄化速度呈现明显加快的趋势。

（二）GDP

根据《江西统计年鉴》，2013 年全省实现地区生产总值（GDP）14338.5 亿元，比上年增长 10.1%，增速居全国第 13 位，增速在中部六省中位居第二。分区域看，南昌、九江、赣州、宜春、上饶分别实现地区生产总值 3336.03 亿元、1601.73 亿元、1673.31 亿元、1387.07 亿元和 1401.31 亿元，分别占 GDP 总额的 23.27%、11.17%、11.67%、9.67%、9.77%；2013 年全年完成固定资产投资 12850.25 亿元，比上年增长 19.4%。其中，房地产开发投资 1174.58 亿元，同比上升 21.14%，分城乡看，城镇投资 12434.95 亿元，增长 19.82%；农村投资 415.3 亿元，增长 4.93%。全年社会消费品零售总额 4576.05 亿元，比上年增长 13.63%。其中，批发业零售额 881.9 亿元，增长 13.6%；零售业零售额 3107.29 亿元，增长 14.11%；住宿业零售额 64.13 亿元，增长 11.2%；餐饮业零售额 522.73 亿元，增长 11.2%。全年完成进出口总额 2284.5 亿元，上升 8.34%。其中，出口 1752.54 亿美元，上升 10.59%；进口 531.95 亿美元，上升 1.52%。

改革开放以来，在党中央的高度重视下，江西的经济发展一直保持着快速的增长速率，由图2－1可知，2008～2013年，江西地区生产总值年均增长率为12.32%，高于国家平均水平，2013年地区生产总值约为2008年的2.06倍。

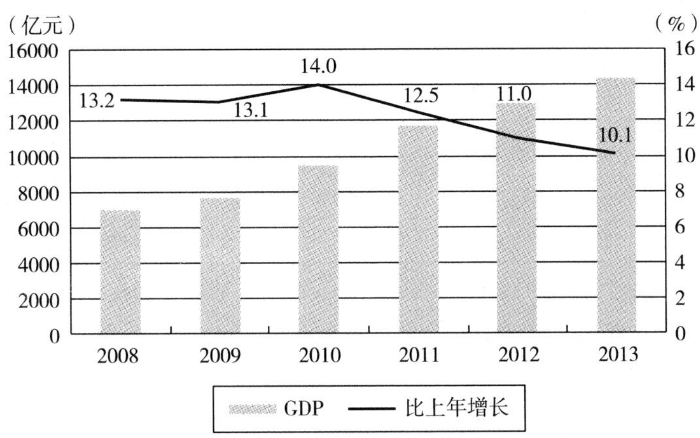

图2－1 2008～2013年江西地区生产总值及增长情况

江西土地面积约为16.69万平方千米，约占全国土地总面积的1.7%；2013年年末常住人口为4522.15万，约占中国人口总数的3.32%，无论从土地资源还是人口规模看，江西在中国均处于较低水平，但2008年后江西占中国地区生产总值均高于5.25%，如表2－1所示。在全国31个省区市经济总量排位中江西2013年位居第19位，2014年位居第18位，处于中等水平；在中部六省中，江西2006～2008年位居第6位，2009～2013年排名上升一位，相对比较落后（见表2－2）。

表2－1 江西历年地区生产总值及其变化情况

年份	江西（亿元）	全国（亿元）	江西所占比重（%）
2004	3456.70	129988	2.66
2005	4056.76	130756	3.10
2006	4820.53	131448	3.67
2007	5800.25	132129	4.39
2008	6971.05	132802	5.25
2009	7655.18	133450	5.74
2010	9451.26	134091	7.05
2011	11701.82	134735	8.69
2012	12948.88	135404	9.56
2013	14338.50	136072	10.54

资料来源：《江西统计年鉴》（2014）、《中国统计年鉴》（2014）。

表 2－2　中部六省 GDP 变化情况　　单位：亿元

年份 省份	2006	2007	2008	2009	2010	2011	2012	2013
河南	12363	15012	18019	19480	23092	26931	29599	32156
山西	4878.6	6024	7315	7315	9200.9	11238	12113	12602
湖北	7617.5	9333	11329	12961	15968	19632	22250	24668
安徽	6112.5	7361	8852	10063	12359	15301	17212	19039
湖南	7688.7	9440	11555	13060	16038	19670	22154	24502
江西	4820.5	5800	6971	7655	9451.3	11703	12949	14339

资料来源：《河南统计年鉴》（2014）、《山西统计年鉴》（2014）、《湖北统计年鉴》（2014）、《安徽统计年鉴》（2014）、《湖南统计年鉴》（2014）、《江西统计年鉴》（2014）。

江西人均经济水平的提高同样十分显著。2013 年城镇居民人均可支配收入 21872.68 元，比上年增长 10.13%。城镇居民人均消费性支出 13850.51 元，增长 8.41%。2013 年农村居民人均纯收入 8781.47 元，增长 12.18%。由图 2－2 可以看出，城镇居民人均可支配收入在逐年提高。

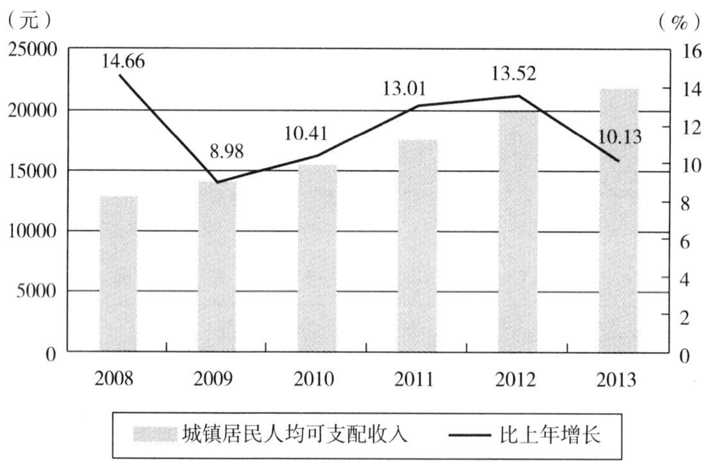

图 2－2　2008～2013 年城镇居民人均可支配收入及增长速度

（三）产业结构

2013 年，江西第一产业增加值 1636.49 亿元，较上年增长 7.64%，对 GDP 增长的贡献率为 8.37%；第二产业增加值 7671.38 亿元，增长 10.5%，对 GDP 增长的贡献率为 52.45%；第三产业增加值 5030.63 亿元，增长 12.14%，对 GDP 增长的贡献率为 39.19%。三次产业的比例由 11.8∶53.6∶34.6 调整为 11.4∶53.5∶35.1。如表 2－3 所示，从 1985 年至今，第一产业占比由 40.4% 下降到 11.4%；第二产业由 36.6% 上升到 53.5%；第三产业由 23.0% 上升至 35.1%。其中，第一产业下降最为明显；第二产业占比高达 50% 以上，仍为江西支柱产业。

表 2-3　江西主要年份产业结构情况　　单位：%

年份	第一产业	第二产业	第三产业
1985	40.4	36.6	23
1990	41	31.2	27.8
1995	32	34.5	33.5
1996	31.2	34.1	34.7
2003	19.9	42.9	37.2
2006	16.3	50.2	33.5
2007	15.6	51.3	33.1
2008	15.2	51	33.8
2009	14.4	51.2	34.4
2010	12.8	54.2	33
2011	11.9	54.6	33.5
2012	11.8	53.6	34.6
2013	11.4	53.5	35.1

资料来源：《江西统计年鉴》（2014）。

如图 2-3 所示，1995 年，第二产业首次超过第一产业，并出现逐渐上升的态势；1996 年第三产业首次超过第二产业，并一直处于小幅波动提高的状态；到了 2003 年，第二产业再次超过第三产业，提高至 42.9%。以上变化充分体现了江西产业结构的调整。

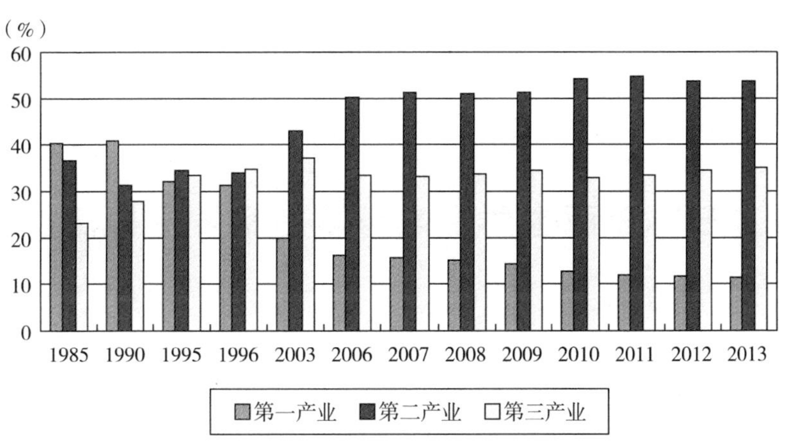

图 2-3　江西三次产业变化趋势

（四）工业化水平

2013 年，江西完成工业增加值 606. 21 亿元，对全省经济增长的贡献率达 43. 62%，规模以上工业增加值增长 12. 4%。从轻重工业看，轻工业增长 13. 1%，重工业增长 12. 0%。从地区看，南昌市、景德镇市、九江市、鹰潭市规模以上工业增加值分别增长 12. 9%、12. 1%、13. 3%、12. 3%。新余规模以上工业增加值上升幅度略小，约为 3. 6%。如图 2－4 所示，江西工业增加值一直处于增长阶段，但增长速率波动较大，造成工业对地区生产总值的贡献率处于波动状态。

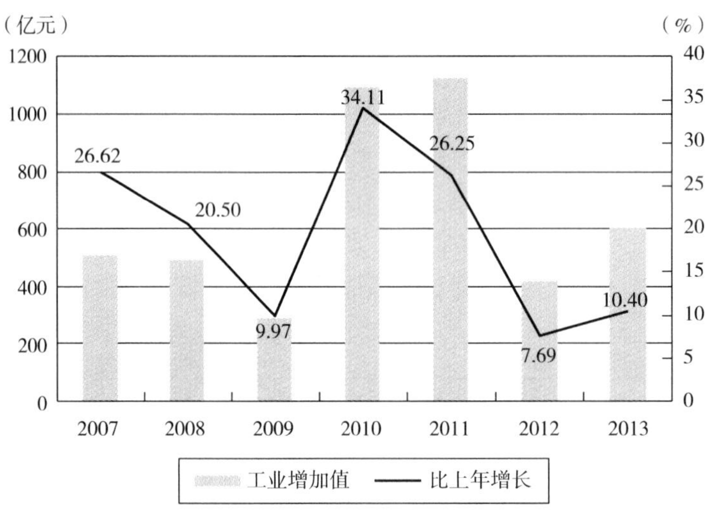

图 2－4　2007～2013 年江西工业增加值及其增长速度

2013 年，江西实现工业总产值 6434. 41 亿元，比上年增长 10. 4%。规模以上企业实现工业总产值 24676. 91 亿元，比上年增长 18. 59%。轻工业产值 7905. 13 亿元，增长 24. 34%；重工业产值 16771. 77 亿元，增长 16. 05%。

三、江西主要生态环境指标发展概况

（一）水环境质量

据江西环境保护厅发布的《2013 年度江西省环境质量状况公报》显示，2013 年，江西 9 条主要河流（赣江、抚河、信江、修河、饶河、长江、袁水、萍水河、东江）

水质总体为良好，河流主要污染物为总磷和氨氮。3个主要湖库（鄱阳湖、柘林湖、仙女湖）中，柘林湖水质总体为优，仙女湖水质总体为良好，鄱阳湖部分点位水质为轻度污染，湖库主要污染物为总磷。

全省废水排放量20.71亿吨，其中工业废水排放量6.82亿吨，城镇生活污水排放量13.86亿吨。全省化学需氧量排放量73.45万吨，其中工业废水中化学需氧量排放量9.33万吨，城镇生活污水中化学需氧量排放量39.90万吨。全省氨氮排放量8.88万吨，其中工业废水中氨氮排放量0.90万吨，城镇生活污水中氨氮排放量5.04万吨。全省石油类排放量737.00吨，挥发酚排放量15.78吨，氰化物排放量7.46吨。如表2-4所示。

表2-4　2009~2013年江西污水排放状况

指标	2009年	2010年	2011年	2012年	2013年
废水排放总量（亿吨）	15.2	16.1	19.4	20.12	20.71
生活污水（亿吨）	8.5	8.8	12.3	13.31	13.86
工业污水（亿吨）	6.7	7.3	7.1	6.79	6.82
废水中COD排放量（亿吨）	43.5	43.1	76.8	74.83	73.45
废水中氨氮排放量（亿吨）	3.4	3.5	9.3	9.11	8.88

资料来源：历年《中国环境年鉴》。

（二）大气环境质量现状

据江西环境保护厅发布的《2013年度江西省环境质量状况公报》显示，2013年江西空气环境质量良好，南昌市空气质量优良率为60.82%，其余10个设区市城市环境空气质量均稳定达到国家二级标准。

在环境污染物排放方面，报告显示，2013年全省废气中二氧化硫排放总量557704吨，比上年减少9984吨，下降1.76%。全省废气中氮氧化物排放总量570408吨，比上年减少6682吨，下降1.16%。全省废气中烟（粉）尘排放量356271吨，比上年减少1102吨，下降0.31%。如表2-5至表2-7所示。

表2-5　江西废气中二氧化硫排放情况

项目 / 年份	二氧化硫排放量（吨）				
	合计	工业		生活	集中式
		电力	非电		
2013	557704	134419	409078	14203	4
2012	567687	157304	394198	16176	9
变化量	-9984	-22885	14880	-1973	-5
变化率（%）	-1.76	-14.55	3.77	-12.20	-55.56

资料来源：《江西统计年鉴》（2014）。

表 2-6　江西废气中氮氧化物排放情况

年份＼项目	氮氧化物排放量（吨）						
	合计	工业			生活	机动车	集中式
		电力	水泥	其他			
2013	570408	162660	67512	115820	3106	221292	18
2012	577090	180311	67377	104820	2984	221575	23
变化量	-6682	-17651	135	11000	122	-283	-5
变化率（%）	-1.16	-9.79	0.20	10.49	4.09	-0.13	-21.74

资料来源：《江西统计年鉴》（2014）。

表 2-7　江西废气中烟（粉）尘排放情况

年份＼项目	烟（粉）尘排放量（吨）				
	合计	工业	机动车	生活	集中式
2013	356271	324694	25337	6213	27
2012	357373	321830	26730	8811	2
变化量	-1102	2864	-1393	-2598	26
变化率（%）	-0.31	0.89	-5.21	-29.49	1250

资料来源：《江西统计年鉴》（2014）。

（三）生态环境现状

据江西环境保护厅发布的《2013 年度江西省环境质量状况公报》显示，2012 年全省生态环境质量总体为优，生态环境状况指数（EI）为 82.77，与 2011 年相比，全省生态环境状况明显变好。2012 年全省 43 个县（市、区）生态环境为优，占总数的 43.0%，占全省土地面积的 48.1%，57 个县（市、区）生态环境为良，占总数的 57.0%，占全省土地面积的 51.9%。2013 年，江西省创建 63 个国家级生态乡（镇）、77 个省级生态乡（镇）、114 个省级生态村。靖安县、婺源县通过国家生态县考核验收，星子县、安义县通过省级生态县考核验收。截至 2013 年底，全省共建有各类自然保护区 188 处，其中国家级 13 处，省级 30 处，县级 145 处，总面积 1770.2 万亩，占全省国土面积的 7.1%。如表 2-8 所示。

表 2-8　2009～2013 年江西生态环境状况

指标	2009 年	2010 年	2011 年	2012 年	2013 年
退耕还林工程（千公顷）	34.52	37.85	22.66	18.77	20.67
人工造林（千公顷）	18.24	19.39	12	10.11	10.67
森林覆盖率（%）	60.05	63.1	63.1	63.1	63.1
自然保护区（国家级）（个）	8	8	9	11	13

资料来源：历年《江西统计年鉴》。

（四）声环境质量状况

2013 年，江西城市区域昼间噪声 54.0 分贝、夜间噪声 45.5 分贝，声环境质量昼间二级、夜间三级；设区市城市区域声环境质量，昼间 9 个城市二级、2 个城市三级，夜间 5 个城市二级、6 个城市三级。全省道路交通昼间噪声 67.2 分贝、夜间噪声 56.8 分贝，昼、夜间声环境质量均为一级；设区市城市道路交通声环境质量，昼间 7 个城市一级、4 个城市二级；夜间 7 个城市一级、2 个城市二级、1 个城市三级、1 个城市四级。全省功能区噪声达标率 94.3%，昼、夜间点次达标率分别为 98.4%、90.1%；设区市城市功能区噪声点次达标率范围 77.5%～100%，5 个城市为 100%。

第三章 生态与经济融合共生水平评价指标体系构建

一、生态与经济融合共生水平评价指标体系的构建原则

（一）科学性和可操作性相结合的原则

选取的指标应当具有科学性，即它是否能测算出要测算的目标，能否充分反映区域生态与经济融合共生水平。建立的指标体系要考虑可操作性，即它的数据是否都能找到。

（二）整体性和层次性相结合的原则

建立的指标体系要具有整体性，即能多角度、全方位来反映所要探讨的目标，因此评价指标体系将从宏观、中观及微观层面出发，全方位地剖析生态与经济融合共生水平。

（三）前瞻性和导向性相结合的原则

建立的指标应从当前国家在生态经济的重要部署等方面找到突破点，在充分挖掘生态与经济融合共生的影响机理的基础上去寻找。在剖析机理后拓展出具体的指标，因此从目标层出发，找出三大影响因子，再从三大影响因子出发拓展出 24 个具体指标。

（四）可比性和普遍性相结合的原则

由于每个地区在不同时期发展的侧重面不同，因此更应找到那些具有可比性的指标，以便横向或纵向全方面分析区域生态经济融合共生。由于各个地区的发展速度、水平都不相同，所以在建立指标体系的时候要充分考虑可推广性，更要选取具有普遍

代表意义的指标。

（五）全面性和代表性原则

生态与经济融合共生水平测算涉及的内容多、覆盖面广，因此指标体系的设计应从生态政策、生态产业和生态企业等各个方面全面考虑。同时每个子系统是独自成体系的完整体，所含指标繁多，为避免出现漏选、选重，在指标选取时要选取具有典型代表意义的指标。

二、初始评价指标体系的提出

先通过头脑风暴法，再在区域绿色竞争力理论、区域经济发展理论和生态经济学理论等基础理论的指导下结合文献研究，以及综合对生态与经济融合共生内涵和影响因素分析的基础上，设计出一套生态与经济融合共生水平评价指标体系，如表 3－1 所示。

表 3－1　生态与经济融合共生水平评价指标体系

目标层	要素层	指标层
生态与经济融合共生水平	生态政策	环境污染治理投资占 GDP 比重
		资源税占财政收入比重
		环保治理投资总额
		城市环境基础设施投资额
		当年完成环保验收项目数
		政府科技经费支出比例
		排污费征收额
		国家火炬计划项目数
		国家星火计划落实资金
	生态产业	工业固体废弃物综合利用率
		工业用水重复利用率
		能源消费弹性系数
		农业科技人员数
		工业废水排放达标率
		“三废”综合利用产品产值
		工业耗能
		高技术产业总产值
		万元 GDP 能耗

续表

目标层	要素层	指标层
生态与经济融合共生水平	生态产业	万元 GDP 水耗
		能源利用效率
		化肥施用强度
		有效灌溉面积
		农药施用水平
		节水灌溉机械
		农业耗能
		农业耗水
		水土流失治理面积
		沼气池产气总量
	生态企业	高新技术企业技术改造经费支出
		高新技术企业有效发明专利数目
		高新技术产业企业数目
		产品优等品率
		绿色食品原料标准化生产基地
		绿色食品企业数目
		绿色食品产品数目
		环境标志获证企业数目

三、生态与经济融合共生水平评价指标的筛选

（一）指标筛选方法——德尔菲法

指标的筛选主要采用专家征询（德尔菲法）对评价指标进行缔选。请相关领域专家、政府人员、企业管理者共 20 人（见表 3 – 2）填写专家意见征询表（见附录），对各指标的相关程度进行打分。共发放问卷 20 份，回收 20 份，其中有效问卷 20 份，问卷回收率及问卷有效率皆为 100% 。

对专家打分进行统计，主要计算意见集中度和意见协调度。意见集中度衡量指标的相关性，数值越大，相关性越高；意见协调度衡量专家之间的意见分歧度，数值越大，分歧越大。

表 3－2　专家来源

专家单位	人数（人）	占比（%）
高校及科研院所	15	75
政府机关	2	10
企业	3	15

意见集中度（$\overline{X}$）即为平均数，计算公式为：

$$\overline{X} = \frac{1}{n}\sum_{i=1}^{n} X_i \tag{3-1}$$

意见协调度，也称变异系数（CV），即为标准差（E）与平均数之比，计算公式为：

$$E = \sqrt{\frac{1}{n-1}\sum_{i=1}^{n}(X_i - \overline{X})^2} \tag{3-2}$$

$$CV = E/\overline{X} \tag{3-3}$$

（二）专家征询结果分析

对回收的专家问卷进行数据统计，计算各指标的意见集中度和意见协调度。

（三）指标体系确定

经过专家打分后，最终确定的生态与经济融合共生水平评价指标体系如表 3－3 所示。

表 3－3　生态与经济融合共生水平评价指标体系

目标层	要素层	指标层
生态与经济融合共生水平	生态政策	环境污染治理投资占 GDP 比重
		城市环境基础设施投资额
		当年完成环保验收项目数
		排污费征收额
		国家火炬计划项目数
		国家星火计划落实资金
	生态产业	工业固体废弃物综合利用率
		工业废水排放达标率
		“三废”综合利用产品产值
		高技术产业总产值
		能源利用效率
		化肥施用强度
		有效灌溉面积
		节水灌溉机械
		沼气池产气总量

续表

目标层	要素层	指标层
生态与经济融合共生水平	生态企业	高新技术企业技术改造经费支出
		高新技术企业有效发明专利数目
		高新技术产业企业数目
		产品优等品率
		绿色食品企业数目
		绿色食品产品数目
		环境标志获证企业数目

四、评价指标体系设计的说明和思路

对区域生态与经济融合共生水平进行评价，必须先对影响生态与经济融合共生水平的因素进行分析，以此确定评价内容和目标。

本部分指标体系的三个核心因子（生态政策、生态产业、生态企业）经由多位专家多次讨论及相关研究的查阅，并运用头脑风暴法最终确立，这三个因子构成了生态与经济融合共生水平指标体系的三个一级指标，下面解剖这三个因素，为后续的研究打下良好的基础。

（一）生态政策

生态政策即广义的环境政策，是指国家为保护生态环境而采取的一切控制、管理、调节措施的总和。生态政策对人类社会的发展具有导向性，只有制定出正确、合理、可行的生态政策，才能正确引导和调节市场经济的发展，促进生态环境与经济协调发展。

生态政策从三方面促进生态与经济的融合共生。一是生态补偿。随着市场经济改革在中国的深入与发展应运而生，具有激励性质的经济手段逐渐取代了传统的命令控制式手段。生态补偿是一种为保护资源环境而采取的经济手段，通过对损害（或保护）资源环境的行为进行收费（或补偿），提高（或减少）行为主体的成本，激励行为主体向有利于环境保护的方向发展，有助于调动生态建设积极性，促进环境与经济的协调发展。二是生态修复。是指利用人类辅助措施，加速生态环境的恢复，改良被损害或被破坏的土地，恢复其生物学潜力。在当今世界人口、资源、环境和经济发展不协调的大背景下，生态修复与发展循环经济和建设节约型社会息息相关。三是生态创造。是指利用国家政策为市民群众创造更多绿色福利，树立新时期生态文明建设新标杆。

在科技投入方面，创造绿色福利表现为加大对科技含量高、环保意识强的产业的投入，为群众创造出更多绿色低碳产品，也对群众周围的生态环境起到一定保护作用；加大对城市环境基础设施的投入，为居民生活创造良好的居住环境。

（二）生态产业

生态产业是产业层面的循环经济，是将物质生产活动中的能源消耗纳入生态系统的循环中，把产业活动中的资源消耗和环境影响置于生态系统物质能量的总交换过程，实现产业生态化与可持续发展。其主要目标是协调经济发展与环境保护、资源可持续利用的关系。

生态产业从三方面促进生态与经济的融合共生。一是生态农业。是指符合生态学原理和生态经济规律的、既能优化生态环境又依赖于良好生态环境的、可持续发展的农业生产经营方式。生态农业更加重视生产效应，侧重对生态环境的保护。它是粗放、高碳、污染的生产方式向集约、低碳、环保，促进生态与经济融合共生与可持续发展的生态生产方式的一种转变。二是生态工业。是生态产业的核心，它包括利用废弃资源、减少使用消耗性材料、工业产品非物质化和能源清洁化。它表现为生态发展、工业经济和社会效益的统一与协调，是实现我国经济转型的重要途径。三是生态服务业。是针对传统服务业发展中资源过度消耗和环境污染而提出的，其要求服务业结合现代技术和管理方法、生态学原理和经济规律，使服务业成为有利于实现资源循环、绿色服务的新型行业。有利于实现生态效益、经济效益与社会效益协调发展。

（三）生态企业

生态企业是进行生态化的企业。它通过循环利用资源和提升产品质量，建立全程监督的生产体系实现生态与经济的一体化、企业与自然的融合共生。

生态企业主要从三方面促进生态与经济的融合共生。一是生态生产。它区别于人口生产与物质生产，是指企业在遵循生态规律与自然规律的前提下，通过对生态系统的投入、增加生物物种和完善生态系统等方式改善生态环境，并取得经济效益的新型生产方式。生态与生产密切联系，既能优化生态系统，又能为企业带来经济效益。二是生态产品。是指通过人类活动，使生物与生态环境关系有所改善而产生的物品，它与物质产品、文化产品共同促进人类生存和发展。生态产品包括生态农产品、生态工业产品、生态服务产品和生态文化产品，统称为绿色产品。它是维护生态安全、保护生态环境、促进人类社会发展的必需品。三是生态技术。是相对于传统生产技术产生的新型生产技术。它以生态—经济效益为目标，在尊重生态学原理和生态经济规律的基础上，通过高效化技术实现生产的低投入、高产出，减少对生态环境系统的变化，实现经济效益、社会效益和生态效益的统一。它能够满足人类生态需要、减少传统技术的负外部性、实现可持续发展的技术创新。

由此可见，区域生态与经济融合共生水平的影响因素是多方面、多层次的。以上三方面从宏观层面、中观层面、微观层面在本质上概括了生态与经济融合共生理论的内涵与其影响因素，既兼顾经济的发展，又促进友好环境的建立，在宏观政策的引导下，促进产业和企业的良性发展。

五、评价指标权重的赋值

（一）评价指标权重的赋值方法

层次分析（Analytic Hierarchy Process，AHP）法，由美国运筹学家、匹茨堡大学教授萨蒂于20世纪70年代提出，作为一种多方案优化决策的分析方法，它将目标对象作为一个系统，进而将系统分解为若干层次，采用定性指标模糊量化方法算出层次单排序（权数）和总排序。运用AHP方法大体可分为以下几个步骤：

1. 建立层次结构模型

在深入分析实际问题的基础上，将有关的各个因素按照不同属性自上而下地分解成若干层次，同一层的诸因素从属于上一层的因素或对上层因素有影响，同时又支配下一层的因素或受到下层因素的作用。最上层为目标层，通常只有1个因素，最下层通常为方案或对象层，中间可以有一个或几个层次，通常为准则或指标层。当准则过多时（如多于9个）应进一步分解出子准则层。

2. 构造成对比较矩阵

从层次结构模型的第2层开始，对于从属于（或影响）上一层每个因素的同一层诸因素，用成对比较法和1~9比较尺度构造成对比较矩阵，直到最下层。

3. 计算权向量并做一致性检验

计算每个成对比较矩阵最大特征根及对应特征向量，利用一致性指标、随机一致性指标和一致性比率做一致性检验。若检验通过，特征向量（归一化后）即为权向量；若不通过，则需重新调整比较矩阵直至检验通过。

4. 计算组合权向量并做组合一致性检验

计算最低层对最高层的组合权向量，并根据相关公式做整体一致性检验，检验通过，则可按照组合权向量计算结果进行评判；否则需要重新调整判断矩阵，直至获得满意的组合一致性。

（二）构造判断矩阵及一致性检验

1. 判断矩阵构造

根据层次分析法一般采用的标度方法（见表3-4），汇总专家的评判结果，构造4个判断矩阵。

表 3-4　指标的标度规则

标度	含义
1	两个指标重要性相同，不分先后
3	两个指标的重要性不同，前者高于后者，强度较低
5	两个指标的重要性不同，前者高于后者，强度中级
7	两个指标的重要性不同，前者高于后者，强度高级
9	两个指标的重要性不同，前者高于后者，强度超高
2、4、6、8	为两个指标重要性的中间值
倒数 1 到 9	假设指标 i 和指标 j 进行比较，a_{ij}反映 i 对 j 的重要性，a_{ji}反映 j 对 i 的重要性，$a_{ji}=1/a_{ij}$（即如果 B1 指标与 B2 指标的重要性比较为 3，则 B2 指标与 B1 指标的重要性比较为 1/3）

2. 一致性检验

运用计算机软件计算各矩阵的特征向量和最大特征值，将特征向量进行归一化处理即得到各指标的权重值。为保证所求权重值的正确性和有效性，需要对矩阵中的数值进行一致性检验，引入评判判断矩阵一致性的指标 CI（Consistency Index）。

$$CI=(\lambda_{max}-n)/n-1 \tag{3-4}$$

式中，CI 为一致性指标，CI 值越小，一致性越高，CI 值为 0 时，判断矩阵为一致阵。λ_{max}表示判断矩阵最大特征值，n 表示判断矩阵阶数。通常采用矩阵一致性指标 CI 与随机一致性指标 RI（Random Index）的比值 CR（Consistency Ratio）来衡量一致性程度：

$$CR=CI/RI \tag{3-5}$$

式中，CR 为随机一致性比率，当 CR<0.1 时，判断矩阵一致性检验获得通过，否则需要对判断进行调整直至 CR<0.1 为止。RI 的值通过表 3-5 可得。

表 3-5　平均随机一致性 RI 值

阶数	1	2	3	4	5	6	7	8	9	10
RI	0	0	0.58	0.9	1.12	1.24	1.32	1.41	1.46	1.49

（三）评价指标总排序权重及一致性检验

1. 指标总排序权重

通过上述计算得出各评价指标的权重，但是最低层次（即指标层）各指标相对目标层的相对权重即总排序权重还没有计算。计算公式为：

$$W=\sum_{i=1}^{n}WB_j\times WC_{ij} \tag{3-6}$$

式中，WB_j 是 B_j 相对于 A（上一层）的权重值，WC_{ij}是 C_{ij}（下一层）相对于 B_j 的权重值。

汇总以上计算结果，得到江西生态与经济融合共生水平评价指标体系总排序权重表，如表3－6所示。

表3－6　生态与经济融合共生水平评价指标体系总排序权重表

目标层	要素层	权重	指标层	权重	总排序权重
生态与经济融合共生水平	生态政策	0.2502	环境污染治理投资占GDP比重	0.1349	0.0675
			城市环境基础设施投资额	0.0742	0.0371
			当年完成环保验收项目数	0.1349	0.0675
			排污费征收额	0.0742	0.0371
			国家火炬计划项目数	0.0409	0.0205
			国家星火计划落实资金	0.0409	0.0205
	生态产业	0.0627	工业固体废弃物综合利用率	0.0258	0.0065
			工业废水排放达标率	0.0072	0.0018
			“三废”综合利用产品产值	0.0465	0.0116
			高技术产业总产值	0.067	0.0168
			能源利用效率	0.0098	0.0025
			化肥施用强度	0.0051	0.0013
			有效灌溉面积	0.0136	0.0034
			节水灌溉机械	0.007	0.0018
			沼气池产气总量	0.0679	0.0170
	生态企业	0.0625	高新技术企业技术改造经费支出	0.0972	0.0243
			高新技术企业有效发明专利数目	0.0357	0.0089
			高新技术产业企业数目	0.057	0.0143
			产品优等品率	0.0229	0.0057
			绿色食品企业数目	0.0141	0.0035
			绿色食品产品数目	0.009	0.0023
			环境标志获证企业数目	0.0141	0.0035

2. 总排序权重一致性检验

$CR = (a_1CI_1 + a_2CI_2 + a_3CI_3 + \cdots + a_mCI_m)/(a_1RI_1 + a_2RI_2 + \cdots + a_mRI_m)$，当$CR < 0.1$时，通过检验。则$(0.2502 \times 0.00368 + 0.0627 \times 0.0222 + 0.0625 \times 0.0221)/(0.2502 \times 1.24 + 0.0627 \times 1.46 + 0.0625 \times 1.32) = 0.0037/0.48429 = 0.0076 < 0.1$，故层次总排序通过一致性检验。

第四章

江西生态与经济融合共生水平实证分析

一、数据收集与整理

本章实证研究通过收集江西、安徽、湖南、湖北、河南、山西中部六省 2003 ~ 2012 年 10 年的数据，探讨区域的生态与经济融合共生水平的差距。

实证研究的原始数据主要来源于历年的《中国统计年鉴》《江西统计年鉴》《安徽统计年鉴》《湖南统计年鉴》《湖北统计年鉴》《河南统计年鉴》《山西统计年鉴》《中国环境统计年鉴》《中国环境年鉴》《中国科技统计年鉴》《中国农村统计年鉴》《中国高技术产业统计年鉴》等资料以及国家统计局、中国环境保护部等网站收集的资料。对于指标体系中缺失的数据主要通过相邻两数平均值推算。

由于评价指标体系包括 22 个指标，涉及三大方面的内容，而各指标之间有量纲、类型以及数量级的差异，因此在数据分析前需对评价样本进行数据标准化处理，以此消除数据差异对结果的影响。数据的标准化处理主要包括数据的同趋化处理和无量纲化处理两个方面。数据同趋化处理主要解决不同性质数据问题，不同性质指标直接加总不能正确反映不同作用力的综合结果，须先考虑改变逆指标数据性质，使所有指标对测评方案的作用力同趋化，加总得出正确结果。数据的无量纲化处理主要解决数据的可比性问题。数据标准化的方法有很多种，常用的有最小—最大标准化、Z - score 标准化和按小数定标标准化等。标准化处理后，原始数据均转换为无量纲化指标测评值，即各指标值都处于同一个数量级别上，便可以进行综合测评分析。

最小—最大标准化法对数据个数和分布的具体情况依赖性不大，标准化处理的数据在 0 ~ 1 区间内，处理后的数据相对数性质明显，就每个指标数值处理来说，依据的原始数据信息较少。本部分采用的 Z - score 标准化法是目前默认的标准化方法，适用多指标综合评价体系的数据处理，能够更好地体现原始数据的数学特征，便于准确分析。

在多指标评价体系中，指标类型可分为正向指标、逆向指标、适度指标。正向指标即效益型指标，是指标值越大，评价值越高；逆向指标即成本型指标，该指标值越大，评价值越低；适度指标是指标值越趋向于某一固定值，评价值越高，该指标不宜过大或过小。在数据标准化处理前，需将逆向指标、适度指标同趋化，即转化为正向指标，再进行无量纲化处理。本部分对逆向指标的处理是取原始数据的倒数，转化为正向指标，再进行无量纲化处理。

二、实证分析

（一）测算方法

生态与经济融合共生水平的综合评价值通过加权求和方法进行计算。根据层次分析法确定 22 项指标的权重系数，原始数据经过同趋化与无量纲化等标准化处理后，计算中部六省的综合评价值，进行生态与经济融合共生水平的优劣分析。

本部分选用加权平均的多指标综合评价模型进行测算，计算公式如下：

$$P = \sum_{i=1}^{n} \omega_i C_i \qquad (4-1)$$

式中，P 为综合评价值，C_i 为第 i 项指标，ω_i 为 C_i 相应的权重系数；C_i 指标值为标准化处理数据。

（二）测算结果

按照多指标综合评价方法，对 2003～2012 年时间跨度内的江西、安徽、湖南、湖北、河南、山西等中部地区的生态与经济融合共生水平进行评价测算，如表 4－1 所示。

表 4－1　中部六省生态与经济融合共生水平测算值

年份＼省份	安徽	河南	湖北	湖南	江西	山西
2003	0. 26782	0. 193852	0. 36549	0. 623845	－0. 32171	－0. 59366
2004	－0. 34162	0. 167739	0. 544779	0. 618786	－0. 30834	－0. 68135
2005	－0. 34727	0. 244052	0. 484659	0. 539318	－0. 12665	－0. 79411
2006	－0. 26323	0. 250641	0. 603739	0. 402699	－0. 06992	－0. 92393
2007	－0. 28417	0. 450874	0. 714176	0. 236927	－0. 02727	－1. 09053
2008	－0. 07411	0. 537073	0. 568015	－0. 11301	0. 098702	－1. 01667
2009	－0. 10501	0. 725239	0. 584261	－0. 08868	－0. 09312	－1. 02269
2010	－0. 01487	0. 545603	0. 721737	0. 332658	－0. 48789	－1. 09724

续表

年份＼省份	安徽	河南	湖北	湖南	江西	山西
2011	0.074633	0.644472	0.349217	0.591366	－0.5712	－1.08849
2012	0.182521	0.603354	0.408809	0.488756	－0.58043	－1.10301

对表4－1进行简单说明：

第一，原始数据采用标准差标准化法进行无量纲化处理。测算样本为中部六省2003～2012年的数据，测算值0表示中部区域生态与经济融合共生度的平均水平；测算值大于0，表示该省的生态与经济融合共生度高于中部平均水平，在中部地区排名中位于前列；测算值小于0，表示该省的生态与经济融合共生度低于中部平均水平，在中部地区排名中位于后列。测算值绝对值大小，表示对中部平均值的偏离程度，具体排名如表4－2所示。

第二，测算值是对生态政策、生态产业、生态企业的加权平均所得，体现该省生态与经济融合共生度的整体水平。

表4－2　中部六省生态与经济融合共生水平排名

地区＼年份	2012	2011	2010	2009	2008	2007	2006	2005	2004	2003
安徽	4	4	4	5	4	5	5	5	5	4
河南	1	1	2	1	2	2	3	3	3	3
湖北	3	3	1	2	1	1	1	2	2	2
湖南	2	2	3	3	5	3	2	1	1	1
江西	5	5	5	4	3	4	4	4	4	5
山西	6	6	6	6	6	6	6	6	6	6

三、综合评价

（一）评价结果

从实证结果综合来看，2003～2012年河南、湖南、湖北综合评分一直处在中部六省的前三位，而且大多年份的评分为正值，说明其生态与经济融合共生水平高于中部地区的平均水平，而安徽、江西、山西综合评分处于后三位，并且多为负值呈现，说明其生态与经济融合共生水平低于中部地区的平均水平，总体的融合共生水平相较而言比较落后。如图 4 - 1 所示。

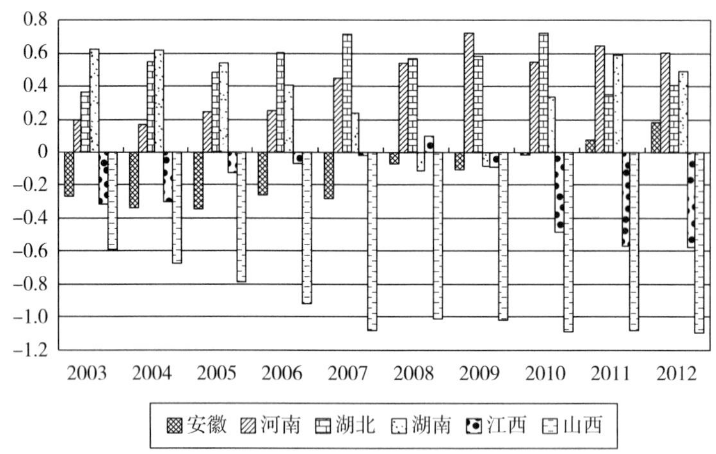

图 4 - 1　2003 ~ 2012 年中部六省生态与经济融合共生水平比较

从实证结果的详细情况来看，虽然安徽的生态与经济融合共生水平在 2011 年前都是低于中部地区平均水平的，但是它的发展逐步呈现出追赶、逐年上升趋势，如图 4 - 2 所示。

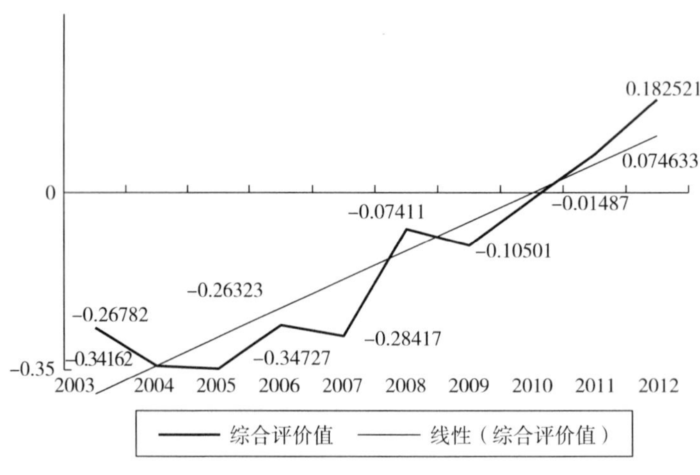

图 4 - 2　安徽生态与经济融合共生水平趋势

根据安徽生态与经济融合共生水平三因子趋势（见图 4 - 3），安徽生态与经济融合共生水平中的生态产业因子保持持平趋势，生态政策、生态企业因子有大幅的上浮。在生态与经济融合共生水平的三大因子综合评价中，生态企业对安徽生态与经济融合共生水平的贡献度一直处于首位，生态政策的贡献度排第二，虽然这两大因子在中部地区相对领先，高于平均水平，但仍能说明安徽政府及企业环境保护的意识以及环境污染的治理机制在逐渐提高；然而其生态产业的发展一直处于平稳趋势，贡献度则没有充分体现，说明安徽生态产业发展意识相对薄弱有待增强。

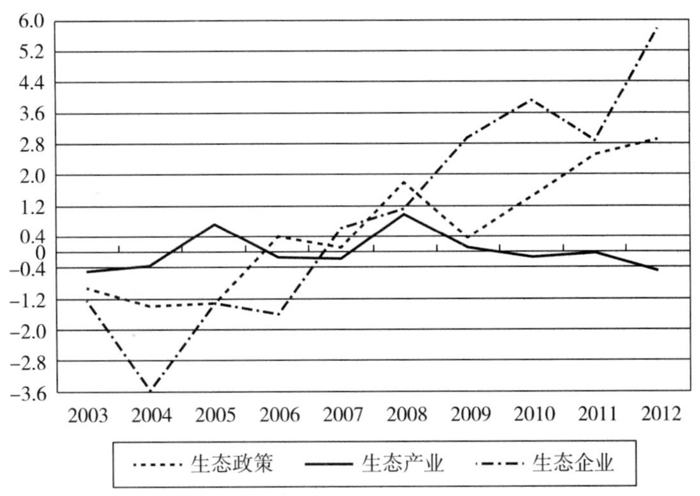

图 4－3　安徽三大因子比较趋势

河南的生态与经济融合共生水平一直高于中部地区平均水平，并且呈现逐年上升的趋势，如图 4－4 所示。

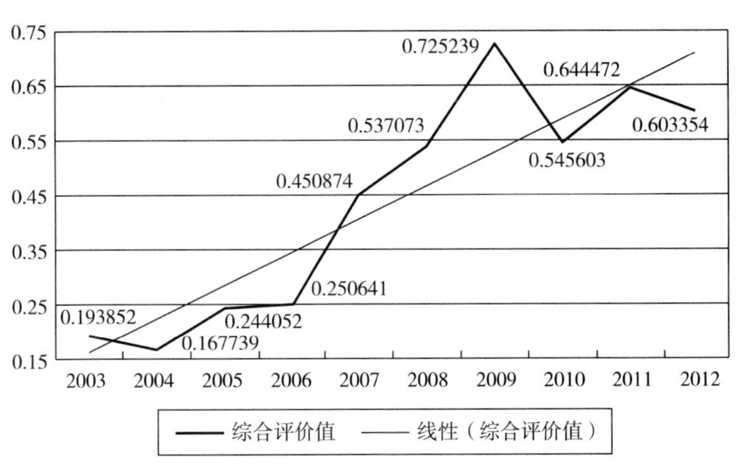

图 4－4　河南生态与经济融合共生水平趋势

根据河南生态与经济融合共生水平三因子趋势（见图 4－5），河南生态与经济融合共生水平中各因子发展差异较大，生态政策、生态产业因子呈逐年上升趋势，并且河南生态产业发展态势良好，在中部六省中处于领先地位，说明政府对生态经济的发展高度重视；但生态企业对河南省生态与经济融合共生水平的贡献度一直处于末位，拉低整体水平，说明企业的生态经济及环保意识相对较弱。

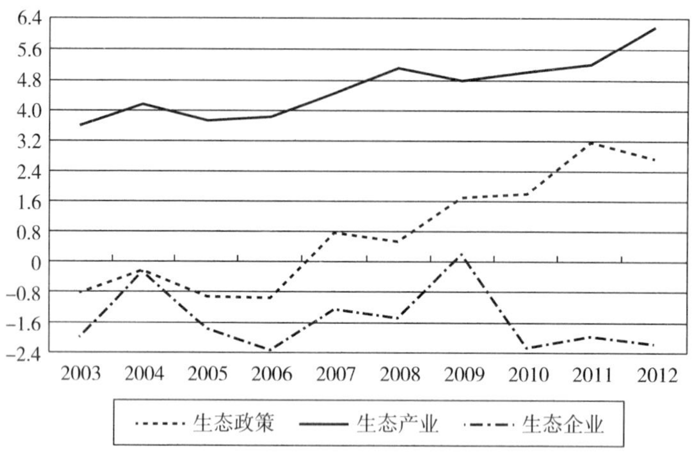

图 4－5　河南三大因子比较趋势

湖北的生态与经济融合共生水平一直高于中部地区平均水平，并且发展稳定，如图 4－6 所示。

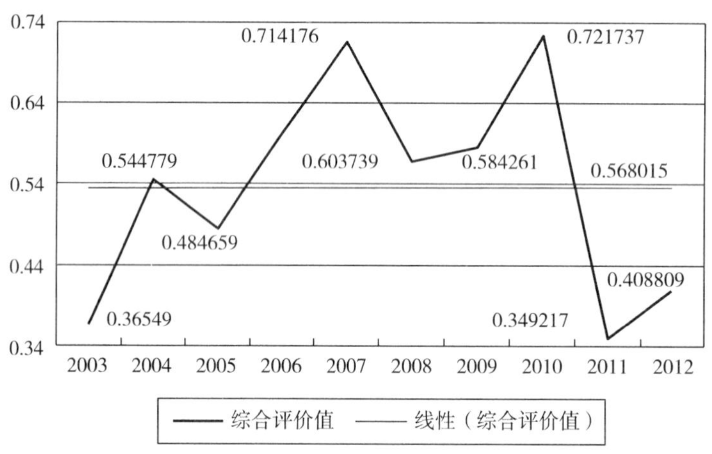

图 4－6　湖北生态与经济融合共生水平趋势

根据湖北生态与经济融合共生水平三因子趋势（见图 4－7），虽然湖北生态与经济融合共生水平中各因子发展程度均处于中部六省领先地位，但是各因子变动幅度较大，稳定性不强，需进一步加强相关措施的力度，以维持其领先地位。

湖南的生态与经济融合共生水平表现为大多数年份一直高于中部地区平均水平，但是存在逐渐下滑的趋势，如图 4－8 所示。

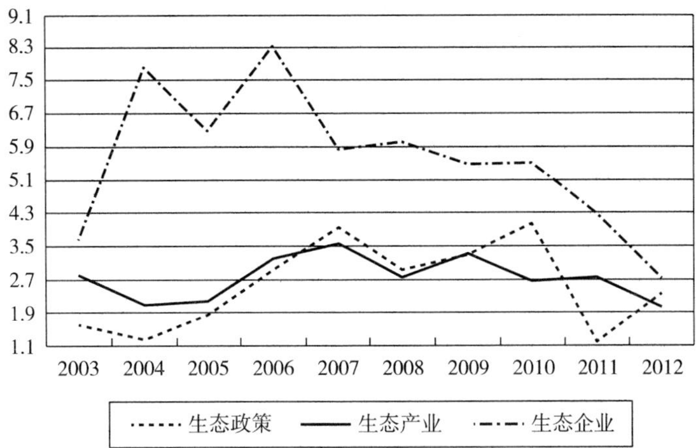

图 4－7　湖北三大因子比较趋势

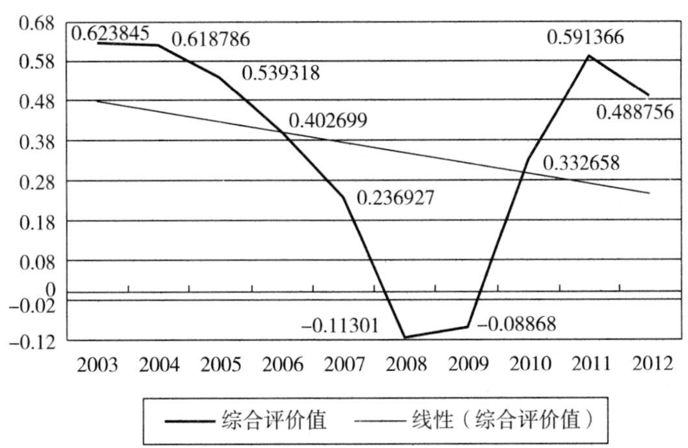

图 4－8　湖南生态与经济融合共生水平趋势

根据湖南生态与经济融合共生水平三因子趋势（见图 4－9），湖南生态与经济融合共生水平中，生态产业和生态企业因子发展程度均处于中部六省领先地位，说明湖南省

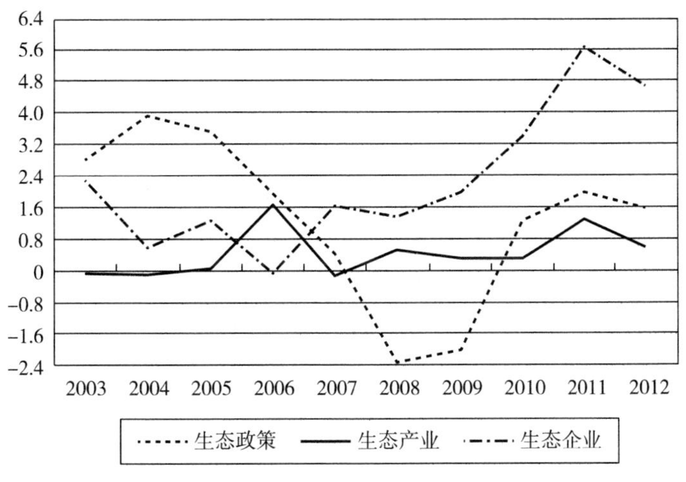

图 4－9　湖南三大因子比较趋势

生态产业发展态势良好，生态企业也具有较高的环保意识及责任感。但是生态政策因子变动幅度较大，稳定性不强，虽然对生态与经济融合共生水平有较强的拉动作用，但是湖南政府仍需加强政策的稳定性。

江西的生态与经济融合共生水平大多数年份一直低于中部地区平均水平，并且有逐渐下滑的趋势，如图 4－10 所示。

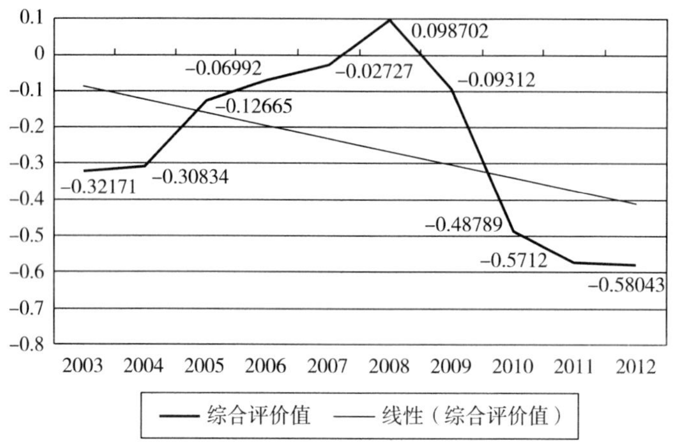

图 4－10　江西生态与经济融合共生水平趋势

根据江西生态与经济融合共生水平三因子趋势（见图 4－11），江西生态与经济融合共生水平中，生态政策和生态企业因子发展程度在个别年份高于中部六省平均水平，总体水平发展落后，发展很不稳定；生态产业因子发展稳定性较强，但是均低于中部六省平均水平，发展态势不佳，对生态与经济融合共生水平拉动作用没有体现。

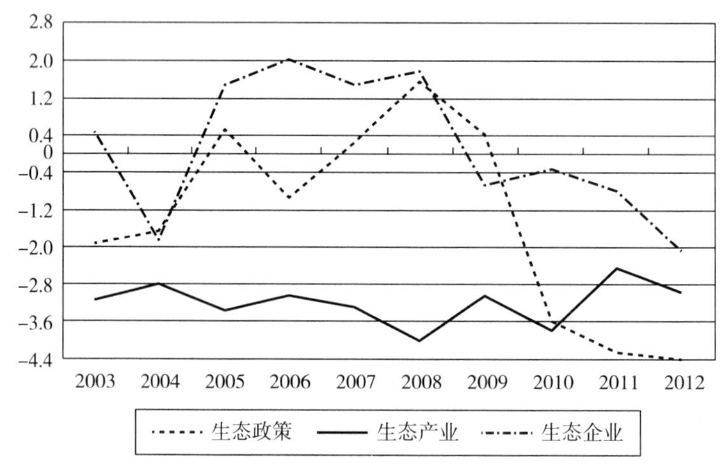

图 4－11　江西三大因子比较趋势

山西的生态与经济融合共生水平一直低于中部地区平均水平，并且有逐渐下滑的趋势，生态经济发展水平落后，如图4－12所示。

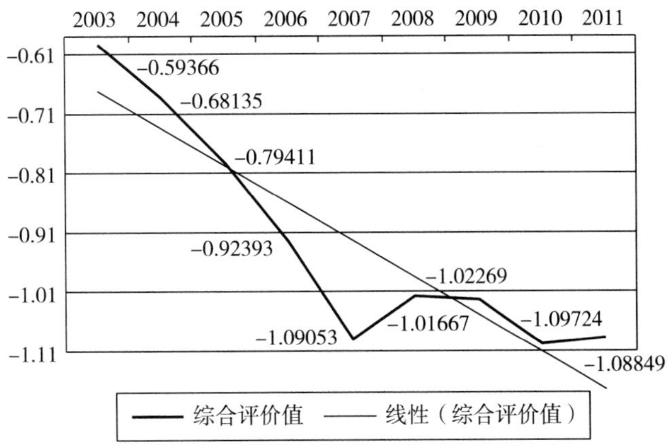

图4－12 山西生态与经济融合共生水平趋势

根据山西生态与经济融合共生水平三因子趋势（见图4－13），山西生态与经济融合共生水平中各个因子发展程度均低于中部六省平均水平，总体水平发展落后。

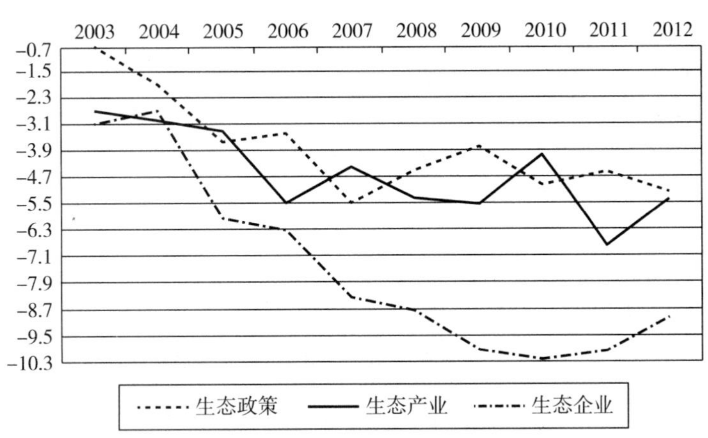

图4－13 山西三大因子比较趋势

（二）原因探析

从表4－3中可以看出，2012年生态与经济融合共生水平生态政策因子综合评价排名从高到低为安徽、河南、湖北、湖南、江西、山西。2003～2012年湖北的生态政策因子评价得分皆为正数，生态政策完成程度相对领先，安徽、河南呈现逐渐快速增长的趋势；而江西、山西生态政策发展程度相对变弱。尤为突出的是，山西生态政策因子评价值一直处于中部六省倒数第一，发展程度相对落后，与领先的湖南、湖北差距较大。

表 4-3 中部六省生态政策综合测算值

年份＼省份	安徽	河南	湖北	湖南	江西	山西
2003	-0.91785	-0.82646	1.61121	2.8132	-1.92359	-0.75653
2004	-1.37368	-0.23815	1.25747	3.91831	-1.65162	-1.91237
2005	-1.32745	-0.91496	1.84627	3.51061	0.52566	-3.64012
2006	0.41234	-0.94642	2.91472	1.93466	-0.93061	-3.38469
2007	0.11566	0.76086	3.93436	0.42513	0.25028	-5.48629
2008	1.81606	0.52561	2.93714	-2.32825	1.56281	-4.51339
2009	0.92141	0.35525	0.42395	0.68648	-1.70573	-0.68137
2010	1.4542	1.79344	4.05144	1.26775	-3.59811	-4.96872
2011	2.51859	3.14478	1.19824	1.95398	-4.25249	-4.56312
2012	2.90341	2.73334	2.36558	1.55598	-4.40332	-5.15497

根据2012年生态政策因子的指标数据分析（见图4-14），逆向指标C4（排污费征收额）排名为湖北（1.59169）、安徽（0.45862）、湖南（0.29676）、江西（-0.35071）、河南（-0.83631）、山西（-1.16005）。中部地区能源资源丰富，排污费的征收主要源于煤炭等化石能源的利用。山西作为煤炭大省，排污费征收额明显高于中部其他地区，环境污染严重造成生态与经济融合水平低，并严重影响山西的发展水平。正向指标C6（国家星火计划落实资金）排名为安徽（1.93152）、山西（-0.05626）、湖北（-0.13396）、湖南（-0.19296）、河南（-0.85225）、江西（-0.69609）。国家星火计划落实资金主要是扶持省域发展中产业的转型升级以及科技投入等方面的支持资金，对省域生态与经济融合共生发展起到促进作用，而江西获得的支持相对较低，导致最终结果相对落后。

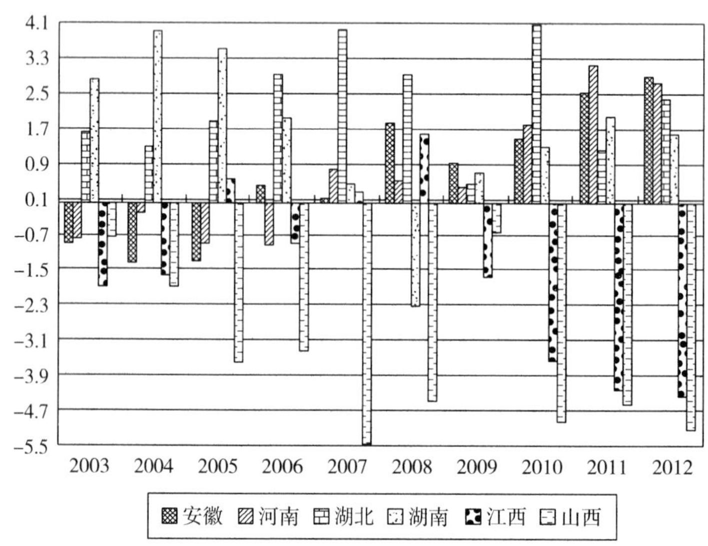

图 4-14 中部六省生态政策评价排名

从表4－4可以看出，2003～2012年，河南、湖北生态与经济融合共生水平生态产业因子评分一直为正数，相对其他省份较为领先，发展也相对稳定。相反，山西、江西生态产业因子的综合评分一直低于平均值，落后于同时期的其他地区，生态产业发展水平相对落后。

表4－4　中部六省生态产业综合测算值

年份＼省份	安徽	河南	湖北	湖南	江西	山西
2003	－0.48954	3.6055	2.80586	－0.07715	－3.14665	－2.69802
2004	－0.34467	4.16682	2.09566	－0.11478	－2.80067	－3.00237
2005	0.71232	3.7223	2.19485	0.05953	－3.37256	－3.31644
2006	－0.15089	3.83876	3.20465	1.65217	－3.04918	－5.49549
2007	－0.17346	4.45392	3.54362	－0.14384	－3.28518	－4.39504
2008	0.96109	5.12416	2.74526	0.52702	－4.0079	－5.34965
2009	0.13245	4.7965	3.33157	0.30238	－3.04794	－5.51494
2010	－0.12112	5.02895	2.64576	0.29189	－3.78102	－4.06445
2011	－0.04233	5.22474	2.75907	1.28947	－2.44681	－6.78414
2012	－0.48896	6.21212	2.04007	0.59008	－2.97925	－5.37408

2012年，生态与经济融合共生水平生态产业因子（见图4－15）的排名为河南、湖北、湖南、安徽、江西、山西。河南生态产业因子多项指标总体评价较高，其中C10（高技术产业总产值）、C15（沼气池产气总量）等多项指标明显高于平均水平，从工业、农业等方面提高了生态产业的发展水平。

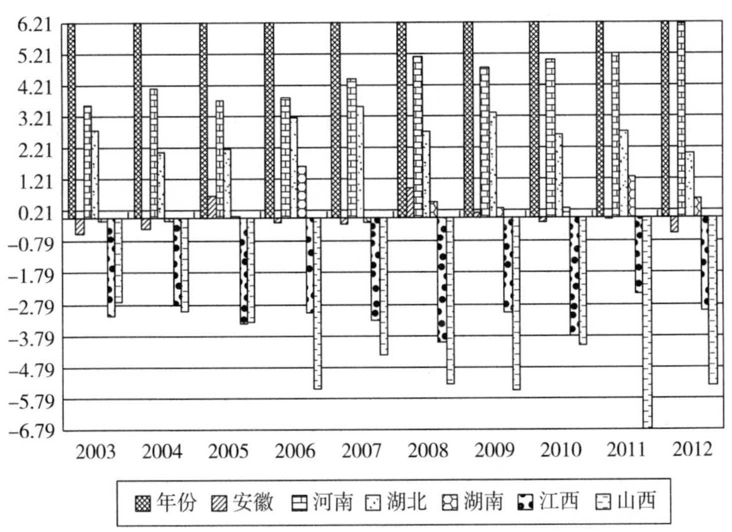

图4－15　中部六省生态产业评价排名

从表4－5可以看出，2003～2012年湖北生态与经济融合共生的水平生态企业因子评分一直为正数，相对其他省份较为领先，发展也相对稳定。相反，山西生态企业因子的综合评分一直低于平均值，落后于同时期的其他地区，生态企业发展水平相对落后。

表4－5　中部六省生态企业综合测算值

年份＼省份	安徽	河南	湖北	湖南	江西	山西
2003	－1.25999	－2.02489	3.64096	2.2772	0.47625	－3.10955
2004	－3.56801	－0.23954	7.80187	0.58225	－1.85808	－2.71852
2005	－1.30201	－1.76754	6.29625	1.25302	1.48441	－5.96412
2006	－1.60547	－2.33539	8.3052	－0.06143	2.04244	－6.34539
2007	0.63244	－1.23447	5.83486	1.62886	1.48838	－8.35006
2008	1.10303	－1.49319	6.01206	1.34243	1.78655	－8.75091
2009	2.9453	0.21298	5.46502	1.96674	－0.65635	－9.93369
2010	3.91332	－2.26334	5.50506	3.39788	－0.31583	－10.2371
2011	2.85603	－1.98376	4.2661	5.64344	－0.80122	－9.98059
2012	5.79261	－2.16667	2.72902	4.66602	－2.06681	－8.95417

2012年，生态与经济融合共生水平生态企业因子（见图4－16）的排名为安徽、湖南、湖北、江西、河南、山西。湖北生态企业因子多项指标总体评价较高，其中C16（高新技术企业技术改造经费支出）、C21（绿色食品产品数目）等多项指标明显高于平均水平，在生态技术、生态产品等方面提高了生态企业的发展水平。

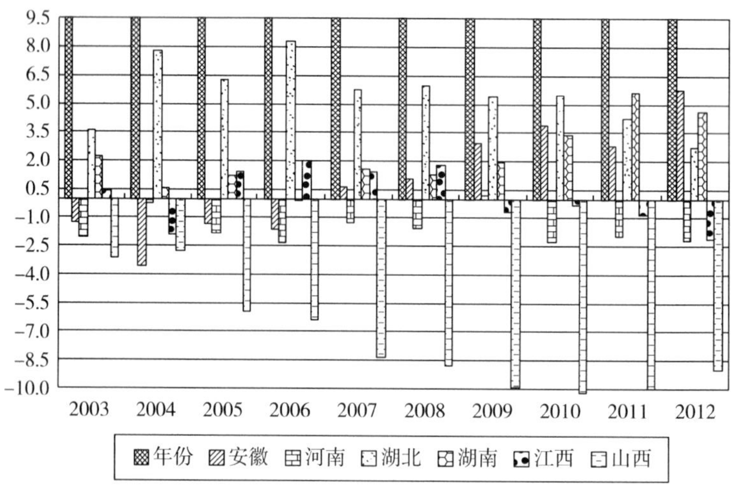

图4－16　中部六省生态企业评价排名

第五章

实现江西生态与经济融合共生发展的政策建议

一、完善生态政策体系，做好顶层设计

政府在地区的生态与经济融合共生水平建设中所起到的作用最大，它不仅体现在制定相关生态政策上，更体现在如何执行这些政策上，并且政策的可行性在制定过程中也不能小觑。生态政策主要包括生态补偿、生态修复、生态创造等方面。也就是说，政策不单单是书面上的内容，它更应该为生态与经济的发展创造更具实际意义的价值，所以针对这一要点提出以下几点建议。

（一）加大环保投入，增加城市环境基础设施投资额

一个地区在环境保护上投入的资金数量，越来越被视为其环保目标能否实现的重要标准之一。虽然中部六省在环保投资上重视较大，但是省域间差距依旧很大，如其他省份的当年完成环保验收项目数远远低于湖南、湖北。再者，人民生活日益丰富，人民对环境质量的要求也越来越高，如果政府的环保资金没有用到实处，大众将对政府的能力提出质疑，这就要求政府既要保证环保相关资金的投入，也要将这些专项款用到实处。

（二）建立健全环境处罚机制，加强环境监管力度

政府在加大生态建设投入的同时，需加强对区域内排污单位的监管力度——对排污企业征收排污费，对破坏环境的企业征收环境税。另外，为对环境有贡献的企业提供相关奖励，如税收减免等。对企业进行适当奖罚的好处是：一方面使政府环保资金更加充足；另一方面驱使污染企业为避免惩罚而自觉自动地转向绿色环保的生产方式。总之，在现有的法律环境下，加强对企业的监管，严格按照法律对相关企业进行奖惩；在现有法律不能制裁的情况下，政府应该及时召集有关部门完善法律条文，对企业的

违规行为做到防患于未然。

（三）建立完善的环境测评制度，即对环境政策实施的效果进行评价

如果效果不错则再接再厉，如果效果不佳则进行改进。生态政策还有一个不可忽视的功能就是进行生态创造。例如，在生态产业的培植中，加大对产业科技的投入，促进产业的转型升级；在居民日常生活中，加大对衣食住行的绿色投入，创造一个绿色、低碳的生活环境。当然，在政策的制定、执行、反馈到再制定的过程中都离不开大众的参与，只有群众切身体会并且参与到政策的制定中才能更好地落到实处。因此生态政策的全过程都应向透明化、公开化转变。

二、推进产业转型升级，实现生态产业发展

生态产业是产业层面的循环经济，以减量化（Reduce）、再利用（Reuse）、再循环（Recycle）、再认识（Rethinking）（简称为4R）为原则重新布局产业结构。主要涉及生产源头的污染物如何实现减排，生产过程中物质与能源如何实现高效利用，以及最后环节产生的废弃物如何再利用等问题，总而言之，生态产业要解决如何在发展产业经济的同时，使自然环境得到友好发展的问题。为此将从生态工业、生态农业、生态服务业提出对策建议。

（一）大力发展高新技术产业，促进新型工业化发展

高技术产业以高技术为支撑，往往是知识密集型或技术密集型产业，对生态环境的污染相对较少。一个地区高技术产业的发展对当地经济的发展有着举足轻重的作用。从中部六省的高技术产业产值指标来看，安徽、山西的产值相对落后，因此，工业向环境友好型的方向发展就必须加大对高新技术产业的投入，重视高新技术产业在其中的作用。在投入方面，政府的相关生态政策能够助力新型工业化发展，如高技术产业减免税等税收激励机制，国家产业计划的积极引导。工业走上生态化道路不仅需要政府的大力支持，还需企业自身提高转型意识，企业应该充分利用技术，改造资金，打造出资源消耗少、效率高的生态型工业。

（二）加大对“三农”投入，促使传统农业向现代农业转型

如何将传统农业转变为现代农业，一直是国家及各地区不断思考的问题，生态农业要解决如何在人均耕地日益减少的背景下实现农业的高产、高效，并且做到生产中的生态化的问题。在政策方面，不仅要在基础设施上支撑“三农”发展，还要用高技术来武装它们。例如，在解决农村的能源、燃料问题上，应用现代科技改造农业，改变

农村传统的依赖砍伐树木当燃料的困境，大力发展农村的可再生能源建设，如沼气的使用。应用现代经营形式发展农业，着力打造农业立体化经营模式，实现农作物高产高效栽培，在现有耕地的基础上，最大限度地提高耕地的产出率。努力提高农产品的质量与品牌化开发，促进农业向绿色农业、生态农业发展。在农民方面，应多培养高技术专业人才，增强农民科技富农意识，努力促进农村市场与整个市场接轨，延长农业产业链条，扩大特色无公害农产品产业化的规模。

（三）依托自身优势，大力发展现代服务业

要充分发挥如交通、旅游资源等区域优势，大力发展以金融服务业、贸易物流业、旅游业以及专业服务业为支柱的现代服务业体系。首先应完善相关法律法规，保障现代服务业的发展，在此并不是要求国家通过经济或行政手段直接干预，而是相关行业组织加强各个行为主体的自律性。其次用开放性的观念助力现代服务业的发展，这就要求各个地区采用对内对外一致的行业规则要求每个行为主体，采用低税率的贸易政策吸引外地的投资，充分依托区域内的交通干线和重要枢纽，强化区域协作。最后还应加快培养专业化服务型人才，充分运用国家相关专才、优才计划吸引境内外人才，因为人才是现代服务业发展的核心因素。

三、发展生态龙头企业，引领生态与经济的融合共生

生态企业是从微观层面促进经济与生态融合共生发展的主体。主要指遵循生态经济规律，以现代科学技术为支撑，以节约资源、生态生产为宗旨，以生产生态产品为目标的实现企业生态化的一种现代生产组织。生态企业与大众生活最密切，宏观上它使企业系统与生态系统耦合，微观上实现企业资源的高效利用，最终为大众创造绿色生态消费的环境。

企业高喊“零污染、零排放”时，生态技术使这一口号成为现实，但是如何达到生态技术创新，需注意几个问题：首先，确保生态技术的创新阶段有足够的资金保障，因此，企业除利用自有资金进行技术创新外，还应当积极地通过各项投资渠道获取资金投入，如通过证券投资渠道，建立企业生态技术创新风险基金等手段确保对生态技术创新各个阶段有足够的资金投入。其次，企业应将人力、物力放在具有普遍意义的生态技术开发上，从最基本的节能减排做起，到提高资源的利用效率，再到具有自主品牌的技术创新。最后，企业应当不断提高生态技术的自主研发能力，加强对专利的保护力度，以此保证企业在市场上生态化建设的稳定性。因为提高企业自主创新能力，一方面能有效地推动生态企业的成长，另一方面还能提高企业的市场占有率。

企业在生产过程中，首先，要贯彻节能减排意识，注重提高燃料物料的利用效率以

及做好对原料燃料的清洁化处理工作，同时应注重废弃物再生利用，将生态生产贯穿于生产的全过程。其次，生态企业应大力推进绿色食品的生产工作，注重产品包装的无害性和可回收利用性，杜绝一切对人体与环境有危害的生产环节。最后，企业在做好基础工作的同时，还应该积极高效地执行政府的各项生态政策、有关环保法规和ISO14000 标准，重视企业的环境标志管理，这不仅能提高企业的声誉，也是对社会履行企业应尽的环保职责和义务。

第三篇

江西省生态与经济融合共生的主导产业选择与变迁分析

本篇内容主要参考黄小勇指导的硕士研究生陈学鹏的毕业论文《江西省主导产业变迁及其影响因素研究》。

改革开放以来，随着市场经济体制的建立与完善，中国经济发展进入历史新时期——经济增长、人民富裕、经济快速发展。但改革开放初期的粗放型经济增长模式导致资源过度浪费，致使我国出现了一系列环境问题，如土地荒漠化、空气污染、湿地面积锐减等。我们在享受经济高速发展带来的利益的同时，也面临着生态环境恶化的问题。技术进步和人类文明的发展使得人们越来越意识到生态环境在经济社会发展中的重要地位，改善生态环境的呼声越来越高。当前，中国特色社会主义进入新时代，我国经济发展也由高速增长阶段转向高质量发展阶段，生态与经济的协调发展是当前经济社会发展潮流中不可阻挡的趋势。作为经济社会发展不可或缺的重要建设者——各个产业也一直在找寻可持续、低碳、绿色的发展方式，以促使生态与经济的融合共生。在此背景下，本篇对江西主导产业进行研究，分析生态与经济融合共生过程中主导产业的选择与演变过程，以及影响其变迁的关键因素，并提出相关的对策建议。

本篇的研究内容分为四章。第一章是主导产业及其发展变迁的理论基础，对理论研究进行回顾并简要评述。第二章是江西主导产业的确定及其变迁分析，主要介绍了主导产业研究模型即 DPG 模型与研究数据来源——投入产出表，并将现价投入产出表进行数据处理转化为可比价投入产出表，以此作为研究的数据基础，结合 DPG 分析方法从定性与定量两个方向确定江西 1997 ~2002 年、2002 ~2007 年、2007 ~2012 年三个阶段的主导产业并分析其变迁动态。第三章是江西主导产业变迁影响因素实证研究，利用 DPG 模型的分解式将影响主导产业变迁的因素分为 7 项，通过分析发现，不同时期推动江西省主导产业变迁的主要因素有所差别，但总体可以认为技术与贸易是 1997 ~2012 年江西主导产业变迁最主要的推动力。第四章是研究结论及对策建议。充分考虑影响江西主导产业变迁的关键因素，为进一步提升江西生态与经济融合水平、推动产业结构优化升级、发挥主导产业的联动效应进行研究与分析。

第一章
主导产业及其发展变迁的理论基础

一、国内外主导产业研究现状及评述

（一）国外主导产业研究理论的发展及演进

1. 主导产业基础理论研究

国外学者对主导产业的理论研究具有相对较长的历史。西方古典经济学的发展催生了主导产业思想的萌芽。美国著名经济学家艾伯特·赫希曼最早提出了主导产业的概念。创新理论的创始人熊彼特虽未直接研究主导产业，但他的创新理论却为主导产业理论的发展铺垫了基石。基于赫希曼的不平衡发展理论和熊彼特的创新理论，美国经济学家罗斯托对主导产业理论进行了系统研究。日本经济学家筱原三代平在罗斯托研究的基础上提出了主导产业的选择基准。一直到近几十年，相对系统和完整的主导产业理论体系才逐渐形成。

（1）艾伯特·赫希曼：产业关联理论。艾伯特·赫希曼在《经济发展战略》一书中提出，资源欠缺的发展中国家应该实施不均衡的发展战略来振兴经济，以促进经济的全面协调发展。他认为供给与需求的不协调能够极大地促进经济发展，即重点扶持某一特定产业，当该产业产能过剩、市场需求不足时，这种不均衡会使与其关联度较高的产业带动市场重新趋于均衡，然后再确定新的主导产业，进行下一轮的重点投资，推动经济形成新的均衡。在此基础上，1958 年，赫希曼提出产业关联理论。产业关联理论指出，产业部门相互之间不是孤立的，而是通过供需关系相联系形成交互的产业链。主导产业的选择应以产业关联度为基准，即从前向关联、后向关联和旁侧关联三个维度考虑。产业关联度的大小决定了某一产业带动其他产业发展的能力，即当一个产业的产业关联度足够大时，该产业的发展会极大地促进其他产业的发展，从而促进经济迅速增长，这样的产业应该作为主导产业。

（2）熊彼特：创新理论。20 世纪 30 年代，奥地利著名经济学家熊彼特运用创新理论、均衡理论等分析经济的发展，得出经济是非均衡发展的这一结论。他认为打破均衡的过程就是一种产业结构演变的过程，创新的实质就是经济结构的更新、产业结构的升级，并由此，他提出用非均衡的动态分析来研究主导产业部门，为主导产业的理论研究奠定基础。

（3）罗斯托：经济增长理论。罗斯托在《经济增长的阶段》一书中论述了主导产业的关联效应。他认为主导产业的关联效应主要体现在以下三个方面：一是后向关联效应。经济高速增长的情况下，主导产业会对生产要素产生新的投入需求，由此促进相关产业的发展。二是前向关联效应。主导产业的发展催生出新的经济部门，为扩大经济辐射范围提供条件：一方面，降低其他部门的投入成本，为进一步发展提供保障；另一方面，由发展主导产业引发的结构失衡、下游产业成本降低，让一些产业变身为高利润产业。三是旁侧关联效应。主导产业的发展能影响其他区域或领域，促进相关产业部门的兴起，带动经济的发展。另外，罗斯托认为主导产业必须具备以下特征：第一，能够基于发达的科技获取新的生产函数；第二，具备连续的高速的增长率；第三，具备高强度的扩散效应，能对其他产业甚至所有产业产生重大影响。

（4）筱原三代平：主导产业选择基准。20 世纪 50 年代，日本经济学家筱原三代平提出了主导产业的选择基准——收入弹性基准和生产率上升基准。收入弹性基准等于需求增长率与收入增长率之比，该基准要求选择收入弹性较高的产业作为主导产业，原因在于收入弹性高、市场需求大的产业能够促进经济的快速发展。生产率上升基准是产出与全部投入要素之比，该基准要求将生产率高、技术发达、经济效益好的产业作为主导产业。“筱原二基准”得到了日本政府的高度认可，日本政府在此基准下确定了日本的主导产业，进而推动了经济的飞速发展。

（5）主导产业选择的其他基准。1971 年，考虑到经济迅速增长导致的日益严重的环境污染问题，为实现经济与生态、社会的和谐发展，日本产业结构审议会在选择主导产业的“筱原二基准”之外又增加了环境基准和劳动内容基准。环境基准是指优先发展对环境污染较少、不产生过度集中的问题产业；劳动内容基准是指推荐发展那些能够为职工创造安全、舒心与稳定环境的产业。

2. 主导产业演进研究

关于主导产业演进的研究，国外学者从理论与实证两方面进行论述。

在理论方面，库兹涅茨认为各产业的发展具有与技术创新相联系的生命周期，特定产业的产量增长先是加快，后是放慢，主导产业部门不断地从一个部门转向另一个部门，构成不同主导部门依次更替的动态序列。他还明确指出，产业结构（经济结构）的演进过程伴随主导产业的变迁过程，即一个国家的产业结构（经济结构）演进一般是由以第一产业为主导产业的农业社会（解决的主要问题是吃饭和穿衣）向以第二产业为主导产业的工业社会（解决的主要问题是住与行），再向以第三产业为主导产业的服务业社会（解决的主要问题是生活质量的提高）的演进。

在实证方面，Gort 等（1982）建立了产业演进模型，说明在一个由众多小企业组成的处于形成期的产业中，初期产品价格较高，随着进入的企业数量增多，产业总产出增加，产品价格会下降，当该产业的产出增长率降低到企业规模的平均增长率之下时，有些企业将会退出。Kelepper（1990）还从产业技术变迁的角度，通过引入随机成长过程构建了产业演进分析模型，总结出了产业演进的六条基本规律。Bond 等（2008）利用哥伦比亚服装行业面板数据开发了一个动态实证模型，将金融市场效率、宏观经济环境和行业进入成本与企业间生产效率分布、企业家福利及产业演进模式联系起来。

（二）国内主导产业研究理论的发展及演进

我国对主导产业的研究大致始于 20 世纪 80 年代中期。基于国外的研究成果，我国学者对主导产业的研究主要集中在以下三方面：一是主导产业选择的理论与实证研究；二是主导产业对经济增长与产业结构调整的影响研究；三是主导产业的演进研究。

1. 主导产业选择的理论与实证研究

近年来，我国学者主要从以下角度对主导产业选择展开研究。

基于区域经济发展的视角。吴鑫（2012）认为，区域主导产业代表的不仅仅是地区产业的优势所在，也是该地区产业未来的发展方向，更是一种新的技术力量，它在带动其他产业共同发展的同时，既充分地运用了区域经济资源，又促进了区域经济迅速发展。赵斌（2011）以西北地区为研究对象，从西北地区主导产业的发展环境、历史变迁、区域比较等角度系统研究了西北主导产业选择的具体问题，最终确定资源型产业是西北地区的主导产业。高登榜（2013）认为，区域经济发展到一定程度必然发生产业转移，他以正在发生的第四次产业转移与承接为研究对象，从产业经济和区域经济两大视角，对承接产业转移地区的主导产业选择问题展开研究。

基于低碳经济下资源约束的视角。吴晓芳（2013）指出，后工业化社会的经济发展趋势是低碳经济，低碳背景下主导产业的选择决定了该区域产业结构的发展模式，影响区域未来的产业发展方向及区域经济的持续发展。她还指出，可以利用动态偏离份额法、因子分析法，以产业规模、产业发展、产业关联度和低碳发展等准则选择主导产业，以及从战略性新兴产业模式化发展、传统产业低碳化发展和低碳产业集群化发展三个角度对主导产业的选择与发展展开研究。刘鸿霄（2012）依据主导产业评价指标体系的构建原则，结合资源型城市的发展规律，从区位比较优势基准、资源比较优势基准、竞争优势基准、产业优势基准、可持续发展基准五个方面入手，构建低碳经济下资源型城市主导产业的评价指标体系；利用 Excel、YAAHP. 0. 5. 3 等软件计算得出各指标权重，结合层次分析法与基于关联度的灰色综合评价法进行资源型城市主导产业的选择与实证分析，提出低碳经济下资源型城市主导产业选择的政策建议。张雷（2012）分析产业结构优化升级对资源、环境、技术等方面的具体要求，在此基础上建立相应的主导产业选择模型，通过产业之间的对比研究来寻找符合未来发展要求的主导产业。研究发现，主导产业的选择与它所处的经济发展阶段、各行业所处的生命周期密切相关。杜吉明（2013）从是否具有发展潜力、产业影响力大小、盈利能力大小及能否带动就业及相关产业发展四个维度对各行业进行分析，来确定煤炭资源型城市主导产业的备选集。

还有学者从其他视角研究主导产业选择，如李龙新（2006）基于劳动力发展视角研究主导产业选择，林洁（2010）基于投入产出视角对山东主导产业选择进行研究，等等。

2. 主导产业对经济增长与产业结构调整的影响研究

在理论方面，靳丽贤（2005）、李维（2009）认为主导产业在产业链条中处于中心地位，对前后关联的产业具有强大的关联带动作用，对产业结构升级、国民经济的健康发展具有重大影响。在此基础上，王春艳等（2013）指出主导产业对区域经济增长的引领作用可分为直接贡献与间接贡献。直接贡献是指主导产业的发展直接带动区域经济的增长，间接贡献是指主导产业发展通过带动其他产业发展间接引领区域经济的发展。

在实证方面，靳丽贤（2005）利用DEA分析法分析主导产业之间投入要素的相对有效性，并基于有效性结果进行资源的重新配置，以充分发挥主导产业对经济增长的促进作用。任昕（2012）运用协整和误差修正模型测算海洋主导产业对经济增长的长期效应、短期效应，以分析主导产业的效率和成长性；然后以海洋交通运输为例，运用VAR和脉冲响应函数实证分析了海洋主导产业对三次产业的带动效应，构建了完备的海洋主导产业经济效应评价体系；并基于评价结论提出相应对策建议。

3. 主导产业的演进研究

我国学者对主导产业的演进研究主要集中于主导产业成长路径研究、主导产业成长机制研究和主导产业变迁研究。

（1）主导产业成长路径研究。赵付民等（2007）基于价值创造网络视角论述了区域主导产业的成长路径，认为区域经济首先要立足于本地比较优势，筛选出具有创造优越顾客价值潜力的产业，然后在价值链的战略环节上集中力量构筑核心能力，最后以价值链治理者的身份，在全球范围内为价值创造网络的相应环节配置具有核心能力的共点企业。朱启铭等（2011）对区域主导产业的成长路径进行了归类，认为区域主导产业的成长是在区域经济系统内外各种因素共同作用下实现的，在这种环境下某一产业产生、成长、发展为主导产业并继续演化，进而成熟直至衰退。在这个过程中，各阶段相互衔接形成其成长路径。根据市场和政府在区域产业成长中所起的作用，可将区域主导产业的成长路径分为自组织型、强制型和引导型。

（2）主导产业成长机制研究。宋继承（2012）研究了边缘地区主导产业的成长机制，他提出边缘地区主导产业成长有三种模式，即自组织型模式、引导型模式和集成型模式。通过对三种模式的成长过程和成长特点进行分析，指出边缘地区促进产业成长的最主要手段是政府对主导产业的选择和培育。吴寒冰等（2013）以鄱阳湖生态经济区为例，指出生态文明视野下的主导产业成长机制构建应从企业层面、产业层面和区域层面入手，注重资源节约与环境保护、生态建设与制度创新、产业突出与城乡协调。江金铭等（2014）论述了政府推动型县域主导产业的成长机制，对集群水平进行了测度分析，认为对于政府推动型的县域主导产业来说，促进产业内部专业化分工、互补和网络效应成为政策切入点。

（3）主导产业变迁研究。牛立超和祝尔娟（2011）从产业结构的角度分析了主导产业的变迁，指出产业结构成长并非一成不变，随着经济的发展和科学技术的进步，旧的主导产业带动整个经济发展的使命一旦完成，就要发生主导产业的更替。旧的主导产业的衰落和新的主导产业的形成，是产业结构成长的不同阶段。魏鹤群（2012）从主导产业变迁与经济发展模式之间的相互关系出发研究主导产业的变迁，认为从某种程度上说，主导产业变迁与经济发展模式之间存在双向影响，这种双向影响就如同生产力和生产关系。陈弥等（2013）从经济区域的角度研究工业主导产业的变迁，发现成渝经济区主导产业存在衰退型、稳定型和成长型三种类型，衰退型主导产业所占比例较大就意味着主导产业发展的不稳定。他们还分析了主导产业发展过程中会遇到的问题及问题产生的原因，并提出了相应的解决对策。齐少虎和高志刚（2013）运用投入产出分析法研究新疆工业主导产业的变迁，通过对不同时间段新疆主导产业进行判断及纵向比较分析，梳理出新疆主导产业的演化过程。

（三）国内外主导产业研究评述

综观上述文献，国外对主导产业的研究历史较为悠久，已经达到相对成熟的阶段。其中艾伯特·赫希曼的产业关联理论、熊彼特的创新理论、罗斯托的经济增长理论、筱原三代平的主导产业选择基准等已经是主导产业理论中的经典理论，对于研究江西生态与经济融合共生过程中主导产业的选择具有重大的借鉴意义。然而，在借鉴国外主导产业丰富的研究成果时，需要注意经济发展体制不同这一背景下政府主导产业政策实施情况的差异性：政府的主导产业政策在资本主义经济体制下并不一定能得到很好的实施，但适用于像我国这样的社会主义市场经济体制国家。因此，江西在生态与经济融合共生过程中主导产业选择的研究中要立足省情，不可对国外的理论生搬硬套。

国内学者对主导产业的研究主要集中于主导产业选择的理论与实证研究、主导产业对经济增长与产业结构调整的影响研究以及主导产业演进研究，而对主导产业变迁的原因及其影响因素等方面的研究较少。探究主导产业变迁的原因及其影响因素对于引导主导产业选择、促进主导产业发展、优化产业结构具有重大意义。

（四）江西主导产业研究综述与简要评价

对江西主导产业的研究，众多学者探讨的关键点在于主导产业如何选择。从对主导产业理论的探讨发展到实证研究再到现在的理论结合实证研究，江西主导产业选择理论仍在不断完善。

近年来，从客观上看，江西主导产业选择研究更多集中在从农业、工业和服务业三大产业中选择主导产业。农业主导产业选择研究中，罗琦等（2015）立足于江西省赣州市农业产业状况，建立指标体系对种植业、水产业和畜牧业等产业进行测算以发现农业产业优势，结合区域状况进行定量与定性分析，认为应选择粮食、蔬菜和水果产业作为农业主导产业，并提供了相关发展策略。工业主导产业选择研究中，王树华（2010）探索了工业结构优化升级与江西主导产业选择之间的联系，认为处在工业化初级阶段的江西，应把结构导向型作为江西工业结构优化升级的战略导向，工业结构优化升级的核心则是主导产业的科学选择。詹春雷（2016）认为工业产业的发达程度是区域经济发展水平的体现，工业产业结构的合理与否和主导产业选择的正确与否左右着工业经济的快速发展。基于江西工业产业的发展现状，他采用偏离份额分析法对江西工业主导产业选择进行了研究。服务业主导产业选择研究中，石菲菲（2014）利用SWOT分析法对江西现代服务业的发展状况进行分析，最终确定江西的主导产业为文化体育娱乐业、金融保险业、交通运输仓储和邮政业。

从微观上看，有关江西主导产业选择的研究是从更为细化的产业部门出发的。李亚云等（2016）运用灰色关联度分析法研究江西林业主导产业的选择。王世梅（2008）通过对江西体育主导产业选择研究，认为选择合适的体育主导产业有利于引领和带动体育产业的发展，进而促进江西体育产业结构的优化升级。

从其他方向上看，张征华等（2013）基于低碳城市视角，利用层次分析法，研究江西省南昌市的主导产业选择。杨晨宇（2013）基于县域经济视角，通过建立合适的指标体系对江西省樟树市主导产业选择和发展进行研究。戴志敏等（2011）对江西的主导产业进行了产业关联与产业创新的系统分析。金富民（2011）研究了江西主导产业的时空变化。

综上所述，学者从多种角度对江西主导产业选择进行了研究，但对于江西主导产业的变迁及其影响因素研究较少。故在本篇中，我们利用DPG分析法探究江西主导产业的变迁过程，分析影响主导产业变迁的因素，找出其中最主要的影响因素，为实现生态与经济融合共生、制定产业政策提供方向。

二、国内外产业结构变化的影响因素研究动态

（一）国外产业结构变化的影响因素研究现状

国外学者关于产业结构变化的影响因素研究较多，主要观点如下。

Kuznets（1966）指出，产业经济增长的主要因素在于知识存量、劳动生产力及产业结构三方面的积极变化，而产业结构变动则由国内需求结构、对外贸易结构和生产技术水平等的影响产生。Montobbio（2002）把产业结构变动的过程看成是一个排列的过程，认为外部因素会导致产业经济的不同增长情况。Parrinelo（2004）剔除技术与对外贸易等因素的影响，发现需求因素对各个主导产业之间的转换起着重大作用。Fujita等（2005）则认为，促进产业结构演进升级的主要原因是市场激励驱动的代理商凝聚力与产业凝聚变化。Iammarino等（2006）通过对产业集群与产业结构演变过程之间的关系研究得出，推动产业集群和产业结构演进的主要因素是对外贸易、科学技术和知识外溢。Kim（2007）通过选取中国、日本及韩国的相关数据对区域经济一体化运动的

研究中发现，外商直接投资对产业结构变化起显著的驱动作用。Malerba（2007）认为创新能够促进产业结构的演进。Tuan 等（2007）通过研究 FDI 对长江三角洲、珠江三角洲的影响得出经济增长推动产业结构演进这一结论。

关于研究的实证方法方面，Toner（2000）选取南斯拉夫 1959～1968 年 10 年的数据，通过投入产出模型分析了其产业结构的变动及其原因。Holub（1998）同样利用投入产出模型分析了捷克经济转型时期产业结构的变动。长谷部勇一（1994）利用 DPG 模型分析了日本经济结构的变化及其影响因素。藤川清史（1999）采用 DPG 模型对 1960～1990 年韩国经济结构的变化及引起变化的影响因素进行分析。

（二）国内产业结构变化的影响因素研究现状

国内关于产业结构变动影响因素，主要运用层次分析法、计量经济模型、投入产出分析法进行研究。

1. 基于层次分析法研究

冯建功（2012）运用层次分析法对我国产业结构变动影响因素进行分析，发现改革开放以来，对我国产业结构变动起重要作用的因素依次是技术进步、国际贸易、需求因素、生态环境及自然禀赋状况。檀祝兵（2011）通过选取收入水平、城市化水平、工业化水平、财政支出水平、固定资产投资水平及劳动力供给水平等指标进行第三产业内部结构变动影响因素的建模分析。

2. 基于计量经济模型角度分析

王增（2015）采用钱纳里标准产业结构模型及面板数据的计量回归深入剖析了影响中东欧各国产业结构演变的影响因素。李在军等（2013）运用空间自相关、空间变异函数、克里格插值法分析了江苏产业结构的空间格局演变及其动力机制。袁佳（2011）利用产业结构偏离度模型和产业结构演变速度模型（Moore 结构值模型）实证分析了产业结构偏离度、产业结构演变速度（产业结构演变程度衡量变量）和经济增长三者之间的关系。张文等（2009）选取全国 23 个省区 1996～2005 年的样本观测值，实证分析了经济发展水平、FDI、创新三个因素对中国产业结构演变具体影响。

3. 基于投入产出分析法研究

在产业结构演变因素分析的应用中，运用更多的是投入产出分析中的 SDA 结构分析法和 DPG 分析法。

（1）SDA 结构分析法。史亚丽（2009）基于 1997 年和 2002 年的投入产出表，利用投入产出模型和结构分解模型（SDA）重点研究了甘肃各产业部门的变动情况。刘小刚（2011）基于投入产出分析中消耗系数、投入状况、最终消费变化和产业间的关联度指标区分不同产业与经济增长的关系以确定主导产业，再根据 SDA 结构分析各个产业之间的变动以探究影响产业部门发展的主要因素，最后综合分析河北产业结构与经济增长的关系。

（2）DPG 分析法。李娜等（2012）利用可比价格投入产出表数据，基于 DPG 分析法深入研究了中国 1992～2005 年主导产业的演变情况及其原因，发现推动我国主导产业演变的主要力量是出口、固定资产投资和技术。金继红（2006）通过投入产出分析法中的 DPG 方法分析引起韩国 1985 ~ 1995 年经济结构变化的主要因素，发现韩国在 20 世纪 80 年代后半期是内需主导型发展模式，而 90 年代前半期则返回了出口主导型发展模式。雪合来提·马合木提和（2013）通过 DPG 模型定量分析了 1997 ~ 2007 年新疆产业结构变化的影响因素，为新疆产业结构的调整提供科学依据，并为对口援疆政策中主导产业的选择给予理论指导。周东等（2012）利用 1997 年、2002 年和 2007 年的投入产出表数据，运用 DPG 分析法从区分不同产业和分解各项最终需求两方面分析不同时期影响我国经济增长的主要因素。研究表明，政府消费的增长是影响我国 1997 ~ 2002 年经济增长的主要因素，技术进步在 2002 ~ 2007 年对我国经济增长起促进作用，但总体来说，1997 ~ 2007 年我国经济增长变化离不开出口的贡献。

（三）国内外产业结构变化的影响因素研究述评

综上所述，关于产业结构变动的影响因素研究中，国内外文献的共同点在于多数采用层次分析法、计量经济模型和投入产出分析法进行实证研究。研究的方法各有优劣：层次分析法的优势在于能够把指标详细化，有针对性地分析各产业部门结构变动的影响因素，劣势在于指标的选取、指标权重的设定容易受主观性影响；计量经济模型分析能够很好地利用经典经济学理论分析具体问题，但存在一些定性因素难以量化的问题，从而难以将其纳入实证分析中；投入产出分析法是分析产业结构变动因素的方法中比较成熟和全面的，但投入产出数据获取难度较大，阻碍了该方法在实践中的广泛运用。

三、主导产业的界定

（一）主导产业的概念

主导产业是指在区域经济的发展中发挥主导作用的产业，其产值比重大、增长率高、产业关联度强、带动作用强，是引领其他产业与整个区域经济快速发展的产业。

从“质”的角度分析，主导产业在整个区域经济的发展中起着至关重要的作用，决定着经济的增长速度与质量，主导产业较小的发展变动将会推动其他产业的快速发展，促进整个区域经济高涨。

从“量”的角度分析，主导产业在整个区域经济发展中产值比重较大或者将来产值比重会较大，其增长率会高于所有产业增长率的平均水平。

（二）主导产业的特点

主导产业较小的变动能够带动其他产业的快速发展，其前向关联度与旁侧关联度较大。

主导产业的产生与发展受限于特定的资源、历史文化。不同地区、不同经济发展阶段下的主导产业是不同的，它会随着其所依赖的资源、体制、环境等因素的变化而变迁。

主导产业具有序列演替性，即主导产业不是一成不变的，它会不断地变迁，原有主导产业的不断发展会诱发新主导产业产生。因此，特定条件下会产生特定的主导产业，当条件发生变化时，原有的主导产业的带动作用会渐渐弱化，进而被新主导产业代替。

主导产业具有层次性。主导产业并不是指一个产业，而是一个主导产业群，具有层次性和目标多重性。

（三）主导产业与支柱产业、优势产业、基础产业的区分

1. 主导产业与支柱产业

支柱产业是指在产业结构体系中总产出比重较大的、支持区域经济整体发展的产业。与主导产业的不同点在于，支柱产业发挥的重大作用在于创造产值，强调规模性，主导产业的重要作用则在于带动其他产业和区域经济迅速发展，强调的是带动性。

2. 主导产业与优势产业

优势产业是指处在成长期中期到成熟期中后期这一区间中，经济总量具有一定规模，运行状态良好、资源配置基本合理、资本运营效率较高的产业。优势产业对经济发展贡献较大，强调良好的产业经济运行状态与发展水平，但是其后续增长潜力不够，带动性有限，以此与主导产业相区分。

3. 主导产业与基础产业

基础产业是指为其他产业部门提供基础条件或提供基础服务的产业，在区域经济产业部门中起着基础性的作用。与主导产业相比，不同点在于：第一，基础产业对其他产业的发展起基础性或制约作用，基础产业发展不好直接制约着其他产业的发展，而主导产业起带动作用。第二，基础产业的发展比较稳定，而主导产业的发展具有序列演替性，会随着各种因素的变化而发生变迁。

（四）主导产业的变迁

一般情况下，一个地区的主导产业在很长的一段时间内并不是一成不变的，它会随着特定条件的变化而发生变迁。主导产业的变迁指的是随着相关条件的改变，原有主导产业被新主导产业替代的过程。

主导产业变迁对经济发展的意义：一是主导产业的变迁是主导产业由一产业部门转向另一产业部门，它决定了地区经济的发展方向，是地区产业结构转型升级的集中体现。主导产业的变迁有利于指明区域经济的发展方向，促进产业结构优化升级。二是主导产业的变迁是主导产业更新换代的过程，是产业优胜劣汰的反映，有利于促进区域经济又好又快发展，实现质的飞跃。

第二章

江西主导产业的确定及其变迁分析

一、主导产业研究的实证框架

（一）投入产出表的基本概念与形式

投入产出表又名部门联系表，是反映一定时期各部门间相互联系和平衡比例关系的平衡表。依据不同的计量单位，投入产出表可划分为价值型投入产出表和实物型投入产出表。本章研究主要涉及价值型投入产出表，表 2-1 是简化的价值型投入产出表的基本形式。关于价值型投入产出表，我国已形成逢 2、7 年份编制现价投入产出基本表，逢 0、5 年份编制现价投入产出延长表的制度。投入产出表的编制为我国宏观经济研究提供了大量翔实的数据，发挥着重要的作用。

表 2-1 简化的价值型投入产出表 单位：万元

分配去向 / 投入来源		中间使用				最终使用	总产出
		部门 1	部门 2	……	部门 n	y_i	x_i
中间投入	部门 1	d_{11}	d_{12}	……	d_{1n}	y_1	x_1
	部门 2	d_{21}	d_{22}	……	d_{2n}	y_2	x_2
	……	……	……	……	……	……	
	部门 n	d_{n1}	d_{n2}	……	d_{nn}	y_n	x_n
初始投入	固定资产折旧 g_i	g_1	g_2	……	g_n		
	劳动报酬 v_i	v_1	v_2	……	v_n		
	纯收入 m_i	m_1	m_2	……	m_n		
总收入		x_1	x_2	……	x_n		

（二）可比价投入产出表

现价投入产出表提供的是某一地区当年价格基础上的经济数据信息，并不能反映一段时期内扣除价格因素后经济的真实变化情况。要分析某一地区一段时期内的经济变化，就必须对现价投入产出表进行数据处理，扣除价格因素的影响，可比价投入产出表运行而生。

可比价投入产出表是以现价投入产出表为基础，通过编制现价序列表和价格指数进行缩减计算得到的投入产出表。本章研究基于可比价投入产出表，因此文中的投入产出表都指可比价投入产出表。其基本格式如表 2 - 2 所示。

表 2 - 2　可比价投入产出表　　单位：万元

分配去向 / 投入来源		中间使用					最终使用									总产出 X_i
		部门 1	部门 2	…	部门 n	中间使用合计	最终消费支出			资本形成总额			出口	进口	最终使用合计	
							居民消费	政府消费	合计	固定资本形成总额	存货增加	合计				
中间投入	部门 1	d_{11}	d_{12}	…	d_{1n}		c_1	g_1		f_1	j_1		e_1	m_1		X_1
	部门 2	d_{21}	d_{22}	…	d_{2n}		c_2	g_2		f_2	j_2		e_2	m_2		X_2
	……	…	…	…	…		…	…		…	…		…	…		…
	部门 n	d_{n1}	d_{n2}	…	d_{nn}		c_n	g_n		f_n	j_n		e_n	m_n		X_n
	中间投入合计															
增加值合计																
总投入 X_j		X_1	X_2	…	X_n											

（三）投入产出表的基本模型

观察投入产出表的格式可以发现，投入产出表的横向反映的是各部门产品的分配关系，即每个产品部门向各个生产部门提供的产值与最终提供产值；纵向反映的是各个产品部门的消耗关系，即每个产品部门消耗各个生产部门的产值及最终消耗产值。

投入产出表内的数量关系可以由三个恒等式概括，即横向恒等式、纵向恒等式、总量恒等式。

横向恒等式：中间使用合计 + 最终使用合计 = 总产出

纵向恒等式：中间投入合计 + 增加值合计 = 总投入

总量恒等式：总产出 = 总投入

本章主要运用投入产出横向恒等式，故在此详细介绍横向恒等式模型，其他恒等式模型在此不做赘述。依据表2－2，用矩阵的形式表示横向恒等式，即 $D+C+G+F+J+E-M=X$。

其中，$D=\begin{bmatrix} d_{11} & \cdots & d_{1n} \\ \vdots & \cdots & \vdots \\ d_{n1} & \cdots & d_{nn} \end{bmatrix}$，$C=\begin{bmatrix} c_1 \\ \vdots \\ c_n \end{bmatrix}$，$G=\begin{bmatrix} g_1 \\ \vdots \\ g_n \end{bmatrix}$，$F=\begin{bmatrix} f_1 \\ \vdots \\ f_n \end{bmatrix}$，$J=\begin{bmatrix} j_1 \\ \vdots \\ j_n \end{bmatrix}$，$E=\begin{bmatrix} e_1 \\ \vdots \\ e_n \end{bmatrix}$，$M=\begin{bmatrix} m_1 \\ \vdots \\ m_n \end{bmatrix}$，$X=\begin{bmatrix} x_1 \\ \vdots \\ x_n \end{bmatrix}$。在此引入直接消耗系数 $a_{ij}=d_{ij}/x_j$，最终需求进口系数 $\overline{mi}=m_i/(\sum d_{ij}+c_i+g_i+f_i+j_i)$，则：$X=AX+C+G+F+J+E-[\overline{M}_i\times AX+\overline{M}_i\times(C+G+F+J)]$，其中，$A=\begin{bmatrix} a_{11} & \cdots & a_{1n} \\ \vdots & \ddots & \vdots \\ a_{n1} & \cdots & a_{nn} \end{bmatrix}$，$\overline{M}_i=\begin{bmatrix} \overline{m}_1 & \cdots & \cdots \\ \cdots & \overline{m}_2 & \cdots \\ \cdots & \cdots & \overline{m}_n \end{bmatrix}$，经过运算后得：$X=[I-(I-\overline{M}_i)A]^{-1}\times[(I-\overline{M}_i)(C+G+F+J)+E]$。

上述矩阵中，D 表示各产业中间使用矩阵；C 表示各产业居民消费列向量；G 表示各产业政府消费列向量；F 表示各产业固定资产形成总额列向量；J 表示各产业存货增加列向量；E 表示各产业出口列向量；M 表示各产业进口列向量；A 表示由直接消耗系数 a_{ij} 构成的直接消耗系数矩阵；$\overline{M}_i$ 表示由各产业最终需求进口系数作为对角元素的对角矩阵；I 表示单位矩阵；$[I-(I-\overline{M}_i)A]^{-1}$ 表示列昂惕夫逆矩阵。

（四）投入产出中的DPG模型

初步了解投入产出表中的横向恒等式模型后，将该模型应用于实际，确定每一时期的主导产业，分析不同时期主导产业变迁。

投入产出表的横向恒等式模型描述了一段时期各个产业部门的总产出构成情况，而要确定不同时期的主导产业和分析其变迁情况，需要通过比较不同时期的可比价投入产出表，结合投入产出中的DPG分析法予以确定。

DPG分析法（Deviation From Proportion Growth Analysis Method）是产业关联分析中用来定量分析经济增长与产业结构变化的一种主要分析方法（周东和韩君玲，2012）。它主要是计算某一时期内各产业在一定时间内按一定比例增长的产值与其实际产值之间的偏离值（金继红，2006）。用公式表示如下：

$$\delta X=X_2-\alpha X_1$$

式中，X 为总产出向量，X_1 与 X_2 分别表示第一期与第二期的总产出向量，α 为第二期所有产业部门总产出与第一期所有产业部门总产出之比，δX 为偏离值，即DPG值。

在实际情况中，各产业产值并不会按同一比例增长，实际的产值与按假定增长比例形成的产值之间出现偏差是在所难免的，实际年均增长率高于平均增长率的产业就会被划入主导产业界定的判断区域。按照DPG分析法，产业的增长速度越快，产生的

DPG 值就越大，该产业就越能列入主导产业界定的判断区域。

分析主导产业的变迁及变迁原因，需要采用 DPG 模型分解上述偏离值，公式的简要推导如下：

首先对投入产出横向恒等式模型予以简化，即

$$X = [I - (I - \overline{M_i})A]^{-1} \times [(I - \overline{M_i})(C + G + F + J) + E]$$
$$= B \times [(I - \overline{M_i})D + E]$$
$$= B \times H$$

其中，$B = [I - (I - \overline{M_i})A] - 1$，$D = C + G + F + J$，$H = [(I - \overline{M_i})D + E]$。

其次用投入产出横向恒等式模型表示第一期和第二期的总产出，即

$$X_1 = B_1 H_1$$
$$X_2 = B_2 H_2$$

再次将上述式子代入 DPG 模型，即

$$\begin{aligned}\delta X &= X_2 - \alpha X_1 = B_2 H_2 - \alpha B_1 H_1 \\ &= B_2(H_2 - \alpha H_1) + (B_2 - B_1)\alpha H_1 \\ &= B_2(I - \overline{M_{i2}})(D_2 - D_1) + \cdots\cdots ① \\ &\quad B_2(E_2 - E_1) + \\ &\quad B_2(\overline{M_{i1}} - \overline{M_{i2}})\alpha D_1 + \\ &\quad B_2(A_2 - A_1)\alpha X_1 + \\ &\quad B_2(\overline{M_{i1}}A_1 - \overline{M_{i2}}A_2)\alpha X_1\end{aligned}$$

最后将 $D = C + G + F + J$ 代入上述式子中第一项①，则 DPG 模型分解式子如下：

$$\begin{aligned}\delta X &= X_2 - \alpha X_1 \\ &= B_2(I - \overline{M_{i2}})(C_2 - \alpha C_1) + \cdots\cdots \text{居民消费偏离效果} \\ &\quad B_2(I - \overline{M_{i2}})(G_2 - \alpha G_1) + \cdots\cdots \text{政府消费偏离效果} \\ &\quad B_2(I - \overline{M_{i2}})(F_2 - \alpha F_1) + \cdots\cdots \text{固定资产投资偏离效果} \\ &\quad B_2(I - \overline{M_{i2}})(J_2 - \alpha J_1) + \cdots\cdots \text{存货投资偏离效果} \\ &\quad B_2(E_2 - E_1) + \cdots\cdots \text{出口需求偏离效果} \\ &\quad B_2(A_2 - A_1)\alpha X_1 + \cdots\cdots \text{技术结构变动偏离效果} \\ &\quad B_2(\overline{M_{i1}}A_1 - \overline{M_{i2}}A_2)\alpha X_1 + \cdots\cdots \text{中间需求进口结构偏离效果} \\ &\quad B_2(\overline{M_{i1}} - \overline{M_{i2}})\alpha D_1 \cdots\cdots \text{最终需求进口结构偏离效果}\end{aligned}$$

基于上述 DPG 模型分解式可以发现，影响主导产业变迁的因素有八项，第一项为居民消费偏离效果；第二项为政府消费偏离效果；第三项为固定资产投资偏离效果；第四项为存货投资偏离效果；第五项为出口需求偏离效果；第六项为技术结构变动偏离效果；第七项为中间需求进口结构偏离效果；第八项为最终需求进口结构偏离效果。

二、江西主导产业确定的实证分析

（一）数据的收集与处理

1. 数据收集

本章主要收集了1997年、2002年、2007年与2012年江西现价投入产出表的原始数据。

2. 数据处理

基于数据可比性的要求，数据处理涉及以下四个方面：一是产业部门的统一；二是现价投入产出表与可比价投入产出表的转换；三是外省流入流出、进口出口项目的统一；四是保持投入产出表内数量关系的平衡。

（1）产业部门的统一。在所收集的现价投入产出表中，1997年、2002年、2007年与2012年投入产出表的产业部门设置的名称和产业部门个数都有差异，为保持数据的可比性和名称的一致性，现予以统一。

其中，1997年江西投入产出表的产业部门为40个，其他三个年份的产业部门为42个，由于年度跨越幅度较大，产业部门名称有所变化，依据《国民经济行业分类与代码》（GB/T4754－2011）将4张表中名称内容一致的产业部门保留下来，名称内容完全不一致的产业部门删去，将被细分为两个新产业部门的产业部门合并为原来的产业部门，以达到4张表产业部门的统一。

经初步调整，4张投入产出表均统一为含有以下30个产业部门的投入产出表，这30个产业部门名称与编号如表2－3所示。

表2－3　江西投入产出表30个产业部门名称及编号

产业编号	产业部门名称	产业编号	产业部门名称
1	农林牧渔产品和服务	10	造纸印刷和文教体育用品
2	煤炭采选产品	11	石油炼焦产品和核燃料加工品
3	石油和天然气开采产品	12	化学产品
4	金属矿采选产品	13	非金属矿物产品
5	非金属矿和其他矿采选产品	14	金属冶炼和压延加工品
6	食品和烟草	15	金属制品
7	纺织品	16	通用专用设备
8	纺织服装鞋帽皮革羽绒及其制品	17	交通运输设备
9	木材加工品和家具	18	电气机械和器材

续表

产业编号	产业部门名称	产业编号	产业部门名称
19	通信设备计算机和其他电子设备	25	水的生产和供应
20	仪器仪表	26	建筑
21	其他制造产品	27	交通运输仓储和邮政
22	废品废料	28	批发和零售
23	电力热力的生产和供应	29	金融
24	燃气生产和供应	30	房地产

（2）现价投入产出表与可比价投入产出表的转换。现价投入产出表是基于当年的价格编制而成，要比较不同年份的投入产出表，就需要将这些表的价格予以统一，通过价格指数进行缩减，转换为可比价投入产出表。

将现价投入产出表转换为可比价投入产出表，首先要确定价格基年。此处以2000年为价格基年。其次要获取价格指数。其中农产品（产业编号1）按中国农产品生产价格指数进行缩减，工业品（产业编号2～26）按江西行业工业品出厂价格指数进行缩减，其他产品（产品编号27～30）按江西居民消费价格指数、商品零售价格指数、固定资产投资价格指数等进行缩减。需要说明的是，由于价格指数有限，不能满足分别缩减的需要，故本章采用简单的处理方法，各产品部门采用同一价格指数。

（3）外省流入流出、进口出口项目的统一。4张现价投入产出表横向的最终使用项目下设项目各有不同，其中1997年的江西投入产出表最终使用项下设有出口与进口项目，2002年设有净流出项目，2007年设有流出与流入项目，2012年设有出口、进口、流出外省、外省流入项目。

基于表格数据的可比性和数据处理的可操作性要求，现进行统一的处理，将各张表的项目通过加减运算统一为净出口项目，不再区分进口、出口、流出外省、外省流入项目。需要说明的是，这里的净出口不区分国外或是省外，可以表示出口到国外的净额或出口到外省的净额。净出口数值等于出口减去进口的数额，或流出减去流入的数额，或出口与外省流出之和与进口与外省流入之和之间的差额。调整后的可比价投入产出表的格式如表2－4所示。

（4）保持投入产出表内数量关系的平衡。在对投入产出表进行调整的同时需注意投入产出表内数量关系的平衡。现价投入产出表转换为可比价投入产出表的过程中，将现价投入产出表中纵向初始投入的三个子项目（固定资产折旧、劳动报酬和纯收入项目，见表2－1）合并为一个项目，即增加值合计项目（见表2－4）。增加值合计项目值为总投入减去中间投入得到。转换后的可比价投入产出表内的数量关系仍然遵循三个平衡：

横向平衡：中间使用合计＋最终使用合计＝总产出

纵向平衡：中间投入合计＋增加值合计＝总投入

总量平衡：总产出＝总投入

表 2－4　可比价投入产出表

投入来源＼分配去向		中间使用					最终使用								总产出 X_i
		部门 1	部门 2	…	部门 n	中间使用合计	最终消费支出			资本形成总额			净出口	最终使用合计	
							居民消费	政府消费	合计	固定资本形成总额	存货增加	合计			
中间投入	部门 1	d_{11}	d_{12}	…	d_{1n}		c_1	g_1		f_1	j_1		e_{m1}		X_1
	部门 2	d_{21}	d_{22}	…	d_{2n}		c_2	g_2		f_2	j_2		e_{m2}		X_2
	…	…	…	…	…		…	…		…	…		…		…
	部门 n	d_{n1}	d_{n2}	…	d_{nn}		c_n	g_n		f_n	j_n		e_{mn}		X_n
	中间投入合计														
增加值合计															
总投入 X_j		X_1	X_2	…	X_n										

（二）基于 DPG 分析法定性确定江西主导产业

根据 DPG 分析法的内涵，基于产业年均增长率高于年均增长率的平均水平这一标准，结合动态的相邻两时期各产业年均增长率散点图，参考各产业比重来定性分析确定江西主导产业。

具体地，基于 1997 年、2002 年、2007 年与 2012 年江西可比价投入产出表的数据，计算 1997～2002 年、2002～2007 年和 2007～2012 年三个阶段的 30 个产业部门的年均增长率与年均增长率的平均水平，同时参考产业产值比重来分析确定江西各阶段的主导产业。经计算得出表 2－5。

表 2－5　三个时期各产业产值年均增长率和产业值

编号	产业部门	年均增长率			产业比重			
		1997～2002 年	2002～2007 年	2007～2012 年	1997 年	2002 年	2007 年	2012 年
1	农林牧渔产品和服务	2.9	9.7	7.9	23.5	19	10.7	6.5
2	煤炭采选产品	1.1	23.4	7	1.9	1.4	1.4	0.8
3	石油和天然气开采产品	0	0	0	0	0	0	0
4	金属矿采选产品	3.9	32	37	1.4	1.2	1.6	3.3
5	非金属矿和其他矿采选产品	－10.1	25.8	15.6	2.1	0.9	1	0.8
6	食品和烟草	2.8	12.5	24.9	9	7.3	4.6	5.8
7	纺织品	－3.6	36.7	13	2.8	1.6	2.7	2.1

续表

编号	产业部门	年均增长率			产业比重			
		1997～2002 年	2002～2007 年	2007～2012 年	1997 年	2002 年	2007 年	2012 年
8	纺织服装鞋帽皮革羽绒及其制品	-5.5	48.5	37.6	1.5	0.8	2	4.1
9	木材加工品和家具	-3.6	37.6	6.5	2.6	1.5	2.7	1.5
10	造纸印刷和文教体育用品	9.4	40.1	7.3	1.6	1.7	3.3	1.9
11	石油炼焦产品和核燃料加工品	35.3	22.4	20.8	0.4	1.4	1.3	1.4
12	化学产品	8.7	36.8	23	4.7	5	8.5	9.9
13	非金属矿物产品	3.6	7.7	37	5.8	4.9	2.5	5
14	金属冶炼和压延加工品	9.8	45.9	21.8	4.7	5.3	12.4	13.8
15	金属制品	-0.2	18.1	28.5	1.5	1	0.8	1.2
16	通用专用设备	-2.1	34.5	19.9	2.6	1.6	2.5	2.6
17	交通运输设备	15.2	9.8	33.5	2.2	3.1	1.8	3.1
18	电气机械和器材	6.3	52	25.2	1.6	1.2	3.4	4.3
19	通信设备计算机和其他电子设备	5.3	59.5	25.8	0.6	0.5	1.9	2.4
20	仪器仪表	24.6	10.9	17.1	0.3	0.6	0.4	0.3
21	其他制造产品	-9.5	8	-8.7	2	0.9	0.4	0.1
22	废品废料	24.5	-34.2	96.3	0.2	0.4	0	0.2
23	电力热力的生产和供应	23	22.3	26.8	1.7	3.3	3.2	4.3
24	燃气生产和供应	15.2	-23.1	83.8	0.2	0.3	0	0.3
25	水的生产和供应	27.1	2	10.9	0.3	0.6	0.2	0.2
26	建筑	16.2	22.1	11.8	10.7	16	15.3	11.1
27	交通运输仓储和邮政	27.2	16.5	10.4	3.1	7.2	5.4	3.7
28	批发和零售	5.3	25.9	16.3	6.8	6.2	6.9	6.1
29	金融	1.9	9.1	32.9	2.8	2.1	1.2	2
30	房地产	17	10.5	13.5	1.9	2.9	1.7	1.3
平均		7.3	23.2	19.3				

为更直观、详细地分析表 2－5，参照李娜和王飞（2012）的产业部门分类法对投入产出表的 30 个部门进行分类，结果如表 2－6 所示。

对表 2－5 进行拆分以使得后续分析更加直观：首先，按年均增长率的角度编制表 2－7；其次，按产业比重的角度编制表 2－8；最后，为动态地反映相邻的两个时期各产业的年均增长率的变化情况编制相邻的两时期年均增长率散点图，见图 2－1 和图 2－2。需要对图做出说明的是，数字表示产业编号，横轴与纵轴各表示一个时期的各产业年均增长率，以各时期的年均增长率的平均水平为界限的横轴与纵轴之间有4个区域：右上角区域表示两时期年均增长率均较高的产业，是高速增长的主导产业分布的区域；左上角区域表示年均增长率由慢变快的产业，是快速增长的产业分布的区域；左下角区域表示两时期年均增长率都较低的产业，是低速增长的产业分布的区域；右下角区域是年均增长率由快变慢的产业分布的区域。

表2-6　投入产出表产业部门分类

类别	产业编号	产业部门
机械电子类产业	16	通用专用设备
	17	交通运输设备
	18	电气机械和器材
	19	通信设备计算机和其他电子设备
	20	仪器仪表
轻工业类产业	6	食品和烟草
	7	纺织品
	8	纺织服装鞋帽皮革羽绒及其制品
	9	木材加工品和家具
	10	造纸印刷和文教体育用品
能源类产业	2	煤炭采选产品
	3	石油和天然气开采产品
	11	石油炼焦产品和核燃料加工品
	23	电力热力的生产和供应
	24	燃气生产和供应
	25	水的生产和供应
资源及原料加工业	4	金属矿采选产品
	5	非金属矿和其他矿采选产品
	13	非金属矿物产品
	15	金属制品
服务业	27	交通运输仓储和邮政
	28	批发和零售
	29	金融
	30	房地产
其他	1	农林牧渔产品和服务
	12	化学产品
	14	金属冶炼和压延加工品
	21	其他制造产品
	22	废品废料
	26	建筑

表 2－7　各个期间各产业年均增长率　　单位：%

类别	产业编号	产业部门	年均增长率		
			1997～2002 年	2002～2007 年	2007～2012 年
机械电子类产业	16	通用专用设备	－2.1	34.5	19.9
	17	交通运输设备	15.2	9.8	33.5
	18	电气机械和器材	6.3	52.0	25.2
	19	通信设备计算机和其他电子设备	5.3	59.5	25.8
	20	仪器仪表	24.6	10.9	17.1
轻工业类产业	6	食品和烟草	2.8	12.5	24.9
	7	纺织品	－3.6	36.7	13.0
	8	纺织服装鞋帽皮革羽绒及其制品	－5.5	48.5	37.6
	9	木材加工品和家具	－3.6	37.6	6.5
	10	造纸印刷和文教体育用品	9.4	40.1	7.3
能源类产业	2	煤炭采选产品	1.1	23.4	7.0
	3	石油和天然气开采产品	0	0	0
	11	石油炼焦产品和核燃料加工品	35.3	22.4	20.8
	23	电力热力的生产和供应	23	22.3	26.8
	24	燃气生产和供应	15.2	－23.1	83.8
	25	水的生产和供应	27.1	2.0	10.9
资源及原料加工业	4	金属矿采选产品	3.9	32	37.0
	5	非金属矿和其他矿采选产品	－10.1	25.8	15.6
	13	非金属矿物产品	3.6	7.7	37.0
	15	金属制品	9.8	45.9	21.8
服务业	27	交通运输仓储和邮政	27.2	16.5	10.4
	28	批发和零售	5.3	25.9	16.3
	29	金融	1.9	9.1	32.9
	30	房地产	17	10.5	13.5
其他	1	农林牧渔产品和服务	2.9	9.7	7.9
	12	化学产品	8.7	36.8	23.0
	14	金属冶炼和压延加工品	9.8	45.9	21.8
	21	其他制造产品	16.2	22.1	11.8
	22	废品废料	－9.5	8.0	－8.7
	26	建筑	24.5	－34.2	96.3
平均			7.3	23.2	19.3

表 2－8　各个期间各产业比重情况　　单位：%

类别	产业编号	产业部门	产业比重			
			1997 年	2002 年	2007 年	2012 年
机械电子类产业	16	通用专用设备	2. 55	1. 62	2. 51	2. 56
	17	交通运输设备	2. 18	3. 11	1. 75	3. 07
	18	电气机械和器材	1. 25	1. 19	3. 41	4. 34
	19	通信设备计算机和其他电子设备	0. 57	0. 52	1. 88	2. 45
	20	仪器仪表	0. 29	0. 60	0. 36	0. 32
	合计		6. 84	7. 05	9. 91	12. 75
轻工业类产业	6	食品和烟草	9. 03	7. 29	4. 63	5. 82
	7	纺织品	2. 76	1. 62	2. 73	2. 07
	8	纺织服装鞋帽皮革羽绒及其制品	1. 50	0. 80	2. 03	4. 12
	9	木材加工品和家具	2. 62	1. 53	2. 67	1. 51
	10	造纸印刷和文教体育用品	1. 58	1. 74	3. 31	1. 95
	合计		17. 48	12. 98	15. 36	15. 47
能源类产业	2	煤炭采选产品	1. 91	1. 42	1. 44	0. 83
	3	石油和天然气开采产品	0. 00	0. 00	0. 00	0. 00
	11	石油炼焦产品和核燃料加工品	0. 43	1. 36	1. 32	1. 41
	23	电力热力的生产和供应	1. 67	3. 30	3. 19	4. 32
	24	燃气生产和供应	0. 22	0. 31	0. 03	0. 26
	25	水的生产和供应	0. 25	0. 58	0. 23	0. 16
	合计		4. 48	6. 98	6. 21	6. 97
资源及原料加工业	4	金属矿采选产品	1. 37	1. 17	1. 65	3. 28
	5	非金属矿和其他矿采选产品	2. 12	0. 87	0. 97	0. 83
	13	非金属矿物产品	5. 81	4. 86	2. 49	4. 97
	15	金属制品	1. 46	1. 02	0. 82	1. 19
	合计		10. 75	7. 92	5. 93	10. 26
服务业	27	交通运输仓储和邮政	3. 07	7. 18	5. 43	3. 68
	28	批发和零售	6. 81	6. 19	6. 90	6. 07
	29	金融	2. 77	2. 14	1. 16	1. 99
	30	房地产	1. 90	2. 93	1. 70	1. 33
	合计		14. 54	18. 43	15. 19	13. 07
其他	1	农林牧渔产品和服务	23. 54	19. 05	10. 69	6. 47
	12	化学产品	4. 71	5. 03	8. 49	9. 86
	14	金属冶炼和压延加工品	4. 75	5. 34	12. 43	13. 77
	21	其他制造产品	2. 02	0. 86	0. 45	0. 12
	22	废品废料	0. 18	0. 38	0. 02	0. 20
	26	建筑	10. 71	15. 99	15. 31	11. 06

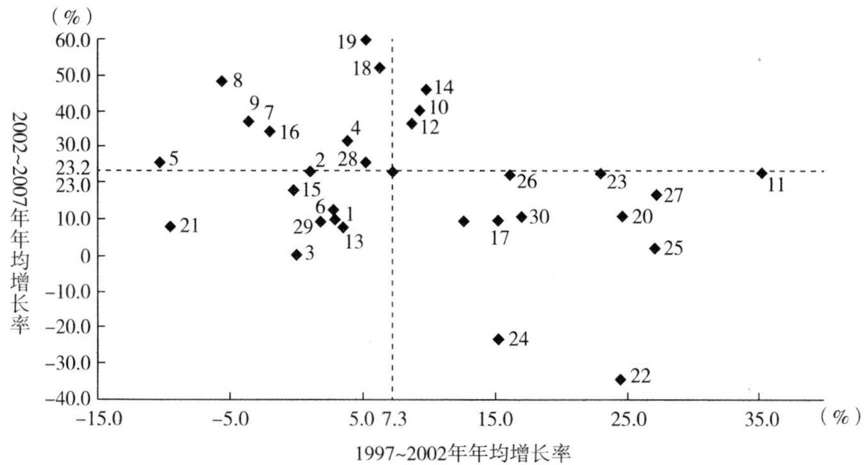

图 2-1　1997~2002 年和 2002~2007 年各产业年均增长率

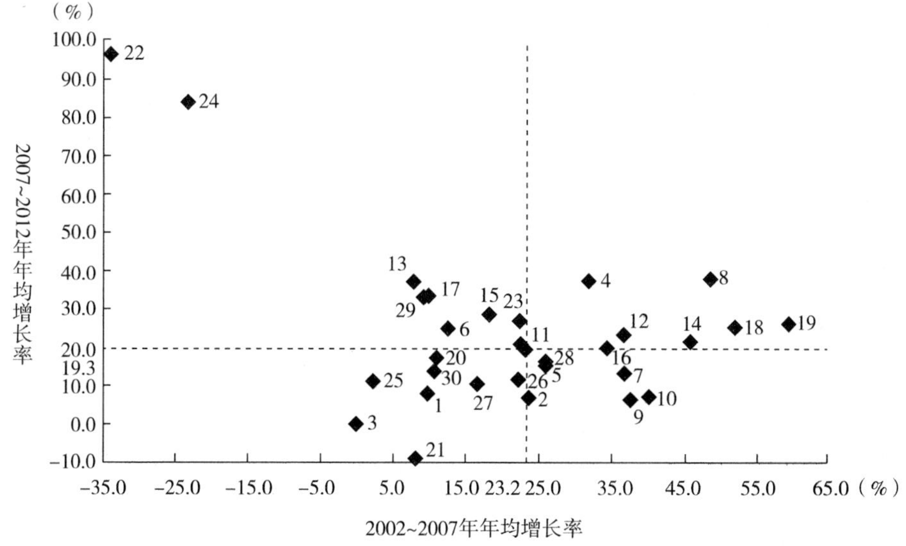

图 2-2　2002~2007 年和 2007~2012 年各产业年均增长率

以表 2-5、表 2-7、表 2-8 和图 2-1、图 2-2 为基础，通过定性分析与对比分析，从主导产业界定的判断区域中找出各个时期中产业分布数量最多的产业类别，将其确定为主导产业，产业分布数量排序第二、第三的产业类别确定为次级主导产业。

1. 机械电子类产业（产业编号 16~20）

从年均增长率的角度看（见表 2-7），1997~2012 年机械电子类产业的整体年均增长率经历了由慢到快的过程。具体地，1997~2002 年普遍较低，但交通运输设备产业（产业编号 17）与仪器仪表产业（产业编号 20）年均增长率高于平均水平；2002~2007 年普遍加快，除交通运输设备产业（产业编号 17）、仪器仪表产业（产业编号 20）增长变缓外，其他产业增长速度均高于平均水平；2007~2012 年除仪器仪表产业

（产业编号 20）增长较缓以外，总体产业增长速度处于高水平。

从产业比重的角度看（见表 2－8），1997～2012 年机械电子类产业的发展规模在不断壮大。具体地，机械电子类产业整体的比重在 1997 年、2002 年、2007 年、2012 年变化分别是 6.84%、7.05%、9.91%、12.75%，比重在日益增加。

从相邻两时期年均增长率的散点图来看（见图 2－1 和图 2－2），1997～2002 年、2002～2007 年，机械电子类产业大部分处于左上角区域，如通用专用设备产业（产业编号 16）、电气机械和器材产业（产业编号 18）、通信设备计算机和其他电子设备产业（产业编号 19），均处于快速发展的产业区域。而在 2002～2007 年、2007～2012 年，机械电子类产业多数位于右上角区域，如电气机械和器材产业（产业编号 18）、通信设备计算机和其他电子设备产业（产业编号 19），均处于高速增长的主导产业区域。

2. 轻工业类产业（产业编号 6～10）

从年均增长率的角度看（见表 2－7），轻工业类产业在 1997～2012 年，年均增长率处于先增加后降低的状态。在 1997～2002 年，除造纸印刷和文教体育用品产业（产业编号 10）年均增长率高于平均水平外，其余产业都增长缓慢甚至出现负增长；2002～2007 年，除食品和烟草产业（产业编号 6）增速缓慢外，其他产业增长均极大地超过年均增长率的平均水平，增速飞快；2007～2012 年，轻工业类产业增速大幅度放缓，除食品和烟草产业（产业编号 6）和纺织服装鞋帽皮革羽绒及其制品产业（产业编号 8）增速高于平均水平，其余产业增速都大大地低于平均水平。

从产业比重的角度看（见表 2－8），轻工业类产业的整体发展规模呈现先降低后持续增长的状况。具体地，轻工业类产业整体比重在 1997 年、2002 年、2007 年、2012 年变化分别是 17.84%、12.98%、15.36%、15.47%。

从相邻两时期年均增长率的散点图来看（见图 2－1 和图 2－2），1997～2002 年、2002～2007 年，轻工业类产业主要分布在散点图的左上角，如纺织品产业（产业编号 7）、纺织服装鞋帽皮革羽绒及其制品产业（产业编号 8）、木材加工品和家具产业（产业编号 9），均处于快速发展产业区域。在 2002～2007 年、2007～2012 年，轻工业类产业大部分处在散点图的右下角区域，如纺织品产业（产业编号 7）、木材加工品和家具产业（产业编号 9）、造纸印刷和文教体育用品产业（产业编号 10），均位于增长由快变慢的产业区域。轻工业类产业的相邻两时期发展变化是由快速发展到由快变慢发展的产业，可推测中间重叠时期主导产业的发展状况，即 2002～2007 年很可能存在高速发展的主导产业。

3. 能源类产业（产业编号 2、产业编号 3、产业编号 11、产业编号 23、产业编号 24、产业编号 25）

从年均增长率的角度看（见表 2－7），能源类产业的年均增长率整体上处于先降后升的状态。1997～2002 年，除煤炭采选产品产业（产业编号 2）与石油和天然气开采品产业（产业编号 3）外，其他产业年均增长率均大幅高于平均水平；2002～2007 年，除煤炭采选产品产业（产业编号 2）的年均增长率略高于平均水平外，其他产业均低于平均水平；2007～2012 年，能源类产业年均增长率开始上升，如石油炼焦产品和核燃料加工品产业（产业编号11）、电力热力的生产和供应产业（产业编号23）、燃气生产和供应产业（产业编号24）年均增长率均高于平均水平。

从产业比重角度看（见表2－8），能源类产业整体比重变化呈现先增后降再增的状况。具体地说，能源类产业整体比重在1997年、2002年、2007年、2012年变化情况分别是4.48%、6.98%、6.21%、6.97%。

从相邻两时期年均增长率的散点图来看（见图2－1和图2－2），1997～2002年、2002～2007年，能源类产业主要分布于右下角区域，如石油炼焦产品和核燃料加工品产业（产业编号11）、电力热力的生产和供应产业（产业编号23）、燃气生产和供应产业（产业编号24）和水的生产和供应产业（产业编号25）均处在年均增长率由快变慢的产业区域。而在2002～2007年、2007～2012年，能源类产业主要分布于散点图的左上角区域，如石油炼焦产品和核燃料加工品产业（产业编号11）、电力热力的生产和供应产业（产业编号23）、燃气生产和供应产业（产业编号24），均处在快速增长产业区域。

4. 资源及原料加工业产业（产业编号4、产业编号5、产业编号13、产业编号15）

从年均增长率的角度看（见表2－7），资源及原材料加工业产业的年均增长率整体处于上升趋势。1997～2002年，资源及原料加工业产业年均增长率都比较低，均低于年均增长率的平均水平；2002～2007年，整体年均增长率有所上升，金属矿采选产品产业（产业编号4）、非金属矿和其他矿采选产品产业（产业编号5）的年均增长率均高于平均水平；2007～2012年，整体年均增长率继续上升，除非金属矿和其他矿采选产品产业（产业编号5）年均增长率低于平均水平外，其他产业均高于平均水平。

从产业比重角度看（见表2－8），1997～2012年，资源及原料加工业产业的整体比重处于先持续下降再回升的状态。具体来说，资源及原料加工业的产业比重在1997年为10.75%，2002年下降到7.92%，到2007年继续下降到5.93%，直到2012年产业比重才大幅回升，达到10.26%。

从相邻两时期年均增长率的散点图来看（见图2－1和图2－2），1997～2002年、2002～2007年，资源及原料加工业产业主要分布于两大区域：一个是左下角区域即低速增长产业区域，如非金属矿物产品产业（产业编号13）、金属制品产业（产业编号15）；另一个是左上角区域即快速增长产业区域，如金属矿采选产品产业（产业编号4）、非金属矿和其他矿采选产品产业（产业编号5）。而在2002～2007年、2007～2012年，资源及原料加工业产业主要分布于散点图的左上角区域，即快速增长产业区域，如非金属矿物产品产业（产业编号13）、金属制品产业（产业编号15）。

5. 服务业（产业编号27～30）

从年均增长率的角度看（见表2－7），服务业类的产品发展状况不尽相同。1997～2002年，金融业（产业编号29）一直处于上升趋势，在2002～2012年年均增长率突破平均水平。交通运输仓储和邮政产业（产业编号27）在1997～2002年年均增长率高于平均水平，之后一直处于下降趋势。批发和零售产业（产业编号28）的年均增长率处于先升后降的趋势中，2002～2007年年均增长率升到高于平均水平的25.9%后一直下降。房地产业（产业编号30）在1997～2002年的年均增长率高于平均水平，2002～2007年下降到平均水平以下，2007～2012年开始回升但仍低于年均增长率的平均水平。

从产业比重角度看（见表2－8），服务业的产业比重在1997～2012年整体处于先升后降趋势。1997年服务业产业整体比重达到14.54%，2002年上升到18.43%，在2007年产业比重开始下降，到2012年持续下降至13.07%。

从相邻两时期年均增长率散点图来看（见图2－1和图2－2），1997～2002年、2002～2007年，服务业主要分布于散点图的右下角区域，即年均增长率由快变慢的产业区域，如交通运输仓储和邮政产业（产业编号27）和房地产业（产业编号30）。而在2002～2007年、2007～2012年，服务业主要分布于散点图的左下角区域，即低速增长产业区域，如交通运输仓储和邮政产业（产业编号27）和房地产业（产业编号30）。

6. 其他产业（产业编号1、产业编号12、产业编号14、产业编号21、产业编号22、产业编号26）

从年均增长率的角度看（见表2－7），除建筑业外的其他类产业的年均增长率整体均处于先增后降的状态。农林牧渔产品和服务产业（产业编号1）和其他制造产品产业（产业编号21）的年均增长率在1997～2012年先增后减，但总体均低于年均增长率的平均水平。化学产品产业（产业编号12）、金属冶炼和压延加工品产业（产业编号14）与废品废料产业（产业编号22）的年均增长率在每个年度均高于平均水平，年均增长率先增后减。建筑产业（产业编号26）的年均增长率变化呈现和其他类产业相反的变化趋势，在1997～2012年处于先降后增的状态，1997～2002年的年均增长率为24.5%，2002～2007年年均增长率降幅达到58.7%，2007～2012年年均增长率增幅又超过100%，是年均增长极为不稳定的产业。

从产业比重角度看（见表2－8），其他类的产品的比重变化状况不尽相同。农林牧渔产品和服务产业（产业编号1）和其他制造产品产业（产业编号21）的产业比重在各个时期持续下降。化学产品产业（产业编号12）与金属冶炼和压延加工品产业（产业编号14）的产业比重在各个年度保持持续上升趋势。建筑产业（产业编号26）的产业比重先升后降，在2002年比重上升至15.99%后一直处于下降趋势。废品废料产业（产业编号22）的产业比重一直不高，且处于不稳定变化状态，1997年其比重为0.18%，2002年上升至0.38%，2007年又降到0.02%，2012年又回升到0.20%。

从相邻两时期年均增长率散点图来看（见图2－1和图2－2），1997～2002年、2002～2007年，其他类的产业的分布主要集中于三个区域：一是右上角区域，即高速增长的主导产业区域，如化学产品产业（产业编号12）以及金属冶炼和压延加工品产业（产业编号14）；二是右下角区域，即年均增长率由快变慢的产业区域，如废品废料产业（产业编号22）和建筑产业（产业编号26）；三是左下角区域，即低速增长产业区域，如农林牧渔产品和服务产业（产业编号1）与其他制造产品产业（产业编号21）。2002～2007年、2007～2012年，其他类产业主要分布在这三个区域：一是右上角区域，即高速增长的主导产业区域，如化学产品产业（产业编号 12）以及金属冶炼和压延加工品产业（产业编号 14）；二是左下角区域，即低速增长产业区域，如农林牧渔产品和服务产业（产业编号 1）、其他制造产品产业（产业编号 21）和建筑产业（产业编号 26）；三是左上角区域，即快速增长的产业区域，如废品废料产业（产业编号 22）。

结合上述图表数据分析可以发现，1997 ~ 2002 年，年均增长率基本超过平均水平的产业或年均增长率超过平均水平的产业分布数量最多的产业类别是能源类产业，2002 ~ 2007 年是轻工业类产业，2007 ~ 2012 年是机械电子类产业；年均增长率超过平均水平的产业分布数量排名第二、第三的产业类别，1997 ~ 2002 年是机械电子类产业和服务业类产业，2002 ~ 2007 年是机械电子类产业和资源及原料加工业产业，2007 ~ 2012 年是能源类产业与资源及原料加工业产业。另外，通过观察其他类中的产业可以发现，化学产品产业（产业编号 12）与金属冶炼和压延加工品产业（产业编号 14）在 1997 ~ 2012 年年均增长率始终都高于平均水平，它们也一直都处在右上角的高速增长的主导产业区域。

从定性分析角度来确定主导产业，凡是实际年均增长率高于年均增长率的平均水平的产业就能被划入主导产业界定的判断区域。故从分布产业数量最多的产业类别角度推断，江西的主导产业 1997 ~ 2002 年为能源类产业，2002 ~ 2007 年为轻工业类产业，2007 ~ 2012 年为机械电子类产业。而次级主导产业，1997 ~ 2002 年是机械电子类产业和服务业类产业，2002 ~ 2007 年是机械电子类产业和资源及原料加工业产业，2007 ~ 2012 年是能源类产业与资源及原料加工业产业。化学产品产业（产业编号 12）与金属冶炼和压延加工品产业（产业编号 14）在 1997 ~ 2012 年一直是发展最稳定的次级主导产业。

（三）基于 GDP 分析法定量分析确定江西主导产业

DPG 分析法主要是计算各产业在一定时期按一定比例增长形成的产值与其实际产值之间的偏离值，即 DPG 值。DPG 值越大，该产业就越能列入主导产业界定的判断区域。计算公式为：

$$\delta X = X_2 - \alpha X_1$$

其中，X 为总产出向量，X_1 与 X_2 分别表示第一期与第二期的总产出向量，α 为第二期所有产业部门的总产出与第一期所有产业部门的总产出的比，δX 为偏离值，即 DPG 值。基于以上定义，本部分将通过对 DPG 值（即结构偏差值）进行分析以确定江西的主导产业。

通过上述公式，代入 1997 年、2002 年、2007 年和 2012 年江西可比价投入产出表数据，得出表 2 - 9。

基于表 2 - 9 对各年各产业的“结构偏差/产值”进行降序排列，得出表 2 - 10、表 2 - 11、表 2 - 12。

表 2-9　三个阶段各产业偏离情况

编号	产业	1997~2002年		2002~2007年		2007~2012年	
		结构偏差（万元）	结构偏差/产值（%）	结构偏差（万元）	结构偏差/产值（%）	结构偏差（万元）	结构偏差/产值（%）
1	农林牧渔产品和服务	-1873914	-24.9	-10462545	-120.8	-12887319	-93.5
2	煤炭采选产品	-210507	-34.4	42539	6.6	-1847887	-99.7
3	石油和天然气开采产品	0	0	0	0	0	0
4	金属矿采选产品	-81817	-18.7	638257	120.4	5132152	241.8
5	非金属矿和其他矿采选产品	-551210	-81.4	140948	35.5	-422590	-33.8
6	食品和烟草	-724566	-25.1	-3313799	-100.0	3831510	64.2
7	纺织品	-500659	-56.7	145564	198.1	-1966212	-56.0
8	纺织服装鞋帽皮革羽绒及其制品	-310420	-64.6	1597074	441.2	6603179	252.9
9	木材加工品和家具	-473362	17.0	1485719	212.9	-3541489	-103
10	造纸印刷和文教体育用品	85616	313.0	2052915	259.4	-4174845	-97.8
11	石油炼焦产品和核燃料加工品	428385	11.9	-30395	-4.9	302620	17.7
12	化学产品	178414	-41.0	4546666	199.0	4486940	41.0
13	非金属矿物产品	-388105	-50.0	-2980150	-134.8	7798491	242.9
14	金属冶炼和压延加工品	302213	63.0	9228681	380.3	4505109	28.1
15	金属制品	-191157	-41.0	-232023	-50.3	1169569	110.3
16	通用专用设备	-408497	-50.0	1173172	159.7	247948	7.7
17	交通运输设备	439316	63.0	-1703203	-120.3	4166679	184.2
18	电气机械和器材	-17200	-4.3	2879787	531.0	2988924	68.0
19	通信设备计算机和其他电子设备	-19556	-10.7	1769057	751.5	1816584	74.8
20	仪器仪表	146744	160.4	-309347	-112.6	-90528	-19.7
21	其他制造产品	-511043	-79.1	-524446	-133.4	-1016983	-176.4
22	废品废料	90713	159.1	-456396	-267.6	565105	2678.2
23	电力热力的生产和供应	754984	141.5	-90178	-6.0	3595836	87.4
24	燃气生产和供应	44097	63.2	-358952	-253.1	707663	1858.5
25	水的生产和供应	152904	191.2	-448768	-169.4	-212054	-72.4
26	建筑	2474323	72.3	-613496	-8.4	-12842446	-65.1
27	交通运输仓储和邮政	1889039	192.6	-2138815	-65.6	-5316073	-76.0
28	批发和零售	-231919	-10.7	1017336	36.2	-2394100	-26.9
29	金融	-266775	-30.2	-1221547	-125.8	2611527	174.3
30	房地产	482689	79.4	-1539774	-115.5	-1126156	-51.3

注：结构偏差即DPG值。为更直观地研究各产业DPG值之间的差距，引入“结构偏差/产值”，即“DPG值/第一年的产值”。

表 2－10　1997～2002 年各产业结构偏差/产值情况

排名	编号	产业	结构偏差/产值（%）
1	11	石油炼焦产品和核燃料加工品	313.0
2	27	交通运输仓储和邮政	192.6
3	25	水的生产和供应	191.2
4	20	仪器仪表	160.4
5	22	废品废料	159.1
6	23	电力热力的生产和供应	141.5
7	30	房地产	79.4
8	26	建筑	72.3
9	24	燃气生产和供应	63.2
10	17	交通运输设备	63.0
11	14	金属冶炼和压延加工品	19.9
12	10	造纸印刷和文教体育用品	17.0
13	12	化学产品	11.9
14	3	石油和天然气开采产品	0.0
15	18	电气机械和器材	－4.3
16	28	批发和零售	－10.7
17	19	通信设备计算机和其他电子设备	－10.7
18	4	金属矿采选产品	－18.7
19	13	非金属矿物产品	－20.9
20	1	农林牧渔产品和服务	－24.9
21	6	食品和烟草	－25.1
22	29	金融	－30.2
23	2	煤炭采选产品	－34.4
24	15	金属制品	－41.0
25	16	通用专用设备	－50.0
26	9	木材加工品和家具	－56.6
27	7	纺织品	－56.7
28	8	纺织服装鞋帽皮革羽绒及其制品	－64.4
29	21	其他制造产品	－79.1
30	5	非金属矿和其他矿采选产品	－81.4

表 2－11　2002～2007 年各产业结构偏差/产值情况

排名	编号	产业	结构偏差/产值（%）
1	19	通信设备计算机和其他电子设备	751.5
2	18	电气机械和器材	531.0
3	8	纺织服装鞋帽皮革羽绒及其制品	441.2

续表

排名	编号	产业	结构偏差/产值（%）
4	14	金属冶炼和压延加工品	380.3
5	10	造纸印刷和文教体育用品	259.4
6	9	木材加工品和家具	212.9
7	12	化学产品	199.0
8	7	纺织品	198.1
9	16	通用专用设备	159.7
10	4	金属矿采选产品	120.4
11	28	批发和零售	36.2
12	5	非金属矿和其他矿采选产品	35.5
13	2	煤炭采选产品	6.6
14	3	石油和天然气开采产品	0.0
15	11	石油炼焦产品和核燃料加工品	-4.9
16	23	电力热力的生产和供应	-6.0
17	26	建筑	-8.4
18	15	金属制品	-50.3
19	27	交通运输仓储和邮政	-65.6
20	6	食品和烟草	-100.0
21	20	仪器仪表	-112.6
22	30	房地产	-115.5
23	17	交通运输设备	-120.3
24	1	农林牧渔产品和服务	-120.8
25	29	金融	-125.8
26	21	其他制造产品	-133.4
27	13	非金属矿物产品	-134.8
28	25	水的生产和供应	-169.4
29	24	燃气生产和供应	-253.1
30	22	废品废料	-267.6

表 2-12　2007~2012 年各产业结构偏差/产值情况

排名	编号	产业	结构偏差/产值（%）
1	22	废品废料	2678.2
2	24	燃气生产和供应	1858.5
3	8	纺织服装鞋帽皮革羽绒及其制品	252.9
4	13	非金属矿物产品	242.9
5	4	金属矿采选产品	241.8
6	17	交通运输设备	184.2

续表

排名	编号	产业	结构偏差/产值（%）
7	29	金融	174.3
8	15	金属制品	110.3
9	23	电力热力的生产和供应	87.4
10	19	通信设备计算机和其他电子设备	74.8
11	18	电气机械和器材	68.0
12	6	食品和烟草	64.2
13	12	化学产品	41.0
14	14	金属冶炼和压延加工品	28.1
15	11	石油炼焦产品和核燃料加工品	17.7
16	16	通用专用设备	7.7
17	3	石油和天然气开采产品	0.0
18	20	仪器仪表	-19.7
19	28	批发和零售	-26.9
20	5	非金属矿和其他矿采选产品	-33.8
21	30	房地产	-51.3
22	7	纺织品	-56.0
23	26	建筑	-65.1
24	25	水的生产和供应	-72.4
25	27	交通运输仓储和邮政	-76.0
26	1	农林牧渔产品和服务	-93.5
27	10	造纸印刷和文教体育用品	-97.8
28	2	煤炭采选产品	-99.7
29	9	木材加工品和家具	-103.0
30	21	其他制造产品	-176.4

按照 DPG 值判断，DPG 值越大的产业越能列入主导产业界定的判断区域。将 1997～2002 年、2002～2007 年与 2007～2012 年中结构偏差/产值大于 0 的产业划入判断是否为主导产业的区域；再从产业类别的角度进行分析，将其中结构偏差/产值大于 0 的产业分布数量最多的产业类别确定为主导产业。由此，将产业类别按主导产业分布数量降序排列，得出表 2－13、表 2－14、表 2－15。

表 2－13　1997～2002 年结构偏差/产值大于 0 的产业分布

分类	产业编号
能源类产业	11，23，24，25
机械电子类产业	17，20

续表

分类	产业编号
服务业	27，30
轻工业类产业	10
化学产品	12
建筑业	26
废品废料	22
金属冶炼和压延加工品	14

表 2－14　2002～2007 年结构偏差/产值大于 0 的产业分布

分类	产业编号
轻工业类产品	7，8，9，10
机械电子类产业	16，18，19
资源及原料加工业	4，5
化学产品	12，
能源类产业	2
金属冶炼和压延加工品	14
服务业	28

表 2－15　2007～2012 年结构偏差/产值大于 0 的产业分布

分类	产业编号
机械电子类产业	16，17，18，19
能源类产业	11，23，24
资源及原料加工业	4，13，15
轻工业类产品	6，8，12
化学产品	12
金属冶炼和压延加工品	14
废品废料	22
服务业	29

由表 2－13、表 2－14、表 2－15 可知，DPG 值大的产业在 1997～2002 年主要集中在能源类产业，在 2002～2007 年主要集中在轻工业类产业，在 2007～2012 年主要集中在机械电子类产业。具体地，DPG 值较大的产业在 1997～2002 年集中在机械电子类产业和服务业产业，在 2002～2007 年集中在机械电子类产业和资源及原料加工业产业，在 2007～2012 年集中在能源类产业和资源及原料加工业产业。另外，化学产品产业（产品编号 12）与金属冶炼和压延加工品产业（产品编号 14）在各个时期的 DPG 值都大于 0。因此可得出结论：1997～2002 年，江西的主导产业是能源类产业，次级主导

产业是机械电子类产业和服务业产业；2002～2007 年江西的主导产业是轻工业类产业，次级主导产业是机械电子类产业和资源及原料加工业产业；2007～2012 年江西的主导产业是机械电子类产业，次级主导产业是能源类产业和资源及原料加工业产业。同时可以确定，化学产品产业（产品编号 12）与金属冶炼和压延加工品产业（产品编号 14）是 1997～2012 年最稳定的次级主导产业。

（四）江西主导产业的确定及变迁动态

研究发现，定性分析与定量分析对江西 1997～2002 年、2002～2007 年和 2007～2012 年主导产业和次级主导产业的判断完全一致。因此，基于 DPG 分析法可以确定，江西的主导产业 1997～2002 年是能源类产业，2002～2007 年是轻工业类产业，2007～2012 年是机械电子类产业。同时，1997～2012 年江西最稳定的次级主导产业是化学产品产业（产品编号 12）与金属冶炼和压延加工品产业（产品编号 14）。

基于上述分析可以发现，1997～2012 年江西主导产业变迁的主要特征是从能源密集型产业逐渐向技术密集型产业转变，具体表现是 1997～2002 年、2002～2007 年和 2007～2012 年江西主导产业由能源类产业转向轻工业类产业再转向机械电子类产业。

第三章

江西主导产业变迁影响因素实证研究

上一章梳理了 1997～2002 年、2002～2007 年与 2007～2012 年江西主导产业的变迁动态，本章将进一步探究江西主导产业变迁的影响因素。通过分解 DPG 值了解影响变迁的因素，然后根据各因素变化与 DPG 值之比的绝对值区分各因素对江西主导产业变迁的影响大小进而为政府制定产业政策提供参考。

一、模型构建

根据 DPG 模型的分解式，结合现有的可比价投入产出表数据可以发现，一般的 DPG 模型分解式都是由最初含有进口项目与出口项目的式子推导得出，然而 1997 年、2002 年、2007 年和 2012 年的可比价投入产出表都没有相应的进口项目与出口项目，只有净出口项目。根据这一特点，本章将对一般情况下的 DPG 模型分解式进行细微的调整，使其可以运用于分析具体问题。变动后的模型如下：

横向恒等式模型：$X=D+C+G+F+J+EM$，此处 EM 表示净出口项目，其他不变。

其中，$D=\begin{bmatrix} d_{11} & \cdots & d_{1n} \\ \vdots & \ddots & \vdots \\ d_{n1} & \cdots & d_{nn} \end{bmatrix}$，$C=\begin{bmatrix} c_1 \\ \vdots \\ c_n \end{bmatrix}$，$G=\begin{bmatrix} g_1 \\ \vdots \\ g_n \end{bmatrix}$，$F=\begin{bmatrix} f_1 \\ \vdots \\ f_n \end{bmatrix}$，$J=\begin{bmatrix} j_1 \\ \vdots \\ j_n \end{bmatrix}$，$EM=\begin{bmatrix} e_{m1} \\ \vdots \\ e_{mn} \end{bmatrix}$，

$X=\begin{bmatrix} x_1 \\ \vdots \\ x_n \end{bmatrix}$，在此引入直接消耗系数 $a_{ij}=d_{ij}/x_j$，最终需求净出口系数 $\overline{m}_i=em_i/(\sum d_{ij}+c_i+g_i+f_i+j_i)$，则：$X=AX+C+G+F+J+\overline{M}_i(AX+C+G+F+J)$，其中 $A=\begin{bmatrix} a_{11} & \cdots & a_{1n} \\ \vdots & \ddots & \vdots \\ a_{n1} & \cdots & a_{nn} \end{bmatrix}$，$\overline{M_i}=\begin{bmatrix} \bar{e}_{m1} & \cdots & \cdots \\ \cdots & \bar{e}_{m2} & \cdots \\ \cdots & \cdots & \cdots \\ \cdots & \cdots & \bar{e}_{mn} \end{bmatrix}$，经过运算后得 $X=[I-(I+\overline{M}_i)A]^{-1}\times[(I+\overline{M}_i)$

$(C+G+F+J)]$，上述矩阵中：D 表示各产业中间使用矩阵；C 表示各产业居民消费列向量；G 表示各产业政府消费列向量；F 表示各产业固定资产形成总额列向量；J 表示各产业存货增加列向量；EM 表示各产业净出口列向量；A 表示由直接消耗系数 a_{ij} 构成的直接消耗系数矩阵；$\overline{M_i}$ 表示由各产业最终需求净出口系数 $\bar{e}_{mi}$ 对角元素的对角矩阵；I 表示单位矩阵；$[I-(I+\overline{M_i})A]^{-1}$ 表示列昂惕夫型逆矩阵。

运算方式不变，经过运算，DPG 模型分解式如下：

$$\begin{aligned}
\delta X &= X_2-\alpha X_1 \\
&= B_2(I+\overline{M}_{i2})(C_2-\alpha C_1)+ \cdots\cdots \text{居民消费偏离效果} \\
&\quad B_2(I+\overline{M}_{i2})(G_2-\alpha G_1)+ \cdots\cdots \text{政府消费偏离效果} \\
&\quad B_2(I+\overline{M}_{i2})(F_2-\alpha F_1)+ \cdots\cdots \text{固定资产投资偏离效果} \\
&\quad B_2(I+\overline{M}_{i2})(J_2-\alpha J_1)+ \cdots\cdots \text{存货投资偏离效果} \\
&\quad B_2(A_2-A_1)\alpha X_1+ \cdots\cdots \text{技术结构变动偏离效果} \\
&\quad B_2(\overline{M}_{i2}A_2-\overline{M}_{i1}A_1)\alpha X_1+ \cdots\cdots \text{中间需求净出口结构偏离效果} \\
&\quad B_2(\overline{M}_{i2}-\overline{M}_{i1})\alpha D_1 \cdots\cdots \text{最终需求净出口结构偏离效果}
\end{aligned}$$

调整后的 DPG 模型分解式有 7 项，这 7 项即为影响主导产业变迁的因素：第一项为居民消费偏离效果；第二项为政府消费偏离效果；第三项为固定资产投资偏离效果；第四项为存货投资偏离效果；第五项为技术结构变动偏离效果；第六项为中间需求净出口结构偏离效果；第七项为最终需求净出口结构偏离效果。

二、数据处理与分析

将 1997 年、2002 年、2007 年和 2012 年的可比价投入产出表数据代入上述 DPG 模型，通过 Excel 表进行矩阵运算，得出表 3－1、表 3－2、表 3－3。

表 3－1　1997～2002 年江西产业变迁的因素分解

类别	产业编号	产业部门	居民消费	政府消费	固定资产投资	存货投资	技术结构	中间需求净出口结构	最终需求净出口结构	误差
机械电子类产业	16	通用专用设备	－0.04	0	－0.07	－0.21	0.64	－0.7	－0.61	0
	17	交通运输设备	－0.19	0.01	0.68	－0.11	0.61	0.05	－0.05	0
	18	电气机械和器材	－2.83	0.03	4.75	－2.54	－3.69	2.56	0.69	0.04
	19	通信设备计算机和其他电子设备	0.59	0.01	－3.16	－0.05	8.78	－6.09	－0.62	0.01
	20	仪器仪表	0.4	0	0.14	－0.01	0.1	0.28	0.09	0

续表

类别	产业编号	产业部门	居民消费	政府消费	固定资产投资	存货投资	技术结构	中间需求净出口结构	最终需求净出口结构	误差
轻工业类产业	6	食品和烟草	-1.56	0.04	0.02	-0.67	-0.29	0.52	0.93	0
	7	纺织品	-0.37	0	0.02	-0.05	0.16	-0.24	-0.52	0
	8	纺织服装鞋帽皮革羽绒及其制品	0.12	0	0.02	-0.13	0.55	-0.48	-1.08	0
	9	木材加工品和家具	-0.38	0	-0.28	-0.1	0.29	-0.2	-0.33	0
	10	造纸印刷和文教体育用品	0.93	0.03	0.46	-0.35	0.48	-0.46	-0.1	0.01
能源类产业	2	煤炭采选产品	-0.24	0.01	0.38	-0.43	-1.15	0.36	0.06	0
	3	石油和天然气开采产品	0	0	0	0	0	0	0	0
	11	石油炼焦产品和核燃料加工品	-0.1	0.01	0.21	-0.19	0.71	0.3	0.05	0
	23	电力热力的生产和供应	0.03	0.01	0.21	-0.16	0.56	0.34	0.01	0
	24	燃气生产和供应	0.23	0	0.05	-0.04	0.28	-0.01	0.48	0
	25	水的生产和供应	0.25	0.01	0.13	-0.1	0.64	0.08	-0.01	0
资源及原料加工业	4	金属矿采选产品	-0.13	0.01	1.04	0.31	0.18	-2.21	-0.21	0.01
	5	非金属矿和其他矿采选产品	0	0	0.18	-0.56	-0.73	0.08	0.03	0
	13	非金属矿物产品	-0.21	0.01	1.4	-0.83	-1.39	-0.02	0.04	0.01
	15	金属制品	-0.19	0.01	-0.24	-0.35	2034	-1.81	-0.75	0
服务业	27	交通运输仓储和邮政	0.02	0.01	0.18	-0.19	0.63	0.31	0.04	0
	28	批发和零售	0.72	0.05	0.43	-1.28	1.65	-1.53	-1.06	0.01
	29	金融	-0.43	0.02	0.32	-0.28	-1.75	0.99	0.13	0.01
	30	房地产	0.77	0	0.14	-0.02	-0.14	0.02	0.06	0.16
其他	1	农林牧渔产品和服务	-1.32	0.16	0.09	-1.15	0.18	0.55	0.5	0
	12	化学产品	-0.98	0.14	0.81	-1.46	-0.56	2.68	0.37	0.01
	14	金属冶炼和压延加工品	-0.12	0.01	1.49	-0.16	1.32	-1.2	-0.35	0.01
	21	其他制造产品	-0.25	0	0.06	-0.35	0.56	-0.38	-0.65	0
	22	废品废料	-0.02	0	0.24	-0.05	0.76	0.21	-0.15	0
	26	建筑	0.01	0	0.88	-0.01	0.11	0.01	0	0

注：数据代表各因素变化所占结构偏差绝对值的比例。数据为正表示该因素为积极因素，数据为负表示该因素为消极因素；数值的绝对值大小表示该因素的影响程度，数据绝对值越大表示该因素的影响程度越大，反之相反。各行加总为+100%或-100%（石油和天然气开采产品除外）。

（一）1997～2002年

这一阶段的主导产业主要集中在能源类产业，其次是机械电子类产业、服务业。能源类产业所占比重在这一阶段提高了2.5%，其高速的增长主要得益于技术结构的进步。其中，石油炼焦产品和核燃料加工品产业（产业编号11）、电力热力的生产和供应产业（产业编号23）的快速发展主要受益于技术结构的变化与中间需求净出口结构偏离的积极作用；燃气生产和供应产业（产业编号24）的快速发展除受技术结构因素的促进外，还受最终需求净出口结构偏离的积极作用；水的生产和供应产业（产业编号25）的快速发展主要是技术结构变化与居民消费变化双因素的积极作用。

机械电子类产业中，交通运输设备产业（产业编号17）的快速增长主要是由固定资产投资变化与技术结构变化的积极作用所引起的；仪器仪表产业（产业编号20）的快速发展受益于居民消费的促进作用与中间需求净出口结构偏离所产生的积极作用。

服务业中，交通运输仓储和邮政产业（产业编号27）主要受技术结构的变化与中间需求净出口结构偏离的促进作用而增长较快；房地产业（产业编号30）的较快发展主要得益于居民消费的积极作用。

轻工业类产业中，造纸印刷和文教体育用品产业（产业编号10）的快速发展主要由居民消费变动和技术结构变动引起，同时也受中间需求净出口结构的偏离与存货投资的抑制作用。

其他产业中，化学产品产业（产业编号12）的较快增长主要是中间需求净出口结构偏离的积极作用和居民消费变动的消极作用的最终结果；金属冶炼和压延加工品产业（产业编号14）、废品废料产业（产业编号22）与建筑产业（产业编号26）都是在固定资产投资变动因素和技术结构变动因素的积极作用下实现了较快增长。

综合上述分析，对比各因素的影响程度发现，总体来说，1997～2002年，在DPG模型分解的7个影响因素中，对江西主导产业变迁影响程度最大的因素是技术结构变动因素，其次是中间需求净出口结构的偏离因素和最终需求净出口结构的偏离因素，再次为居民消费偏离因素、固定资产投资偏离因素和存货投资偏离因素，政府消费偏离因素对江西主导产业变迁的影响程度不明显。

（二）2002～2007年

在这一阶段，轻工业类产业是最重要的主导产业，其次是机械电子类产业与资源及原料加工业产业。轻工业类产业的产业比重在这一阶段上升至15.36%，整体年均增长率也大幅增加。轻工业类产业快速增长主要得益于中间需求净出口结构的偏离与最终需求净出口结构的偏离的积极作用，如纺织品产业（产业编号7）、纺织服装鞋帽皮革羽绒及其制品产业（产业编号8）、木材加工品和家具产业（产业编号9）与造纸印刷和文教体育用品产业（产业编号10）。纺织服装鞋帽皮革羽绒及其制品产业（产业编号8）的发展还受居民消费的抑制作用。

表 3－2　2002～2007 年江西产业变迁的因素分解

类别	产业编号	产业部门	居民消费	政府消费	固定资产投资	存货投资	技术结构	中间需求净出口结构	最终需求净出口结构	误差
机械电子类产业	16	通用专用设备	－0.02	0.01	0.07	0.13	0.12	0.31	0.38	0
	17	交通运输设备	－0.06	0.02	－0.42	－0.08	－0.55	0.03	0.06	0
	18	电气机械和器材	－0.07	0.01	0.46	0	0.12	0.32	0.17	0
	19	通信设备计算机和其他电子设备	0.28	0	－0.64	0.01	－0.13	0.43	1.04	0
	20	仪器仪表	－0.31	0.01	0.44	0	0.42	－0.95	－0.6	0
轻工业类产业	6	食品和烟草	－0.72	0	－0.01	0.04	－0.11	－0.09	－0.1	0
	7	纺织品	－0.01	0.01	0.03	－0.17	0.01	0.43	0.7	0
	8	纺织服装鞋帽皮革羽绒及其制品	－0.79	0.01	0.01	－0.2	0.28	0.46	1.22	0
	9	木材加工品和家具	－0.26	0.01	0.2	0.14	0	0.65	0.25	0
	10	造纸印刷和文教体育用品	－0.3	0.02	0.03	0.03	－0.3	1.12	0.4	0
能源类产业	2	煤炭采选产品	8.21	0.15	0.99	4.94	8.7	－21.04	－0.95	0
	3	石油和天然气开采产品	0.07	0.01	0.02	0.01	430796.97	－430794	0.23	－2.4
	11	石油炼焦产品和核燃料加工品	6.94	1.16	1.53	2.74	－19.54	6.14	0.04	0
	23	电力热力的生产和供应	12.9	0.24	0.86	1.72	13.04	－28	－1.81	0
	24	燃气生产和供应	－0.36	0	0	0.01	－0.01	－0.07	－0.57	0
	25	水的生产和供应	－0.02	0	0.01	0.01	－0.84	－0.09	－0.08	0
资源及原料加工业	4	金属矿采选产品	0	0	0.11	1.16	－0.81	0.49	0.04	0
	5	非金属矿和其他矿采选产品	－0.14	0.02	0.15	2.26	－0.92	－0.38	0	0
	13	非金属矿物产品	0.07	0	0.05	0.04	－0.7	－0.43	－0.03	0
	15	金属制品	0.35	0.01	0.92	0.4	－5.9	2.94	0.28	0
服务业	27	交通运输仓储和邮政	－0.04	0.35	0.07	0.1	－0.06	－1.27	－0.15	0
	28	批发和零售	－1.98	0.04	0.33	0.47	0.76	0.77	0.59	0
	29	金融	－0.04	0.06	0.02	0.04	－0.63	－0.35	－0.09	0
	30	房地产	－0.94	0	－0.03	0.02	0.37	－0.05	－0.37	0
其他	1	农林牧渔产品和服务	－0.38	－0.02	－0.06	0.07	－0.32	－0.21	－0.09	0
	12	化学产品	－0.37	0	0.02	0.14	－0.05	0.97	0.28	0

续表

类别	产业编号	产业部门	居民消费	政府消费	固定资产投资	存货投资	技术结构	中间需求净出口结构	最终需求净出口结构	误差
其他	14	金属冶炼和压延加工品	0	0	0.08	0.06	0.81	0.03	0.03	0
	21	其他制造产品	-0.11	0	-0.01	0.07	-1.21	0.15	0.11	0
	22	废品废料	0	0	0	-0.02	-0.93	-0.06	0	0
	26	建筑	0.19	0.03	0.71	0.04	-1.29	-0.08	-0.6	0

注：数据代表各因素变化所占结构偏差绝对值的比例。数据为正表示该因素为积极因素，数据为负表示该因素为消极因素；数值的绝对值大小表示该因素的影响程度，数据绝对值越大表示该因素的影响程度越大，反之相反。各行加总为 +100% 或 -100%。

机械电子类产业中，通用专用设备产业（产业编号 16）的快速发展主要是由中间需求净出口结构的偏离与最终需求净出口结构的偏离所引起；通信设备计算机和其他电子设备产业（产业编号 19）较快增长，除受中间需求净出口结构的偏离与最终需求净出口结构的偏离的积极作用外，还受固定资产投资的抑制作用；在固定资产投资变动因素与中间需求净出口结构偏离因素的积极作用下，电气机械和器材产业（产业编号 18）也取得较快发展。

资源及原料加工业产业中，金属矿采选产品产业（产业编号 4）、非金属矿和其他矿采选产品产业（产业编号 5）的较快发展主要是存货投资变动在发挥积极作用，金属矿采选产品产业（产业编号 4）还受益于中间需求净出口结构偏离的积极作用。

能源类产业中，煤炭采选产品产业（产业编号 2）较快发展，主要是受中间需求净出口结构偏离的消极影响、居民消费的积极影响与存货投资的积极影响。服务业中的批发和零售产业（产业编号 28）的较快发展得益于技术结构变动和中间需求净出口结构偏离的正向影响。

其他产业中的化学产品产业（产业编号 12）的较快发展主要受益于中间需求净出口结构偏离与最终需求净出口结构偏离的积极影响；金属冶炼和压延加工品产业（产业编号 14）的增长则主要由技术结构变动的正向作用引起。

综合上述分析，对比各因素的影响程度发现，总体来说，2002 ~ 2007 年，在 DPG 模型分解的 7 个影响因素中，对江西主导产业变迁的影响程度最大的因素是中间需求净出口结构的偏离因素和最终需求净出口结构的偏离因素，其次为居民消费偏离因素、固定资产投资偏离因素、存货投资偏离因素、技术结构变动因素，政府消费偏离因素对江西主导产业变迁的影响程度不明显。

（三）2007 ~ 2012 年

在这一阶段，机械电子类产业是江西最重要的主导产业，其次为能源类产业和资源及原料加工业产业。机械电子类产业在前两个阶段虽然不是最重要的主导产业类别，但也是重要的主导产业类别，产业比重在三个阶段内持续增长，在2012年比重达到了12.75%。年均增长率同样持续增长，在本阶段增长幅度最大。机械电子类产业较快发展主要受技术结构的变动与中间需求净出口结构的偏离双重因素的影响。其中，通用专用设备产业（产业编号16）增长迅速，主要受技术结构变动的负向影响与中间需求净出口结构偏离的正向影响；电气机械和器材产业（产业编号18）的快速发展主要由技术结构变动引起；通信设备计算机和其他电子设备产业（产业编号19）快速发展，主要受技术结构的正向作用与中间需求净出口结构偏离的负向作用；交通运输设备产业（产业编号17）的迅速发展则主要由固定资产投资变动的积极影响引起。

表3-3　2007~2012年江西产业变迁的因素分解

类别	产业编号	产业部门	居民消费	政府消费	固定资产投资	存货投资	技术结构	中间需求净出口结构	最终需求净出口结构	误差
机械电子类产业	16	通用专用设备	-1.2	0	-0.24	-1.24	-11.77	9.94	5.51	0
	17	交通运输设备	0.42	0	1.33	-0.24	0.04	-0.29	-0.24	0
	18	电气机械和器材	-0.24	0	0.23	-0.13	1.51	-0.17	-0.19	0
	19	通信设备计算机和其他电子设备	-0.92	0.02	-0.1	-0.2	4.49	-1.57	-0.66	0
	20	仪器仪表	3.97	-0.01	-5.29	-0.48	-7.22	4.74	3.29	0
轻工业类产业	6	食品和烟草	-2.19	-0.06	-0.05	-0.26	2.61	0.65	0.31	0
	7	纺织品	0.18	0.02	-0.07	-0.12	0.31	-0.97	-0.36	0
	8	纺织服装鞋帽皮革羽绒及其制品	0.72	0.01	-0.06	-0.03	0.24	0.1	0.02	0
	9	木材加工品和家具	-0.35	0	-0.11	-0.18	-0.39	-0.03	0.06	0
	10	造纸印刷和文教体育用品	-0.27	0.03	-0.09	-0.08	0.17	-0.65	-0.11	0
能源类产业	2	煤炭采选产品	-0.44	0	-0.25	-0.24	0.18	-0.16	-0.1	0
	3	石油和天然气开采产品	0.32	0.01	0.13	0.07	-2025471.32	2025468.82	-0.3	1.27
	11	石油炼焦产品和核燃料加工品	-4.76	-0.27	-2.11	-1.02	-0.17	7.7	1.62	0
	23	电力热力的生产和供应	-1.64	0.01	-0.42	-0.38	2.2	0.7	0.52	0
	24	燃气生产和供应	0.83	0	0	0	-0.13	0.14	0.16	0
	25	水的生产和供应	-1.94	0.01	-0.27	-0.14	0.48	0.46	0.4	0

续表

类别	产业编号	产业部门	居民消费	政府消费	固定资产投资	存货投资	技术结构	中间需求净出口结构	最终需求净出口结构	误差
资源及原料加工业	4	金属矿采选产品	-0.1	0	-0.13	-0.75	0.88	0.85	0.25	0
	5	非金属矿和其他矿采选产品	-0.14	-0.01	-1.69	-1.64	2.37	0.05	0.06	0
	13	非金属矿物产品	0.07	0	-0.58	-0.06	1.11	0.38	0.08	0
	15	金属制品	-0.55	0	0.12	-0.06	0.05	0.76	0.67	0
服务业	27	交通运输仓储和邮政	-0.73	-0.2	-0.21	-0.17	-0.6	0.71	0.2	0
	28	批发和零售	-0.25	1.08	-0.52	-0.76	-1.44	0.63	0.27	0
	29	金融	-0.3	0.19	-0.16	-0.14	0.67	0.51	0.22	0
	30	房地产	-1.92	0.03	1.86	-0.03	-1.57	0.31	0.32	0
其他	1	农林牧渔产品和服务	-0.69	-0.07	-0.01	-0.21	0.1	-0.08	-0.04	0
	12	化学产品	-0.7	-0.02	-0.63	-1.13	2.38	0.92	0.18	0
	14	金属冶炼和压延加工品	-0.38	0	-0.7	-1.02	-0.44	3.14	0.39	0
	21	其他制造产品	-0.19	0	0.29	-0.02	-0.73	-0.28	-0.07	0
	22	废品废料	-0.09	0.01	-0.07	-0.12	1.65	-0.38	0.1	0
	26	建筑	-0.02	0	-1.08	0	0.03	0.01	0.06	0

注：数据代表各因素变化所占结构偏差绝对值的比例。数据为正表示该因素为积极因素，数据为负表示该因素为消极因素；数值的绝对值大小表示该因素的影响程度，数据绝对值越大表示该因素的影响程度越大，反之相反。各行加总为+100%或-100%。

能源类产业的较快发展，主要受益于居民消费变动的影响。其中石油炼焦产品和核燃料加工品产业（产业编号11）增长较快，主要受中间需求净出口结构偏离的促进作用和居民消费的抑制作用；电力热力的生产和供应产业（产业编号23）的增长是居民消费变动的负向影响和技术结构变动的正向影响所引起；燃气生产和供应产业（产业编号24）主要是受居民消费的促进作用与最终需求净出口结构偏离的正向作用而增长。

资源及原料加工业产业中，金属矿采选产品产业（产业编号4）和非金属矿物产品产业（产业编号13）的较快增长主要得益于中间需求净出口结构的偏离和技术结构变动的促进作用；金属制品产业（产业编号15）的增长由最终需求净出口结构的偏离与中间需求净出口结构的偏离的积极影响所引起。

轻工业类产业中，食品和烟草产业（产业编号6）和纺织服装鞋帽皮革羽绒及其制品产业（产业编号8）的增长主要受居民消费和技术结构变动作用的结果，不同的是居民消费变动对食品和烟草产业起抑制作用，对纺织服装鞋帽皮革羽绒及其制品产业起促进作用。

服务业中，技术结构的变动和中间需求净出口结构的偏离是促进金融产业（产业编号 29）增长的积极因素。

其他产业中，化学产品产业（产业编号 12）的增长主要是由技术结构变动的正向影响、中间需求净出口结构偏离的正向影响与居民消费的负向影响引起；金属冶炼和压延加工品产业（产业编号 14）的增长主要是中间需求净出口结构的积极作用；废品废料产业（产业编号 22）的增长则是受技术结构的变动与中间需求净出口结构的促进作用。

综上所述，对比各因素的影响程度发现，总体来说，2007 ~ 2012 年，在 DPG 模型分解的 7 个影响因素中，对于江西主导产业变迁影响程度最大的因素是技术结构变动因素和中间需求净出口结构偏离因素，其次为固定资产投资偏离因素、居民消费偏离因素，政府消费偏离因素对江西主导产业变迁的影响程度不明显。

三、实证结论

综合上述数据分析可以发现，技术结构的变动因素是江西 1997 ~ 2002 年主导产业变迁的主要推动力；中间需求净出口结构偏离因素和最终需求净出口结构偏离因素推动江西 2002 ~ 2007 年主导产业的变迁；2007 ~ 2012 年主导产业变迁主要由技术结构变动因素和中间需求净出口结构偏离因素所推动。

可以结合时代背景来对以上实证结论进行解释：1997 年亚洲金融危机爆发，我国经济发展陷入低谷。要让江西的产业从经济危机的泥沼中走出来，需要提高产业自身竞争力，利用先进技术来提高产品质量，提升产品内在核心价值，进而带动产业发展。所以技术升级是当时江西产业升级的关键推动力。这和本篇实证推导结论相一致，即技术结构的变动推动江西 1997 ~ 2002 年主导产业的变迁。

2002 ~ 2007 年是中国加入世界贸易组织的最初 5 年。在这 5 年里，江西紧跟国家步伐，积极发展国内外贸易。贸易合作的增加、产品销售渠道的拓宽使得产品销售量增加，促进了产业的迅速发展。这一时期的实证数据也显示，中间需求净出口结构的偏离因素与最终需求净出口结构的偏离因素是江西主导产业变迁的主要推动力。显然，这印证了贸易是 2002 ~ 2007 年推动江西主导产业变迁的主要因素这一结论。

2007 ~ 2012 年爆发了金融危机，这也是互联网发展迅速的前 5 年。互联网的发展为金融危机后江西的产业发展提供了生机，使得贸易能够与技术相结合，提升产品质量，打开销售渠道从而增加销量，由内而外推动江西主导产业的变迁与产业结构优化升级。这与本篇实证推导结论相一致，即技术结构变动和中间需求净出口结构偏离推动江西 2007 ~ 2012 年主导产业的变迁。

综合上述三阶段的实证分析，结合时代背景可以总结：技术与贸易是推动 1997 ~ 2012 年江西主导产业变迁最主要和关键的影响因素。

第四章 研究结论及对策建议

一、研究结论

本篇基于可比价投入产出表，应用DPG分析法对江西1997～2012年主导产业变迁及其影响因素进行实证研究。首先，以年均增长率为切入点进行定性分析，参考产业比重确定江西各个时期的主导产业；其次，通过DPG分析法进行定量分析，确定江西各个时期的主导产业；再次，结合定性分析与定量分析确定江西各个时期的主导产业，并以此为基础梳理江西1997～2012年主导产业的变迁动态；最后，利用DPG模型的分解模型分析推动江西主导产业变迁的影响因素，通过比较各因素影响程度的大小找出推动江西主导产业变迁的最主要因素，并以此作为江西生态与经济融合共生背景下政府制定后续产业发展政策的参考依据。分析结论如图4－1所示。

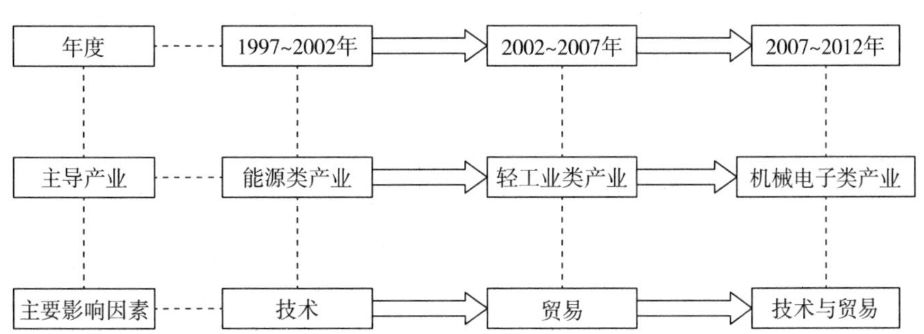

图4－1 1997～2012年江西主导产业变迁及其影响因素分析

1997～2012年，江西主导产业由能源密集型产业逐渐向技术密集型产业转变，具体表现是主导产业在1997～2002年主要集中在能源类产业，2002～2007年主要分布于轻工业类产业，2007～2012年主要集中在机械电子类产业。此外，各阶段内的次级主导产业也在不断更替：1997～2002 年机械电子类产业和服务业类产业迅速发展，2002～2007 年机械电子类产业和资源及原料加工业产业增长较快，2007～2012 年能源类产业与资源及原料加工业产业快速发展。

随着经济的发展，技术进步越来越成为推动经济发展的主要动力。1997～2002 年，受亚洲金融危机影响期间的江西主导产业变迁的主要推动力就是技术结构变动。此后，跟随我国加入 WTO 积极发展对外贸易的步伐，对外开放成为促进江西经济迅速发展的重要原因。省内外与国内外的贸易合作都推动着江西产业的迅速发展，因此中间需求净出口结构偏离因素和最终需求净出口结构偏离因素成为推动江西 2002～2007 年主导产业变迁的主要影响因素。由于受到金融危机和互联网快速发展的双重作用，技术结构变动因素和中间需求净出口结构偏离使得 2007～2012 年江西主导产业发生变迁，进而推动江西经济迅速发展。

二、对策建议

依据本篇的研究结论可知，推动江西 1997～2002 年主导产业变迁的主要因素是技术结构变动因素，推动江西 2002～2007 年主导产业变迁的主要因素是中间需求净出口结构偏离和最终需求净出口结构偏离。推动江西 2007～2012 年主导产业变迁的主要因素是技术结构变动与中间需求净出口结构偏离。这些因素主要集中在技术与贸易两方面。因此对生态与经济融合共生背景下江西主导产业的选择与发展提出以下具体建议。

（一）继续发挥科学技术是第一生产力的作用

科学技术是第一生产力，要继续发挥技术进步推动主导产业变迁的重大作用，促进产业转型升级，提高江西经济生态化和生态经济化水平，推动江西经济优质高效的发展。

1. 创造技术进步的条件，积极引进先进产业技术，促进生产的可持续发展

科技进步始于创新。政府要制定相关产业政策鼓励产业积极创新，以创新带动产业结构优化升级，促进江西主导产业的发展。同时要增强企业的生态意识，引导产业实现资源循环和回收利用，提高资源的开发利用率，以新技术引领新的资源消耗观，在促进科技创新的同时实现经济与生态的协调发展。另外，还要大力支持企业积极引进先进科学技术，促进江西产业优质发展。

2. 创建新型人才队伍，积极打造强大的科技团队，不断研发新的科研成果

人才队伍是推动产业科技进步的关键，人才队伍的价值观在一定程度上影响着科技创新的方向与脉络。政府在积极引进和培养科技人才，创建强大的科技团队，为江西主导产业的发展提供支持的同时，要加强人才队伍的观念教育，树立生态与经济融合

共生的绿色价值观，提升人才队伍的整体素质，并积极构建人才队伍沟通平台，促进人才科技综合运用能力的提升，促进新的科研成果的研发，为江西主导产业的发展注入新的活力。

3. 利用先进技术，积极促进技术成果转化，实现技术成果的“绿色”回馈

引进、吸收先进技术的最终归宿在于技术的应用。想要利用先进技术、促进技术成果的转化，实现技术成果的“绿色”回馈，政府应该制定一系列政策法规，如对致力于运用产业科技成果进行生态恢复的企业给予一定的政策奖励，对有意向进行生态技术研发的企业给予一定的资金补贴，等等。这将有利于提高生态与经济的融合水平，促进产业结构优化升级，推动江西主导产业的发展。

（二）继续保持经济对外开放，积极发展贸易合作

继续保持经济对外开放，积极引进绿色产业，塑造经济开放新形式，通过贸易合作推动江西主导产业变迁，推动江西产业结构优化升级，实现江西经济的可持续发展。

1. 制定促进贸易的政策，积极融入经济全球化趋势，积极发展对外贸易

经济全球化是当今经济的发展趋势，作为内陆省份，江西的经济发展应积极主动顺应这种趋势，积极融入经济全球化的潮流，保持经济对外开放，积极发展对外贸易。通过发展对外贸易，推动江西主导产业的发展。

2. 积极组织企业参与省内外大型贸易展销会，加强省内外贸易合作

发展贸易合作要注重两个市场，即国际市场与国内市场，在积极发展对外贸易的同时，也应积极开展国内的贸易合作。为推动江西主导产业的发展，政府要积极组织企业参与省内外大型贸易展销会，加强省内外贸易合作，拓宽江西产业产品的销售渠道，增加产品销售量。

3. 创造良好的贸易环境，降低贸易行为对生态环境的不良影响

为更进一步发展贸易合作，政府有必要制定相关政策法规来创造良好的贸易环境。在鼓励企业积极宣传出口产品、提高产品竞争力、打造产品品牌效应的同时，要规范企业自身的行为，拒绝以牺牲环境为代价的交易模式，倡导绿色、低碳的交易模式，实现经济效益与生态效益双赢，以此带动江西主导产业的发展和产业结构的优化升级。

（三）共同发挥科技与贸易双因素作用，增加产业发展核心优势

科技与贸易分别是推动1997～2002年、2002～2007年江西主导产业变迁的最主要的因素，也是推动2007～2012年江西主导产业变迁的共同因素。江西要想实现生态与经济融合共生背景下主导产业的良好发展，必然离不开科技与贸易的共同作用。因此，促进江西主导产业变迁和产业结构优化升级，除重视这两个因素各自发挥的作用，政府还应该注重发挥它们的共同作用以增加产业发展的核心优势。

1. 发挥科技与贸易双因素的促进作用

注重科技与贸易。通过利用先进技术提升产品质量，构建绿色、低碳的产品体系和高效、循环、可持续的产业体系，增加主导产业的内在优势。通过积极发展对外贸易，

拓宽产品绿色销售渠道，增加主导产业的外在优势。科技与贸易双管齐下，促进江西主导产业快速发展，实现生态与经济的协调共生。

2. 发挥科技与贸易双因素的融合作用

发挥科技与贸易双因素的融合作用，就是让双因素的综合作用最优化。协助产业建立高效的贸易合作渠道，利用贸易合作展现产品的科技含量和绿色理念，突出科技与贸易双因素的融合作用，增加主导产业发展的核心优势，进而有效推动江西主导产业的发展。

第四篇

江西省生态与经济融合共生的动力机制设计

本篇内容主要参考陈运平指导的研究生钟子倩的硕士学位论文《生态与经济融合共生的动力机制构建研究——基于博弈论的视角》。

近年来，中国经济发展进入了新时代，“创新、协调、绿色、开放、共享”的发展理念越来越深入人心，经济与文化、生态建设的深度融合成为我国经济发展的必然趋势。在此背景下，为顺应经济发展的新常态、贯彻落实新发展理念，江西着力推动生态与经济的融合共生，以改善粗放型经济增长模式带来的环境问题，进而推动产业结构的优化升级，实现生态与经济的协调发展。在此过程中，识别生态与经济融合过程中的各类激励要素，揭示生态与经济融合发展的客观规律尤为重要。本篇以江西生态与经济融合共生的动力机制为研究对象，以期在生态与经济之间建立一套政府、区域环保组织、企业和消费者相互牵制和激励的动力机制，使各个行为主体在实现自身效用目标的同时又不破坏生态环境并且能带来生态环境的优化，并使各个行为主体在相互影响牵制中共生发展。

本篇从博弈论角度出发，首先，构建生态与经济融合共生的行为主体即政府、区域环保组织、企业、消费者，通过对各行为主体的生态效用目标和关系网络的分析，得出各行为主体在不同行为下的效益函数。其次，通过对各个行为主体是否采取生态行为进行具体赋值，结合行为主体的效益函数得出不同行为主体在不同行为下的收益值。再次，得出各行为主体在是否采取生态行为的博弈中的纳什均衡，分析出实现帕累托最优的生态博弈行为，并从博弈结果出发分析导致当前经济与生态现状的原因。最后，根据目前存在的博弈均衡，构建行为主体间的动力机制，通过政府政策支持促进机制、区域环保组织技术推动机制、企业经济利益推动机制和消费者需求拉动机制促进各个主体行为的生态化，以带动生态与经济的和谐发展。

第一章

生态与经济融合共生动力机制的理论基础

一、国内外研究现状

（一）国外研究现状

单独从生态与经济角度无法解释人类经济发展的瓶颈。Ricardo 发现人类在创造财富时同样使自己陷入人口倍增、粮食匮乏、能源短缺、资源枯竭、生态破坏等的挣扎中，仅从单一的生态学或单一的经济学角度无法解释、研究和解决这类问题。

科学技术的发展是导致生态恶化的根本原因。以“罗马俱乐部”为代表的悲观派所著的《增长的极限》（Meadows & Rome，1972）通过对农业发展、工业生产扩展、自然资源透支、环境污染和人口增长 5 个因素的分析，提炼出零增长的论点。他们认为，如果世界工业化扩张程度、人口增长率、粮食生产速度、环境污染程度及资源使用速度等按如今的增长率或以更快的增长速率持续下去，未来 100 年内地球上的经济效益增长将达到极限阈值，之后经济、人口、资源可开发率将突然不可抑制地下降。他们提出：“除非到 2000 年人口与经济增长停止下来，否则社会就会超过极限并垮台。”《增长的极限》还提到，尽管科学技术的发展确实可以解决一些资源问题，但这不能从根本上解决发展的无限性与地球资源有限性的矛盾，科学技术的进步只是推迟“危机点”的出现而无法消除危机。悲观派的经济理论中只看到环境和经济的矛盾面，没有看到环境和经济的统一面，也未将人的主观能动性的积极一面考虑进去，从而得出了停止经济发展的消极观点。但这一观点的可取之处在于考虑到了发展经济对环境的影响，向人们敲响了警钟。

以美国未来研究所所长赫尔曼·卡恩博士为代表的乐观派认为“近二百年来的经济增长已经给人类带来了福利，造福了人类”。美国经济学家吉·曼·凯恩斯也认为，“经济增长带来的福利是人类过上美好生活的前提，所以保持经济增长率将逐步解救人均基本经济不足的问题”。因此，可以将乐观派持有的经济发展福利论观点总结为：从历史总体趋势来看，人类正处于一个中期转变阶段，即从贫穷匮乏过渡到富裕且有潜力的未来美好社会，因为存在经济增长这个内在动力，所以增长仍将继续。乐观派的经济理论只看到环境和经济的统一性，没有看到环境和生态的对立性，这种观点也是片面的。发达国家在经济发展过程中造成的生态破坏和公害事件让社会付出的惨痛代价就是最好的证据。

人类既要预测未来的问题与风险，又要正确地解决正在面临的困境。以柯妮什为代表的现实派认为，人类未来的发展历程充满荆棘，但人类在各个领域的作为表明人类仍有希望披荆斩棘。因此，我们应该对未来的人类发展与环境发展保持正确态度，不可过度悲观，也不能盲目乐观，而要满怀信心和勇气。现实主义的主要观点认为：虽然人口、资源、能源、环境问题严重，但市场的力量可以驱动人们解决资源短缺的问题，因此经济增长和环境保护可以持续下去；地球上出现的资源短缺现象，并非由人类的过度消费所致，而是受到技术条件和科学条件的限制，以致地球丰富的自然资源未得到全面开发。要解决经济与环境问题，需要各国的通力合作，如富国不可挥霍无度，弱国不可放任人口增长，放弃仅对本国有短暂利益的打算等。人类既要对现在的问题、风险和困境保持清醒，又要时时刻刻备好解决问题的方法和手段。若全世界对环境问题都能开始重视，并采取手段节约资源、开发新型无污染能源，将不小于2%的GDP用在环境治理上，那么全球环境的改善将指日可待，人们生活需求的满足将不会受到环境的限制。现实派的理论为生态与经济的和谐发展提供了理论基础。

实现生态与经济和谐发展的重点是生态系统与经济系统的有机融合。Boulding（1950）正式提出了生态经济学的观点，即生态系统包含人类系统，人类系统是生态系统的子集，只有对生态学和经济学的耦合部分进行结合性分析，才能从中提炼出解决生态与经济之间矛盾的办法。

研究生态与经济矛盾统一问题必须着重研究生态与经济系统的耦合性。Panayotou（1993）认为，生态系统与经济系统存在整体和谐性、永续发展性、时空公平性。这就解释了生态系统与经济系统存在耦合机制。为保证人类发展的永续性，地球能为人类发展提供源源不断的资源和能源，提高人类的生活质量，就必须掌握存在于生态和经济系统中的耦合机制，实现二者的和谐发展。

企业可以通过产业与生态融合共生创造利润。Engberg（1993）认为，共生理论、产业生态学为产业融合共生提供了理论基石，产业共生主要研究不同产业之间通过相互合作和利用各自的副产品或废弃物而发生的各种协作关系，通过这种协作，共同提高彼此的效益，实现资源和能源的高效利用，实现生态与经济的和谐发展。

企业管理者大多是道德机会主义者，认为经济获益高于道德行为。King等（1993）认为，在管理者间流行着国际惯性思维模式，即经济行为自身就是合乎道德的。国际上大部分管理者都是道德机会主义者，这一基本商业伦理问题必须得到改正。道德问题包括许多，对消费者权益的保护、对生态环境的保护等，所以企业管理者在追求经济利益的同时不得忽视对生态保护的社会责任，以促进生态与经济的和谐共生发展。

发展生态经济的根本是进行生态文明建设。发展生态经济或低碳经济，必须从生态文明建设入手，生态文明建设为生态经济的发展提供了积极的作用。他还为更好地发展生态经济提出了四点具体实施建议：一要加强对生态文明建设的宣传力度，普及生态文明教育；二要建立国有企业合作平台，构建发展绿色技术体系；三要向生态文明建设提供金融支持；四要将生态文明建设纳入政府部门绩效考核指标当中，加强有关于生态文明的立法建设。

通过生态债务的概念构建理论框架，促进生态经济的发展。生态债务的概念在 20 世纪 90 年代被提出。至今，无论在学术领域还是在实践领域，生态债务的概念都需要更多的细化和说明。Warlenius（2015）提出构建基于生态债务的操作模块，这些模块可运用于生物系统保护、生态经济发展、环境立法等。将生态债务作为一种工具和理论基础，以此提出的操作模块有利于实现世界环境保护的目标，促进生态经济的发展。

（二）国内研究现状

在我国，有学者认为生态与经济有水火不容性。李育华（2009）认为，经济与生态发展之间仍存在“鸿沟”是因为“生态”是保守的，而“经济”是积极主动的，所以总存在“生态不经济”和“经济不生态”的情况。经济系统与生态系统有着不可调和的矛盾，怎样处理二者之间的矛盾是摆在国内外学者面前棘手的难题。笔者认为，学科间的相互交融是解决这棘手难题的方法之一，这也为科学研究提供了新的探索空间。

也有学者认为生态与经济可以协调发展，并且可以融合共生。黄小勇（2014）认为，要调和经济与生态的关系或解决经济发展与生态保护的矛盾冲突就不得不提到“共生”这一来源于生物学的概念。共生是指不同生物或物种间相互依存的关系，互相影响的行为主体以接纳、开放的互助意愿为前提，秉承共赢的观念，采取行动策略时考虑均衡与互助，以促进生态与经济共同发展。共生价值的发生需要区域内各个行为主体的利益相关方在资源分配中尽可能尊重资源本身的共生性，基于此来使该资源给各个行为主体都能创造价值，也同时实现生态平衡和生态共生。

实现生态与经济融合共生，必须进行制度创新。杨林（2005）认为，生态与经济的融合共生总是在一定法律法规制度下进行的，而现今我国没有明晰的制度（生态资源产权、健全的市场交易、公开透明的信息披露、完善的宏观配套、有效的微观控制等制度）来很好地促进生态与经济融合共生发展。因此，实现生态与经济融合共生必然要进行制度创新。他提出要在环境资源产权制度、环境资源市场交易制度、环境信息披露制度、宏微观供给配套制度等方面进行改善，从而实现生态与经济的融合共生发展。

生态经济相关行为主体激励机制研究。付丽萍（2012）指出，低碳经济的行为主体包括政府、企业和民众，只有三者协作才有可能促进我国生态与经济的和谐发展。然而，行为主体间有着不同的价值判断和效用函数，在发展生态经济的过程中，主体之间存在着复杂动态的非合作多重博弈关系。作者对我国生态经济系统中的行为主体的价值和效用目标进行深入剖析，并研究了不同行为主体间存在的博弈结构及作用原理，为我国生态与经济和谐发展中的行为主体激励机制提供了理论参考，为调动生态经济系统中行为主体的积极性与创造性以及激励行为主体追求生态系统经济系统协调发展、实现经济可持续发展提出了建设性建议。

行为主体间积极的相互作用可以增强企业的生态创新能力和提高企业生态创新效率。蔡乌赶等（2013）通过收集我国236家企业数据对企业的生态创新行为进行实证研究。研究发现实现企业生态创新有四条途径：一是企业生态创新绩效的提高受创新整合力的直接影响；二是企业生态创新的内部驱动力通过企业创新整合力间接影响生态创新绩效；三是企业生态创新的外部驱动力通过企业创新整合力间接影响生态创新绩效；四是外部因素驱动也是通过企业内部创新驱动影响生态创新绩效。这四种创新路径共同组成了企业生态创新机制。因此可以得出，要提高企业的生态创新绩效，首先，企业在整合生态和经济目标时应从战略创新、组织创新、技术创新、制度创新等方面入手；其次，要注重培育企业生态系统与经济系统和谐发展的组织能力，提高企业在生态方面的技术创新及增强企业家社会责任意识等内部驱动力；最后，充分挖掘外部创新资源，以及处理好企业与其他利益相关主体间的关系。

足够强大的动力机制是发展循环经济的保证。王朝全等（2008）认为循环经济无论是作为一种发展模式还是一种增长方式，都必须要有强大的动力和有效的动力机制，因为循环经济不可能自发生成和演进。发展循环经济的动力机制主要包括支持促进机制、技术进步推动机制、社会需求拉动机制和经济利益驱动机制。德国发展循环经济的动力机制的成功经验对我国发展生态经济动力机制构建具有很好的参考价值，然而由于国情及国家政策实施的差异性使得我们在发展生态经济时也不能对德国经验照搬照抄。我国作为一个刚步入现代化进程的发展中国家，环保方面的技术创新能力有限，社会公众的文化素质和环保意识普遍不高，生产过程中资源和能源的利用率及种类开发率很低等问题较为突出。因此在发展生态经济时，我国要解决的主要问题就是增强企业的技术创新能力，提高公民环保意识，培养公民环保习惯，提高资源利用效率和转化效率，等等。作者在分析德国发展循环经济动力机制的同时对我国发展循环经济也提出了符合国情的政策建议，这将对发展生态经济相关建议的提出起到一定的借鉴作用。

发展生态经济需要当局公共政策的支持。廖筠（2011）认为，循环经济已经将研究视角扩展到了经济系统和生态系统之间相互作用的层面，如果市场没有法律法规制度的限制，那么具有公共产品特性与外部特性的生态资源市场是失灵的。因此发展生态经济需要政府更加强悍的执行力，如提供更加完善的公共政策，建立发展与循环经济相适应的管理考核体制，以调动作为主要力量的企业和公众参与发展生态经济的积极性。作者从政府公共政策的角度分析了发展循环经济驱动力，强调政府要完善政策的制定和执行，以及要调动其他行为主体（例如企业和公众）的积极性来发展循环经济。循环经济理论的基础来自生态经济学，是生态经济学理论在宏观经济领域运用所形成的一种经济模式。因此循环经济与生态经济并不完全等同，循环经济只是代表生态经济中偏重宏观经济结构模式的那一部分。

消费者行为对生态经济的发展至关重要。杨雪峰（2006）从消费者的角度出发剖析了循环经济，认为消费者符合“生态经济人”假设，即消费者不限于追求短暂个人效用最大化，还会考虑所处环境的生态效益，具有生态人的特点。在循环经济中，决定消费者行为的目标策略将不再是预算约束条件下追求效用最大化，而是在预算约束和环境约束两种条件下追求的效用最大化。考虑预算约束和环境约束的效用最大化由于考虑了环境影响会使得总效用减少，从而提出了适度消费的想法。适度消费包括生态消费和合理消费。生态消费强调消费无公害无污染的产品，消费过程中减少对生态环境的破坏，自觉地抵制那些破坏生态的产品和企业；合理消费强调反对过度性和奢侈性消费。要使消费者进行适度消费，消费者就必须要有生态需求。消费者要形成生态需求必须先形成绿色消费偏好，这种消费偏好会使得消费者消费时持有强烈的生态消费意识，从生态服务中获得的效用提高，对非生态行为的厌恶程度加深，进而促进适度消费。刘怀德等（2002）为促进消费者适度消费行为的产生，提出了新消费偏好的形成机制：不同行为主体之间的信息不对称使有的行为主体缺乏对新商品信息的了解，从而使缺乏该商品信息的消费者商品集里没有该商品，但随着时间的推移和技术条件的变化，信息不对称减少，该商品进入了消费者的商品集，消费者看到了该新生态商品的特性和效用，便慢慢克服了由于对该产品的不了解而产生的排斥心理，逐渐形成生态意识进而产生生态消费行为倾向。消费者行为变化具有不确定性和复杂性，且由于现时收益高、未来成本高的特性，消费者的短期选择往往会偏理性，即选择“反生态消费”。因此需要从政策和行为上引导消费者进行生态消费：如价格优势政策即政府赋予生态消费品定价权使其具备价格优势；税收补贴政策即对消费者和生产者生态行为进行补贴或者税收减免；标识政策即为生态型产品制定目录和提供生态标识以减少信息不对称。

二、文献评述

从以上文献可以看出，国内和国外学者对待生态与经济融合共生的态度都具有两面性。一方面认为生态与经济无法融合，生态与经济是对立的两个方面，不可能同时实现。发展生态的保护必定阻碍经济的发展，经济的蓬勃发展必须建立在破坏生态环境的基础上；经济的发展必然会造成自然资源的枯竭和生态环境的破坏，要缓解生态环境的恶化程度必须实现经济的零增长。另一方面则认为生态与经济是可以融合共生的，只不过这种融合共生需要我们去寻找方法和实现途径。只要人类清醒地意识到问题与风险，认真对待降低污染和缓解环境承受压力问题，齐力想出解决办法和对策，必然可以逐步实现生态与经济的融合共生。

通过对以往文献资料的梳理和分析发现，众多学者基本是从不同角度去分析实现生态与经济融合共生的措施和方法论，很少有学者注意到整个社会经济生态系统中各行为主体之间的相互作用，从行为主体间相互博弈角度分析生态与经济融合共生发展研究甚少。行为主体的相互作用和牵制可以在生态与经济融合共生中起到制衡作用，因此研究如何通过实现行为主体目标效用最大化的同时达到系统的纳什均衡状态对于实现生态与经济的融合共生具有重要意义。所以，本部分从博弈视角对生态与经济融合共生系统行为主体间的作用关系进行探究，通过构建博弈模型和行为主体间的动力机制进行分析，为实现江西生态与经济的融合共生发展提出对策建议。

三、理论基础与行为主体界定

（一）融合共生

虽然我国整体经济已由高速增长阶段转向高质量发展阶段，但是部分地区依然采取粗放集约型经济发展模式，由于环境破坏的显性成本低，隐性成本未被看到，所以粗放型经济增长模式成了部分地区的必然选择。随着绿色理念不断深入人心，人们对全球性资源短缺和生态环境恶化问题越发关注，区域发展的目标不再局限于经济增长，更加注重以社会和谐、环境优美、科技创新和居民生活质量提高为标志的生态与经济融合共生发展，生态与经济融合共生的概念应运而生。“共生”概念源于生物学。关于“共生”的概念说法不一：有的学者认为不同生物主体间的密切联系和互利发展的关系为共生；有的学者认为不同生物主体间只要存在密切的关系，不论是双方互利抑或是一方获利一方受损都属于共生关系。通过参考和借鉴前人的研究，本书对“共生”的概念界定为：不同主体间通过密切的合作关系，无论主观客观与否，只要产生获利关系即为共生关系。

共生关系不仅适用于生物领域，同样可以延展到经济社会发展领域，如区域经济一体化、区域经济和谐发展等都是共生在经济社会发展领域的应用。本书不仅将生态关系融入经济领域，更将经济领域和生态领域密切联系起来，推进两个领域的共生关系。

（二）博弈论

博弈论属于数学理论的分支，其中博弈主体、策略空间、博弈顺序和博弈信息要素是博弈的四大基本要素。博弈论在正式成为一门学科理论之前主要用来研究桥牌、赌博等行为的胜负问题，直到冯·诺依曼在1928年提出博弈论的基本原理，博弈论作为一门学科理论才正式形成。冯·诺依曼和摩根斯坦在1944年共同编著了《博弈论与经济行为》将博弈论正式带进经济学中。

本书将博弈论的概念定义为：各行为主体在生态与经济共生系统中，在不完全了解其他行为主体的特征、策略空间及收益函数等信息的情况下，各自会采用对自己最优的一种行动方案，使得系统实现纳什均衡状态获得一种静态非完全信息合作型博弈结果。

纳什均衡是指在博弈行为中，任何一方都不愿付出额外的代价来改变行为决策，从而各方都愿意维持的一种博弈均衡，这样的一种博弈均衡状态被称为纳什均衡点。

帕累托最优是指在博弈行为中，各行为主体不能在不损坏其他行为主体利益的前提下获得更加好的收益，即如果想获得更好的收益必须打破本来的均衡，破坏其他行为主体的利益，如果系统形成这样一种情况就称为达到了帕累托最优。纳什均衡不一定是帕累托最优，但帕累托最优一定是纳什均衡。通过分析各个行为主体的博弈行为可能会达到多个纳什均衡点，但是在众多纳什均衡点中只可能存在一个帕累托最优状态。本书的最终目标就是得出这个帕累托最优点的实现条件。

（三）生态经济学理论

国内外学术界对生态经济学理论的定义颇多，本书采用的是沈满洪（2008）的生态经济学定义，即生态经济学是探寻生态系统和经济系统内在运行规律，解决生态非经济化、经济非生态化和生态与经济相矛盾问题的理论，旨在实现生态经济化、经济生态化以及二者和谐共生发展。[①]

生态经济学具有三个主要特征：第一，时间性。人类在漫长的发展再生产阶段，不仅是自己在使用这些资源，也要想到子孙后代的资源使用量和生存权，因此人类在利用资源时要做到时间跨度上的可持续性。第二，空间性。一个区域的发展所利用的资源不得破坏其他区域发展所需要的资源，实现区域间发展的资源的共享性和空间可持续性。第三，效率性。以技术进步为基础，通过资源配置，最大限度地降低单位产出所消耗的资源和能源，不断提高资源消耗所带来的产出率，实现资源的可持续和可循环性。

生态系统和经济系统都是开放运行的系统，具有允许输入和承受输出的功能。生态系统和经济系统内的行为会互相影响，也会受到系统外部因素的影响，但生态系统和经济系统都有自身的反馈系统和调节系统，在受到外部因素和内部因素的影响下，会通过反馈系统和调节系统实现平衡。正是由于人类的附加影响，使得生态系统和经济系统发展超过阈值，平衡速度跟不上影响速度，故出现了如今的生态与经济发展相互矛盾的现象。

（四）行为主体范围界定

生态与经济融合共生系统涉及的行为主体复杂多样。为了便于本书博弈论模型构建和动机机制研究的进行，笔者在对大量文献进行研读后总结得出，在生态与经济融合共生系统中主要涉及的行为主体大致分为四类，即政府、区域环保组织、企业、消费者。

---

① 沈满洪．生态经济学的定义、范畴与规律［J］．生态经济学，2008（1）．

第二章

生态与经济融合共生的行为主体分析

一、行为主体的效用目标分析

（一）政府的经济增长与生态共生效用目标

我国政府职能包括政治、经济、文化、社会等。社会职能就包括治理和保护生态环境等方面。政府在履行职能时偏重经济职能而忽略社会职能，一般通过没有将生态放入考虑在内的GDP值来衡量一个区域的发展状况，这就导致政府在发展经济时会不顾环境后果，以牺牲环境为代价来保持GDP的增长，从而促使经济发展与生态环境保护之间的矛盾日益激烈。经济发展与环境保护之间的矛盾在农村地区表现得更为明显，大量原本在城市中立足的工业企业因城市租金上涨和其他一些关键因素向农村区域迁移，而乡政府也迫切希望通过引进工业企业带动乡村经济增长来提升政绩，却忽略了这些工业是否与乡村环境相适应，是否真正发展了乡村特色，是否有利于可持续发展等环境因素。随着环境问题的凸显和自然灾害的频发以及环保主义的兴起，绿色GDP的概念开始进入政府眼帘。绿色GDP是指政府在实现经济增长目标的同时兼顾生态平衡目标而得到的经济增长值，能反映真实财富增长值。计算绿色GDP用一般GDP值减去因环境破坏、自然资源耗竭、教育资源耗损、人口失调、管理不善等造成的成本。

地方政府的土地财政问题是近年讨论的热点问题。我国政府的财政收入主要依仗土地所得收入即土地财政，尤其是在一些欠发达且主要特色产业支撑的城市，政府为了支撑财政支出，便采取出让土地所有权的方式获取财政收入。政府占用耕地、毁坏林地、破坏海滩、肆意填海等行为频频发生，严重破坏了生态平衡的同时也导致产业结构失衡，同时社会资源及环境资源被大量浪费以及产能过剩现象严重。因此，要更好地发挥政府职能也需要从避免土地财政所带来的弊端入手。

（二）区域环保组织的生态共生效用目标

区域环保组织是指不以获取经济利益为目的的第三方组织，这些组织在生态与经济融合共生发展中属于外部因素。作为第三方组织，区域环保组织主要以保护环境和协助其他主体保护环境为己任。不同的区域环保组织有不同的经营目标，本书所指的区域环保组织特指环保类组织，环保类组织最著名的就是环保类民间组织。环保类民间组织发展至今有三个阶段：第一阶段为形成阶段，以中国环境科学学会诞生为标志。1978 年后环保类民间组织陆续成立，环保类民间组织开始兴起。第二阶段为发展阶段，以 1995 年保护滇金丝猴和藏羚羊活动为标志，掀起了以“保护稀缺物种”为口号的环保高潮，使得环保组织的形象深入民众的内心；1999 年后环保组织开始深入基层走进社区，将环保带入民众的生活。第三阶段为成熟阶段。2003 年的“怒江水电之争”和 2005 年的“26 度空调”多个环保组织联合的行动标志着环保类民间组织已经从初期的单个组织单独行动发展成为有整体意识的多个环保组织的合作行动，环保组织也逐渐发展成为为国家环保事业建言献策，开展环保监督，带动广大民众环保，维护民众环保权益，推动可持续发展的成熟性组织。

这些组织的效用目标主要是保护地球环境，维持生物多样性，保持和推动经济的可持续发展，建立生态型社会，保护民众的环境权益。但区域环保类组织在实现效用目标的过程中仍然有很大的阻力。环保类组织在我国并没有得到很大的重视，也没有成为足以引起全国人注意的非营利性组织。环保类组织的作用不仅在于通过自身来保护环境和发展生态，还包括与其他组织的合作来促使生态与经济的融合共生。环保类组织在环境保护和促进生态与经济融合共生发展中的作用不可替代。

（三）企业实现利润与实现生态共生效用目标

企业是以获取利润为目的，通过要素生产市场所需商品和服务的自主经营、自负盈亏的单位。企业的效用目标是通过卖出产品和服务来实现利润最大化。利润最大化的效用目标导致大部分企业在进行营业时只专注于经济利润而忽略环境因素。环境对企业来说是一个无须自付成本的外在大环境，因此在这样的条件下，企业会尽最大可能不顾后果地剥夺环境资源来实现企业价值，实现企业利润的最大化。

但随着环境破坏的加剧，自然灾害的频发，大自然的报复也从某方面给企业带来各方面的压力及损失，使得企业在实现自身利润最大化效用目标的同时不得不把生态目标放入企业战略目标中。所以现今许多企业都将绿色生态融入企业产品和服务中，甚至将此作为提升企业商誉博取消费者眼球的特别方式，企业经济利润最大化的效用目标逐渐也与生态效用目标融为一体。

（四）消费者效益与生态共生效用目标

消费者是指使用商品和服务的个人或者群体。作为商品或服务的最终使用者，其效用目标就是使得消费者消费商品或服务获得的物质满足和精神满足最大化。消费者需求分为现实消费需求和潜在消费需求，现实消费需求是指符合消费者现实消费能力的需求，潜在消费需求是指消费者不具备购买条件但是有购买欲望的需求。通过分析不同因素对消费者行为的影响来分析消费者效用目标，从而可以通过相应的措施影响消费者决策以达到生态与经济融合共生目的。消费者现实和潜在消费行为受到众多因素的影响，主要可以分为以下几类：

第一，心理因素，影响消费者心理的因素主要包括需求、认知、态度和学习等。马斯洛的需求层次理论揭示了不同消费者的需求层次会导致不同的消费行为，该理论认为人类的需求层次依次为生理需要、安全需要、社会需要、尊重需要和自我实现需要，只有在低层次需求得到满足以后才会产生更高一层次的需求；认知是指消费者对商品的感知和认知，消费者通过自身的感官和知识能力形成对商品的基本认识，从而确定商品的购买与否；态度是指消费者在消费和接受服务的过程当中形成的对商品的肯定、否定、持中反应倾向；学习是指消费者通过消费和接受服务过程中获得知识经验及技能，从而完善购买过程。

第二，社会因素，消费者的消费行为受到消费者家庭、所处群体、社会阶层的影响。消费者的消费行为会受到家庭的教导，朋友、邻居、同事、同学的引导等潜在和显性的影响；不同的阶层会有不同的收入、受教育程度、职业、社会地位及名望，从而产生不一样的价值观，进而决定了不同阶层消费需求的差异性。

第三，个人因素，包括年龄、职业、收入、生活形态。其中生活形态是指人的生活方式，生活方式可以通过兴趣、习惯、态度、活动来表达；不同生活形态的人的消费观念也会有所差异，从而有不一样的消费行为。

不同影响因素的作用下会形成消费者独特消费行为。目前，我国仍处于并将长期处于发展的初级阶段，无论哪个阶层，成长于怎样的环境，抑或有着何种生活形态的大部分消费者的效用目标还是满足物质生存需求和其他一些特定的精神需求，还没有将生态环境保护纳入个人效用目标中或将生态环境保护当成自身成长的责任。随着经济、文化的不断发展，以及人民素质的不断提高，相信人们会慢慢养成生态环境保护意识和绿色消费观念，小到从自身做起节约用水等，大到投身到保护环境的工作当中。

二、行为主体的关系网络

（一）政府与区域环保组织、企业、消费者关系网络

政府与区域环保组织、企业、消费者是监督与被监督，支持与反支持的关系。政府在建设生态经济方面可以充分发挥其服务职能。第一，区域环保组织异于企业有自己的利润来源，它的服务职能决定了其不以获取经济利益为目的，但是区域环保组织的

正常运转离不开资金，政府为了区域环保组织更好地运转发展，应尽可能地提供经济支持。第二，企业提供的税收收入是政府收入的主要来源，政府也为企业发展提供很多便利。企业采用环保行为生产的产品或提供的服务若可以得到政府奖励与支持以及消费者的认可与接受，获得比不生态生产行为更多的利润，换言之，企业是以盈利为目的的客观主体，若生产环保产品或提供环保性服务的利润空间更大，那么企业将会积极从事环保行为生产。当然，企业更多的营业利润也将给政府带来更多的税收收入。这样的良性循环可以使得环境得到保护的同时经济得到发展。第三，消费者在生态保护中起着至关重要的作用。消费者即是企业收入的来源主体，也是政府税收收入的来源主体，更是环境保护的行为主体。消费者的环保观念养成与否决定着其是否进行环保行为，包括消费者周边的环保氛围也影响着消费者的环保行为，而消费者的环保观念，周围的环保氛围都可以通过政府的引导和管理来营造。政府与其他主体关系网络具体如图 2 - 1 所示。

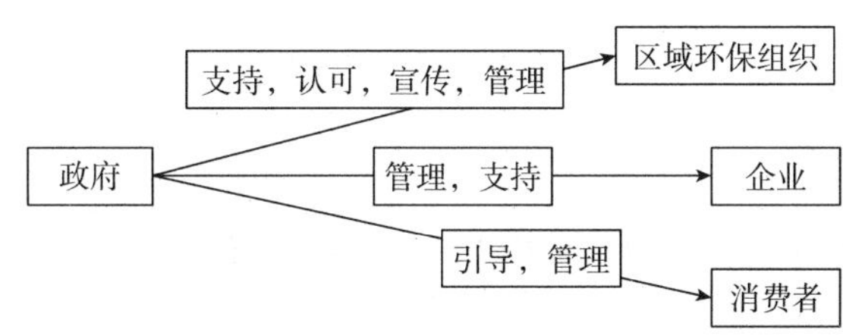

图 2 - 1　政府与其他主体关系网络

（二）区域环保组织与政府、企业、消费者关系网络

区域环保组织与政府、企业、消费者是教育、支持、监督与被监督的关系。区域环保组织利用自己的资源教育向政府工作人员、消费者、企业管理者及员工普及环保知识和引导他们的环保行为，同时，区域环保组织可以利用自己特有的优势与资源给企业提供生产环保绿色产品的知识支持和技术支持，使得企业在愿意生产环保产品的同时也有能力生产环保产品。区域环保组织作为独立的第三方主体，与政府、企业、消费者不存在任何利益关系，这一优势可以使得区域环保组织很好地发挥监督作用。第一，区域环保组织与政府有着相似之处即不以营利为目的，但是区域环保组织不像政府有着强制力机关作支撑，只能靠自身的软实力来发展自身支持环保。因此区域环保组织要支持环保事业的发展，促进生态与经济融合共生，仅仅靠自身力量的发展是远远不够的，它需要借助政府的强制力和政府的经济支持。第二，区域环保组织由于其非营利性，在消费者心中有着较高的声誉。区域环保组织有着自身的软实力，如具有环保方面的专业人才、掌握环保方面的专业知识和专业技术，企业通过与区域环保组织合作可以减少自身研发环保技术和寻找环保人才的成本，同时坐上区域环保组织的顺风车可以提高自身的商誉，从而提高企业的利润。区域环保组织无自身的利润来源，

仅仅靠政府的财政支持和慈善集团或人士的支持远不够支撑自身的发展，通过与企业的合作可以获得企业的资金支持。第三，消费者是自我意识的行为主体，其行为受自身知识和财富及周边环境的影响。区域环保组织通过传播正确的环保消费观念来影响消费者的行为，同时塑造一个环保的周边环境以督促每个消费者在这样的环境下实施文明环保的消费行为。同时消费者也是知识的主体和技术的创新主体，消费者的智慧可以促进区域环保组织智慧的发展。区域环保组织与其他主体关系网络具体如图 2 -2 所示。

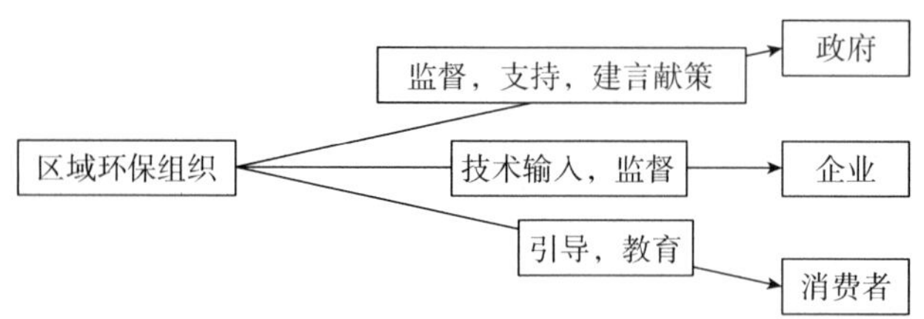

图 2 -2　区域环保组织与其他主体关系网络

（三）企业与政府、区域环保组织、消费者关系网络

企业与政府是监督支持与被监督被支持的关系，企业与区域环保组织呈现相辅相成、相互支持的关系，企业与消费者是紧密的依赖的关系。第一，企业从诞生开始就与政府有着密切的关系，接受政府的监督，遵守政府制定的法律法规，在政府规制的大环境下进行生产和经营。企业生产行为受到政府的管制，因此政府可以利用这一特性，来监督企业的生态生产行为。第二，区域环保组织是非营利性的智慧锦囊，可以为企业提供技术知识支持，同时企业可以提供给区域环保组织一定的资金回报以维持区域环保组织的运行。第三，消费者的消费行为与企业的生产行为环环相扣。按照供给创造需求的原理，只要企业生产生态行为性质的产品，并且创造消费者需求，带动消费者主动消费生态产品，形成生产—消费生态产品的良性循环，就能加快生态与经济融合共生的发展脚步。企业与其他主体关系网络具体如图 2 -3 所示。

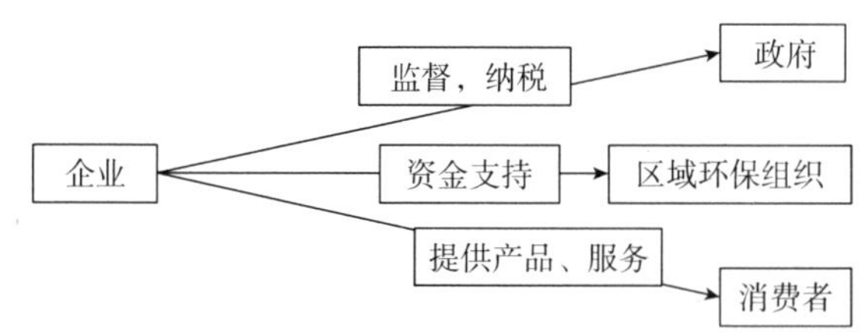

图 2 -3　企业与其他主体关系网络

（四）消费者与政府、区域环保组织、企业关系网络

消费者在生态与经济融合共生过程中是至关重要的一环，只有发动消费者的力量才能推动生态与经济融合共生。在生态与经济融合共生的发展进程中，消费者属于根本动力。第一，政府与消费者主要是鼓励、支持、教育的关系，政府利用自身强大的影响力和教育力量控制消费者周边的大环境，培养出消费者潜在的环保意识，使得生态消费观念深入人心，进而推动生态消费成为消费者行为。第二，消费者与区域环保组织的关系主要是支持教育和宣传的关系，区域环保组织通过自身的威信力向消费者传输正确的消费观念，同时培养消费者生态的消费行为。反之，已经具备生态意识并且有很好生态消费行为的消费者也在向区域环保组织传达支持力量，成为区域环保组织大集体中的一员，组成区域环保组织的核心力量。第三，企业与消费者是共生共存的关系，只有在消费者消费生态产品的情况下企业才有经营下去的能力，消费者也只有消费企业生产的生态产品和服务才能得以生存。消费者与其他主体关系网络具体如图 2－4 所示。

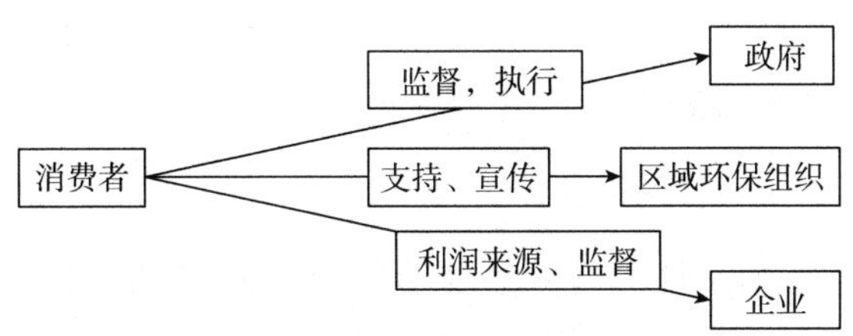

图 2－4　消费者与其他主体关系网络

第三章

行为主体博弈模型分析

一、行为主体博弈函数及模型构建

（一）博弈模型要素确定

1. 参与人

参与人即博弈中的行为主体。行为主体通过决策选择的行动获取自身效用最大化，并且行为人的决策行为会影响另外参与人的决策。由于在复杂的经济与生态融合共生系统中，存在众多主体，为了本研究的可操作性，将经济与生态融合共生的博弈系统的行为主体限定为政府、区域环保组织、企业、消费者。

2. 行动

行动即博弈中的行为主体在某个时间段所采取的行动变量。政府有两个行动变量即生态政策、非生态政策；区域环保组织的两个行动变量为采取生态行为、不采取生态行为；企业的两个行动变量为生产生态产品、不生产生态产品；消费者的两个行动变量为生态消费、非生态消费。

3. 效用函数

效用函数即行为主体采取行动的收益函数，即参与人在博弈中所能够获得的效用水平。本篇涉及的行为主体政府、区域环保组织、企业、消费者的效用函数将在下一节给出。

（二）模型的假定

政府、区域环保组织、企业、消费者均符合理性人的假设，即政府、区域环保组织、企业、消费者均追求自身效益最大化。

二、权重赋值

（一）本书意见

政府、区域环保组织、企业、消费者四个行为主体在大环境下会互相影响。但是基于主体间影响程度的不一致性，本书根据各个行为主体的效用目标及在关系网络中的相互影响程度给每个主体对其他主体的影响赋予了不同的权重。

对政府而言，政府需要履行包含社会职能在内的许多职能。社会职能包括对生态的保护，但是政府的绩效衡量标准主要是未把生态指标包含在内的GDP值，导致政府虽然有生态保护的责任但是却没有履行这个职责，故政府的内生效用的权重为2。在政府与区域环保组织的关系网络中，由于区域环保组织属于第三方非营利性组织，它既不对政府具有强制力措施，也不能为政府提供资金支持，所以区域环保组织对政府的影响很小，区域环保组织对政府的影响权重为1。在政府与企业的关系网络中，企业对政府的政策制定影响主要体现在监督上，但企业的行为目标是从市场上获取最大化利润，故不会时刻监督政府行为，因此企业对政府的影响权重赋值为1。在政府与消费者的关系网络中，消费者是由人民组成的，政府又是为人民服务的政府，故消费者会较为认真地履行监督政府的权利，因此消费者对政府的影响权重赋值为2。具体如表3－1所示。

表3－1 政府内生/外生效用权重

受影响主体/内生效用	影响主体	1	2	3
政府/2	区域环保组织	√		
	企业	√		
	消费者		√	

注：按照重要性在相应分值空格内打“√”（说明：1＝不重要，2＝一般，3＝重要）。

对区域环保组织而言，区域环保组织的效用目标是实现生态系统和经济系统的和谐发展，所以对经济与生态融合共生的内生效用权重为3。在区域环保组织与政府关系网络中，政府对区域环保组织支持与否严重影响区域环保组织的发展和效用目标的实现，故政府对区域环保组织的影响权重为3。在区域环保组织与企业的关系网络中，企业与区域环保组织是相对独立的两个组织，并且有着几乎不重合的效用目标，企业以经济利益最大化为目的，区域环保组织以公益性为目的，所以企业对区域环保组织的影响较微弱，故企业对区域环保组织影响权重为1。在区域环保组织与消费者的关系网络中，由于消费者是区域环保组织的基层力量，也是区域环保组织要调动的主要力量，消费者的生态意识与生态行为对区域环保组织效用目标的实现有着较大的影响，故消费者对区域环保组织影响权重赋值为2。具体如表3－2所示。

表3－2　区域环保组织内生/外生效用权重

受影响主体/内生效用	影响主体	1	2	3
区域环保组织/2	政府			√
	企业	√		
	消费者		√	

注：按照重要性在相应分值空格内打“√”（说明：1＝不重要，2＝一般，3＝重要）。

对企业而言，企业是以获取经济利润为目标的营利性组织。虽然企业肩负着社会责任，但是经济利润最大化还是它的效用目标，一般不会主动重视生态环境保护，故内生效用权重为1。在企业与政府的关系网络中，政府政策对企业的生产行为和效用目标存在间接影响，企业的生产行为必须遵循市场规律，符合政策法规管理及宏观调控政策，故政府对企业的影响权重最大赋值为3。在企业与区域环保组织的关系网络中，区域环保组织行为对企业的影响很小，但区域环保组织可以通过基层宣传的力量影响消费者从而影响企业的行为，故区域环保组织对企业的影响权重赋值为1。在企业与消费者的关系网络中，消费者是企业的利润来源，直接影响企业效用目标的实现，所以消费者行为对企业影响较大，故影响权重赋值为2。具体如表3－3所示。

表3－3　企业内生/外生效用权重

受影响主体/内生效用	影响主体	1	2	3
企业/1	政府			√
	区域环保组织	√		
	消费者		√	

注：按照重要性在相应分值空格内打“√”（说明：1＝不重要，2＝一般，3＝重要）。

对消费者而言，消费者生活在生态环境中，生态环境的变化对消费者的影响最直接，消费者感受也最深切，但是由于消费者自身认知的限制使得消费者对生态感知的反射弧较长，故内生效用目标权重为2。在消费者与政府的关系网络中，政府的政策强制管理和教育引导对消费者的消费行为影响较大，故政府对消费者的影响权重赋值为2。在消费者与区域环保组织的关系网络中，区域环保组织对消费者的作用主要靠宣传引导，没有强制力，影响较微弱，故区域环保组织对消费者的影响权重赋值为1。在消费者与企业的关系网络中，供给与需求相互影响，故企业对消费者的影响权重为2。具体如表3－4所示。

表 3－4　消费者内生/外生效用权重

受影响主体/内生效用	影响主体	1	2	3
消费者/2	政府		√	
	区域环保组织	√		
	企业		√	

注：按照重要性在相应分值空格内打“√”（说明：1＝不重要，2＝一般，3＝重要）。

以上赋值是在阅读大量相关文献的基础上，根据政府、区域环保组织、企业、消费者的效用目标和关系网络，结合现实社会的状况后得出的权重假设。为增加权重赋值的科学性，下一部分将增加专家对权重的意见。

（二）专家打分法

在征询教授关于各个行为主体间互相影响其生态行为的权重以及各个行为主体自身对环保的意愿权重的意见，并请他们填写问卷调查后得出如表 3－5 和表 3－6 所示的权重①。

表 3－5　行为主体间的外生效用权重

请根据重要性打分		1	2	3
受影响主体	影响主体			
政府	区域环保组织	√		
	企业	√		
	消费者		√	
区域环保组织	政府			√
	企业	√		
	消费者		√	
企业	政府			√
	区域环保组织	√		
	消费者		√	
消费者	政府		√	
	区域环保组织	√		
	企业		√	

（三）权重赋值

通过将权重赋值假设和专家权重意见结合考虑，最终确定各个行为主体内生效用及

① 具体问卷见附录。

外生效用权重的赋值。具体如表 3－7 所示。

表 3－6 行为主体的内生效用权重

行为主体	1	2	3
政府		√	
区域环保组织			√
企业	√		
消费者		√	

表 3－7 各个行为主体内生效用及外生效用权重

权重		1	2	3
受影响主体/内生效用	影响主体			
政府/2	区域环保组织	√		
	企业	√		
	消费者		√	
区域环保组织/3	政府			√
	企业	√		
	消费者		√	
企业/1	政府			√
	区域环保组织	√		
	消费者		√	
消费者/2	政府		√	
	区域环保组织	√		
	企业		√	

三、行为主体博弈函数构建

假设 A 代表政府、B 代表区域环保组织、C 代表企业、D 代表消费者。以下四个方程式分别代表四个主体的效用函数。

假设政府的效用函数为：

$\mu_A(\sigma_A, \sigma_B, \sigma_C, \sigma_D) = \sigma_A(a_1 + b_1\sigma_B + c_1\sigma_C + d_1\sigma_D)$

式中，政府具备内生的生态效用为 2、区域环保组织权重为 1、企业权重为 1、消费者权重为 2。得出政府具体的效用函数为：

$\mu_A(\sigma_A, \sigma_B, \sigma_C, \sigma_D) = \sigma_A(2 + \sigma_B + \sigma_C + 2\sigma_D)$

假设区域环保组织的效用函数为：

$\mu_B(\sigma_A, \sigma_B, \sigma_C, \sigma_D) = \sigma_B(b_{2+} a_2\sigma_A + c_2\sigma_C + d_2\sigma_D)$

式中，区域环保组织的内生生态效用最高为3；政府对区域环保组织的生态行为效用影响最大，权重为3；消费者次之，权重为2；企业影响最弱，权重为1。得出区域环保组织具体的效用函数为：

$\mu_B(\sigma_A, \sigma_B, \sigma_C, \sigma_D) = \sigma_B(3 + 3\sigma_A + \sigma_C + 2\sigma_D)$

假设企业的效用函数为：

$\mu_C(\sigma_A, \sigma_B, \sigma_C, \sigma_D) = \sigma_C(c_3 + a_3\sigma_A + b_3\sigma_B + d_3\sigma_D)$

式中，企业追求利益最大化，故内生生态效用为1，政府权重为3，区域环保组织权重为1，消费者权重为2。得出企业具体的效用函数为：

$\mu_C(\sigma_A, \sigma_B, \sigma_C, \sigma_D) = \sigma_C(1 + 3\sigma_A + \sigma_B + 2\sigma_D)$

假设消费者的效用函数为：

$\mu_D(\sigma_A, \sigma_B, \sigma_C, \sigma_D) = \sigma_D(d_4 + a_4\sigma_A + b_4\sigma_B + c_4\sigma_C)$

式中，消费者内生的生态效用为2、政府权重为2、企业权重为2、区域环保组织权重为1。得出消费者具体的效用函数为：

$\mu_D(\sigma_A, \sigma_B, \sigma_C, \sigma_D) = \sigma_D(2 + 2\sigma_A + \sigma_B + 2\sigma_C)$

政府（A）、区域环保组织（B）、企业（C）、消费者（D）的行为变量分别为σ_A、σ_B、σ_C、σ_D。其取值为 -1 或 1，即采取非生态行为和采取生态行为。现用一段 Java 程序解开这些方程①，求出各个行为主体在不同取值下的收益值。得出如表 3-8 所示的博弈支付收益矩阵。

表 3-8　行为主体博弈收付矩阵

行为主体		政府生态行为(+1)		政府非生态行为(-1)	
		区域组织生态行为(+1)	区域组织非生态行为(-1)	区域组织生态行为(+1)	区域组织非生态行为(-1)
企业生态行为(+1)	消费者生态行为(+1)	(6, 9, 7, 7)	(4, -9, 5, 5)	(-6, 3, 1, 3)	(-4, -3, -1, -1)
	消费者非生态行为(-1)	(2, 5, 3, -7)	(0, -5, 1, -5)	(-2, -1, -3, -3)	(0, 1, -5, -1)
企业非生态行为(-1)	消费者生态行为(+1)	(4, 7, -7, 3)	(2, -7, -5, 1)	(-4, 1, -1, -1)	(-2, -1, 1, -3)
	消费者非生态行为(-1)	(0, 3, -3, -3)	(-2, -3, -1, -1)	(0, -3, 3, 1)	(2, 3, 5, 3)

① 具体 Java 程序见附录。

从以上博弈结果分析得出系统存在两个纳什均衡解：一个是(政府，区域环保组织，企业，消费者)的(生态行为，生态行为，生态行为，生态行为)，其收益为(6，9，7，7)。另一个是(政府，区域环保组织，企业，消费者)的(非生态行为，非生态行为，非生态行为，非生态行为)，其收益为(2，3，5，3)。从以上结果可以看出，如果一方采取非生态行为而其他三方都采取生态行为，那么采取非生态行为的一方损失最大，效益最低；如果有两方采取生态行为，两方采取非生态行为，那么采取生态行为的双方收益大于采取非生态行为的两方；如果只有一方采取生态行为其他三方采取非生态行为，那么采取生态行为的一方损失最大，收益最低。

综上可得出结论，从我国经济与生态不协调发展的现状来看，博弈的纳什均衡点位于(政府，区域环保组织，企业，消费者)的(非生态行为，非生态行为，非生态行为，非生态行为)，收益为(2，3，5，3)；但随着环境的恶化，从政府开始，各主体的生态意识愈加强烈，意识到要在发展经济的同时注重生态的平衡，这也是引导纳什均衡点从各个行为主体都不生态到都生态的均衡点的转移契机。同时，只要两方及以上主体采取生态行为，那么将使得采取非生态行为的主体收益下降，从而引导采取非生态行为的双方为使收益提高开始采取生态行为，形成生态与经济融合共生系统的良性循环。

四、博弈结果分析

当政府、区域环保组织、企业、消费者其中一方行为主体采取生态行为，若其他三方主体也采取生态行为，那么该行为主体将会获得正数的收益效用；若其余三方行为主体都采取非生态行为，那么该行为主体将会获得负数的收益效用即亏损。若其中两方采取生态行为，另外两方采取非生态行为，那么采取生态行为的两方收益会高于采取非生态行为的两方。只要其中一方采取生态行为，其他三方主体非生态行为的收益将为负数，这三方主体将会通过转变行为方式来提高收益。所以得出结论：只要至少有一方坚持采取生态行为，那么另外三方受效用目标驱使也将逐渐采取生态行为。

这就为当前我国生态与经济融合共生系统中政府、区域环保组织、企业、消费者四者博弈的纳什均衡点做出(非生态行为，非生态行为，非生态行为，非生态行为)解释。政府只追求 GDP 的增长和财政收入的增加，忽略环境成本；区域环保组织不主动作为，力量弱小，效果甚微；企业为追求经济利益最大化而对环境无尽索取；消费者环保意识微弱。四方都在不生态行为中达到均衡状态，任何一方做出生态行为都会使得收益下降，故系统实现(非生态行为，非生态行为，非生态行为，非生态行为)的纳什均衡，生态环境遭受巨大破坏。但上述博弈结果分析也为纳什均衡点的转移提供了可行路径，即只要有一方坚定执行生态行为，其他三方也逐渐将会跟从采取生态行为。

第四章

行为主体间动力机制设计

一、行为主体动力结构

四方主体间相互联系且相互影响，故在博弈下得出政府、区域环保组织、企业和消费者间的动力结构如图 4－1 所示。

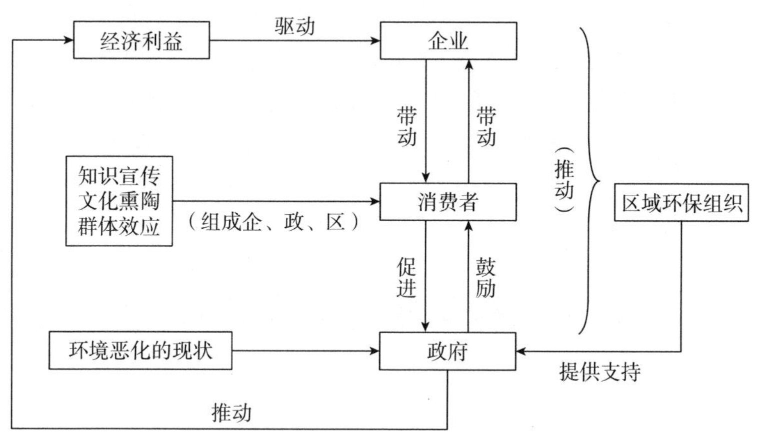

图 4－1 行为主体间动力结构

从图 4－1 可概括出四大动力机制。

（一）政府支持促进机制

政府对其他行为主体生态行为的大力支持与促进在生态与经济融合共生的过程中发挥着重要的作用。政府在发展生态经济上可以实施一些激励政策，如产量税、融资帮助政策，政府生态采购与财政补贴，环保专项基金支持，贴息贷款，增值税、所得税减免等措施，为生态与经济融合共生发展创造良好的内外部环境。同时由于单个企业无法承担起对环保技术高额投入的时间与成本，因此政府在生态环保技术研发费用上的长期高投入也是促进生态与经济融合共生发展的重要举措。

(二)区域环保组织技术进步推动机制

科技是发展经济的支撑，技术是促进生态与经济融合共生的关键。技术的创新与进步是资源高效循环利用的前提，如果没有技术的有力推动，生态与经济的融合共生将无法实现。

(三)企业经济利益驱动机制

企业的效用目标是获取经济利益最大化或股东权益最大化。因此在生态与经济融合共生发展中，只有使企业的最低收益仍大于生态行为成本，企业才有可能参与到生态与经济融合共生的良性循环中，成为融合共生的发展动力。

(四)消费者需求拉动机制

随着社会经济的增长和人们生活水平的提高，人们逐渐意识到生活质量的改善与生态环境的改善密不可分。为了满足自身需求，消费者开始改变消费观念，使得在进行消费的时候也能对生态环境起到保护作用成为一种自觉的行动和行为。只有当消费者产生生态消费需求时才能拉动企业生产生态产品的动力。

各个独立的行为主体通过自身的行为方式直接或间接地影响着其他行为主体行为，形成良性循环的动力机制。在此，我们具体分析各个行为主体如何通过自身行为对其他主体形成良性影响，从而带动生态与经济融合共生发展的良性循环。

二、政府政策支持促进机制

(一)政府自身管理方面

建立目标责任体制，将生态环境保护和经济增长的目标纳入责任体系中，将责任落实到个人。只有将责任落实到个人，政府人员才会意识到保护生态环境要从自身做起，是个人责任；同时政府应加大绿化力度，造林植树，全面提高植被覆盖率，大力促进生态城市、生态社区、生态村镇、生态庭院、生态农业、生态农村的形成。

(二)区域环保组织方面

利用政府的权威和公信力，提高区域环保组织的影响力，加深区域环保组织在民众心中的良好印象，使区域环保组织深入基层、深入社区，全面发展区域环保组织；利用财税政策，对区域环保组织提供优惠财税支持，加大对环保组织的资金资助，解决区域环保组织资金匮乏的问题；推动区域环保组织机制和职能的完善，为区域环保组织工作人员提供良好的社会保障；制定相应的规章制度，鼓励区域环保组织以多种方式参与到生态经济建设中，为区域环保组织营造良好的政策环境，协同政府、企业、消费者推进生态经济健康发展。

（三）企业方面

对企业的非生态行为征收恰当的产量税①；使用影子价格对稀缺资源价格进行调整，以更合理的市场价格使社会资源得到更合理分配，促进生产效率和社会福利最优化；通过罚款、信贷、法规、补贴、价格、押金等手段管理生态资源利用者的生产服务行为和消费行为，以维护政府作为环境资源所有者的主权，迫使企业和消费者在做经济和消费决策时，将外部效果作为考虑的重要因素。

（四）消费者方面

对消费者开展广泛、深入、持久的教育活动，引导消费者塑造正确的消费意识、环保意识和消费行为。政府借助互联网和媒体的力量，利用互联网和媒体对环保行为进行宣传，树立榜样作用，正确引导民众的消费行为；利用税收手段，对消费者消费不环保产品征收消费税，对不环保产品额外征收费用，加大消费者消费非生态产品的机会成本；用价格手段引导消费者形成生态消费理念；给消费者营造良好绿色生态的消费环境，构建资源节约、环境友好的消费方式，使得消费者在这种环境下，自愿做出生态消费的行为选择。

政府政策支持促进机制如图 4－2 所示。

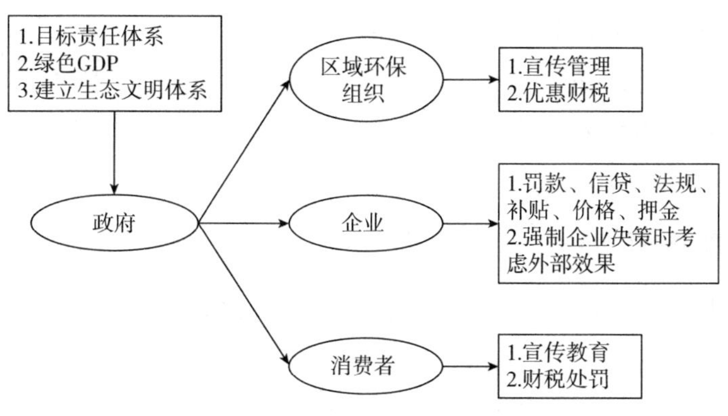

图 4－2 政府政策支持促进机制

① 产量税是指对企业生产出的每一单位外部不经济的行为和产品征收定额的税金。

三、区域环保组织技术推动机制

（一）区域环保组织自身方面

区域环保组织应自主建立和完善自身的管理体制和管理架构，积极推广环保行为，提升组织形象，提高在社会中的诚信度、公信度和认知度；加强对不环保行为的监督管理，提供引导其他主体进行生态行为的服务。在促进我国区域环保组织的全面健康发展过程中，推动我国环保事业大步向前发展，进而促进生态与经济融合共生发展。

（二）政府方面

为政府提供环保技术支持，环保政策建议等；监督政府政策的制定，政府职能的实施，辅助政府建立生态文化社区及景区，推广生态版的中华文化，挖掘我国异彩纷呈的生态文化；坚持保护与挖掘合理适度的原则，积极配合政府建立生态中华特色景观；广泛开展群众性文化活动，将我国丰富的生态资源转化为发展经济的动力和促进我国文化发展的优势。

（三）企业方面

区域环保组织为企业提供技术、人才和知识支持；辅助企业进行科技创新，提高产业科技水平，促进企业发展节能技术和绿色技术，开发节能产品和绿色产品，提供节能服务和绿色服务；辅助企业建立全国性的生态产品开发体系和宣传营销网络，全面发展绿色生产，开发新产品，开发清洁能源、可再生能源，合理解决能源问题；监督企业的生产过程，销售过程，为合作企业的产品和服务提供具有公信力的环保认证，提高企业的公信力和商誉。

（四）消费者方面

利用自身的权威、公信力、基层力量向社会各阶层人员宣传生态与经济融合共生发展的思想、原则、行为规范以及方针政策，使全社会形成一种关心、支持、参与生态与经济融合共生发展的气氛与合力。

区域环保组织技术推动机制如图 4 –3 所示。

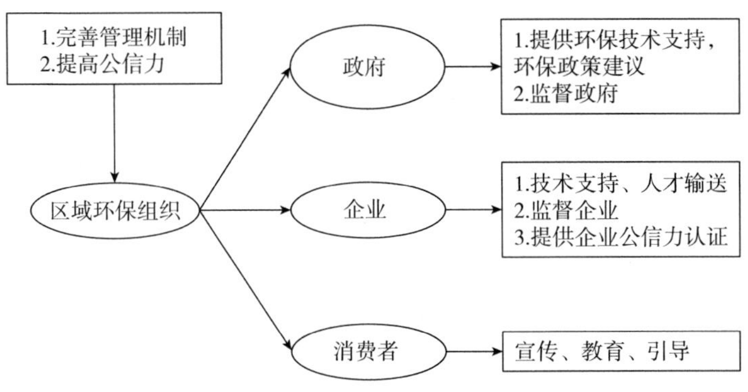

图 4－3　区域环保组织技术推动机制

四、企业经济利益推动机制

(一)企业自身方面

企业自身应大力推动组织创新、技术创新、管理创新等。通过企业组织创新给中间组织的结构优化提供参考；利用技术创新开发新能源，开发生态产品，降低环保产品的生产成本，提高环保产品的利润；通过企业的管理创新，吸引人才，管理人才，以人才带动企业的环保发展。

(二)政府方面

企业监督政府环保政策的制定与实施；政府加大对企业环保技术研发的支持力度，对企业环保行为进行补贴，对企业不环保行为强行管制和罚款。

(三)区域环保组织方面

企业通过投资的方式给区域环保组织注入资金；通过合作的方式给区域环保组织提供经费；为区域环保组织提供管理方面的相关经验。

(四)消费者方面

企业通过技术创新提供更加优惠的环保产品，给环保产品更加明确的标签，引导消费者消费生态产品；企业在宣传自身产品的同时，向消费者普及环保知识、环保观念及环保消费的益处，使得环保消费行为成为消费者自发的消费行为。

企业经济利益推动机制如图 4－4 所示。

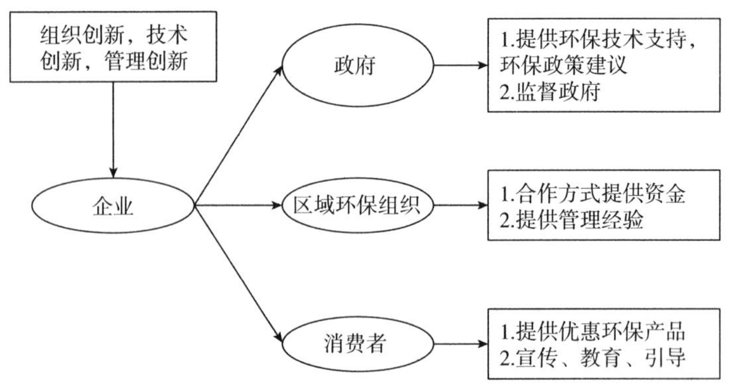

图4-4 企业经济利益推动机制

五、消费者需求拉动机制

(一)消费者自身方面

消费者自身应加强对生态与经济融合共生发展的认识，养成生态消费的观念意识，自觉做到对自身行为的约束和监督，提倡可持续消费，享受环保服务，做出环保行为，通过自身的环保行为带动身边人的环保行为，从而推进整个社会生态环保的进步。

(二)政府方面

消费者积极参与对政府的监督。政府自身存在诸多缺陷，如政府领导有限任职制容易导致官员“短期行为”“监督空洞”现象严重，GDP计算体系不合理，政府绩效考核体系不科学，等等。所以消费者对政府的监督必不可少，特别是在互联网时代，消费者可以通过互联网媒体端，对政府包庇放纵助纣为虐的行为进行实时监督，增加政府道德风险的违约成本；同时积极参与到政府政策的制定当中，以自身的知识和宣传力量给政府提供智慧锦囊，监督政府政策的实施，同时积极配合政府的环保政策行为。

(三)区域环保组织方面

消费者与区域环保组织是相辅相成的关系。区域环保组织可以提高消费者甄别生态与非生态产品的能力，提高消费者生态消费意识，提升消费者的生态素质；消费者可以支持区域环保组织的工作，配合区域环保组织监督企业与政府，辅助区域环保组织进行生态建设宣传。

（四）企业方面

消费者是企业产品使用的最终端。若企业进行非生态行为造成生态环境被破坏，消费者的生存环境受到威胁就会选择放弃消费该企业产品，甚至会举报企业的不良行为，从而企业的经济利益和社会声誉都受到严重损害，企业迫于社会压力将选择从事生态生产行为。现今消费者对企业的监督不局限于政府渠道、区域环保组织渠道，还包括互联网媒体渠道。互联网媒体监督是一种最方便、影响最大且最公平的监督举报方式，消费者可以通过互联网手段对企业的生产排污行为进行舆论监督，使企业非生态行为带来的成本大于其采取生态行为的成本，那么企业出于对经济利益的考虑会采用生态行为。

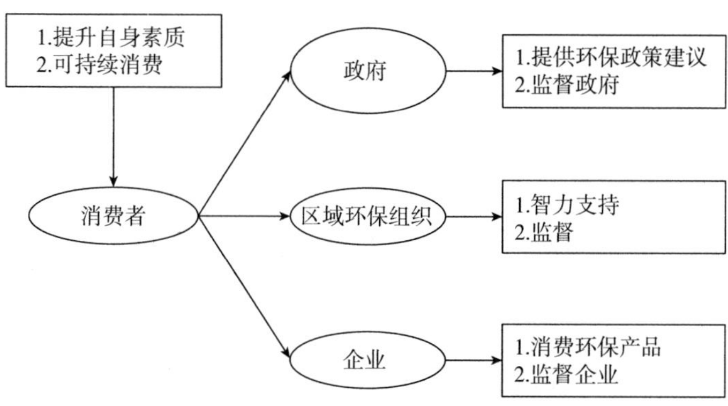

图4－5　企业经济利益推动机制

第五章

研究结论及展望

一、研究结论

本篇以生态经济学理论、融合共生理论、博弈理论为基础，通过构建政府、区域环保组织、企业、消费者行为主体间的博弈模型并分析纳什均衡解的实现路径，来研究生态与经济融合共生发展的动力机制问题，最后得出以下结论：

通过对生态与经济融合共生动力机制的理论基础研究，探讨了生态经济、共生发展、博弈论的概念，分析了各行为主体在生态与经济融合共生系统中扮演的角色，了解学者对生态与经济融合共生发展的态度以及提出了实现生态与经济融合共生发展的理论建议。相关研究大致可以分为以下几类：第一，学者对生态与经济的兼容性看法不一，认为生态与经济发展不具兼容性，但大部分人认为生态与经济是可以实现融合共生发展的。第二，实现生态与经济的融合共生发展要从政府政策入手，制定绿色GDP考核体系，确保政府政策的实效性和政府政策的执行力度。第三，实现生态与经济融合共生发展要保证企业生态生产的收益性，企业主要是受经济利益驱动而不是道德意识驱动的主体，要调动企业对生态环境保护的积极性必须要让企业从生态环境保护中获得经济利益。第四，实现生态与经济融合共生发展要从调动消费者积极性入手，提高消费者生态文明意识，提升消费者消费素质，从政策和经济利益上鼓励消费者做到生态消费。

通过对生态与经济融合共生的行为主体研究，构建了政府、区域环保组织、企业、消费者的效用目标，并分析了相互之间的关系网络。首先，政府的效用目标是实现社会福利的最大化，实现GDP增长，增加财政收入；区域环保组织的效用目标是保护地球环境，维持生物多样性，建立生态型社会，推动社会的可持续发展；企业的效用目标为通过生产实现经济利益最大化；消费者的效用目标是通过消费实现个体效用最大化。其次，政府与区域环保组织、企业、消费者是监督与被监督、支持与反支持的关系；区域环保组织与政府、企业、消费者是教育、支持、监督与被监督的关系；企业与政府是监督、支持与被监督被支持的关系；消费者与政府、区域环保组织、企业的关系是支持与被支持的关系。

通过构建博弈模型对主体生态行为进行分析，首先要确定模型的假定前提即理性人假设，确定博弈模型的相关要素即参与人，确定博弈中的行为主体在某个时间段所采取的行动变量，确定行为主体的收益函数，等等；其次建立每个行为主体的目标效用函数，对每个主体所采取的行为进行变量赋值，代入函数计算得出系统各个均衡状态的收益情况。结果表明，博弈的纳什均衡点位于(政府，区域环保组织，企业，消费者)的(非生态行为，非生态行为，非生态行为，非生态行为)，其收益为(4，3，6，5)。但随着环境的恶化，从政府开始，各主体的生态意识愈加强烈，意识到要在发展经济的同时注重生态的平衡，这也是引导纳什均衡点从各个行为主体都不生态到都生态的均衡点的转移契机。同时只要两方及以上主体采取生态行为，那么将使得采取非生态行为的主体收益下降，从而引导采取非生态行为的双方为使收益提高开始采取生态行为，形成生态与经济融合共生系统的良性循环。

行为主体间动力机制的构建。通过对行为主体间的博弈结果分析，并结合我国现实情况对纳什均衡点的实现和转移进行原因解释，得出促进生态与经济融合共生发展的四大动力机制：第一，政府政策支持促进机制。政府环境政策的贯彻执行，对其他行为主体的强制管理，适度引导及宣传教育，在生态与经济融合共生发展中起到重要作用。第二，区域环保组织技术推动机制。区域环保组织对其他主体提供技术支持、环保建议、宣传引导，很好地辅助了生态经济和谐发展。第三，企业经济利益推动机制。企业在经济利益推动下采用环保技术，对其他行为主体进行监督，提供管理经验，提供生态产品，在生态经济中提供了强大助力。第四，消费者需求拉动机制。消费者通过自身消费行为拉动企业生态生产，对政府行为进行监督，支持区域环保组织工作，为生态与经济融合共生发展提供了原动力。

二、研究展望

本篇所解决的问题包括对生态与经济融合共生发展涉及的行为主体进行界定，具体分析了四个行为主体的效用函数，找到了行为主体间博弈的纳什均衡和帕累托最优点，构建了行为主体促进生态与经济融合共生发展的动力机制。

但还有以下两个问题在分析时存在一定缺陷和不足，值得日后展开更深入研究：

理性人假设中忽略了复杂现实生活中人类复杂的心理变化。任何一个行为主体都是由人所组成的整体，而人类在行为活动中存在的心理活动复杂多样，所以理性人假设无法全部覆盖。本书对人类复杂的心理因素变化没有多加考虑，希望在以后的研究中可以加入心理学的知识点对行为主体的假设进行讨论。

限定的四个行为主体为政府、区域环保组织、企业、消费者，界定范围较窄，概念相对宽泛。社会中存在的客观主体不仅包括政府、区域环保组织、企业、消费者，可能还有很多其他类别的主体在生态与经济融合共生系统中也能起作用；而且即使相同主体中的不同个体也可能会存在效用目标和效用函数的细微差异。希望之后的研究可以进一步细化和完善。

附 录

一、专家意见征询：生态与经济融合共生水平指标体系调查问卷

说明：您认为下表中的因素对区域生态与经济融合共生水平的影响程度，按照您认为的重要性在相应分值空格内打“√”（说明：1 = 非常不重要，2 = 不重要，3 = 无所谓，4 = 重要，5 = 非常重要）。

请您对下列选项进行重要性打分“√”			1	2	3	4	5
目标层	要素层	指标层					
生态与经济融合共生水平	生态政策	环境污染治理投资占 GDP 比重					
		资源税占财政收入比重					
		环保治理投资总额					
		城市环境基础设施投资额					
		当年完成环保验收项目数					
		政府科技经费支出比例					
		排污费征收额					
		国家火炬计划项目数					
		国家星火计划落实资金					
	生态产业	工业固体废弃物综合利用率					
		工业用水重复利用率					
		能源消费弹性系数					
		农业科技人员数					
		工业废水排放达标率					
		“三废”综合利用产品产值					
		工业耗能					

续表

请您对下列选项进行重要性打分"√"			1	2	3	4	5
目标层	要素层	指标层					
生态与经济融合共生水平	生态产业	高技术产业总产值					
		万元 GDP 能耗					
		万元 GDP 水耗					
		能源利用效率					
		化肥施用强度					
		有效灌溉面积					
		农药施用水平					
		节水灌溉机械					
		农业耗能					
		农业耗水					
		水土流失治理面积					
		沼气池产气总量					
	生态企业	高新技术企业技术改造经费支出					
		高新技术企业有效发明专利数目					
		高新技术产业企业数目					
		产品优等品率					
		绿色食品原料标准化生产基地					
		绿色食品企业数目					
		绿色食品产品数目					
		环境标志获证企业数目					

十、专家意见征询:行为主体在生态与经济融合共生博弈中重要性调查问卷

说明：下表是关于在生态经济融合共生中行为主体间相互影响其环保行为的重要性表格，按照您认为的重要性在相应分值空格内打“√”（说明：1 = 不重要，2 = 一般，3 = 重要）。

请根据重要性进行打分		1	2	3
受影响主体	影响主体			
政府	区域环保组织	√		
	企业		√	
	消费者		√	
区域环保组织	政府		√	
	企业	√		
	消费者			√
企业	政府			√
	区域环保组织		√	
	消费者	√		
消费者	政府		√	
	区域环保组织			√
	企业		√	

说明：下表是关于在生态经济融合共生中，行为主体对其自身环保行为意愿的重要性表格，按照您认为的重要性在相应分值空格内打“√”（说明：1 = 不重要，2 = 一般，3 = 重要）。

主体自身意愿	1	2	3
政府		√	
区域环保组织			√
企业	√		
消费者		√	

十一、JAVA程序代码

如下一段程序代码来解出四个主体间的四元方程，其中 a，b，c，d 即代表 σ_A，σ_B，σ_C，σ_D；y1，y2，y3，y4 即代表 μ_A，μ_B，μ_C，μ_D。

```
public class MainDemo {
  public static void main(String[ ] args) {
    // TODO Auto - generated method stub
    System. out. println("     main    start    ");
    dosmoething( );
  }
  private static void dosmoething( ) {
    for( int a  =  - 1;a < =1;a + + ) {
      if( a = =0) {continue;}
      for( int b  =  - 1; b< =1 ; b+ + ) {
        if( b = =0) {continue;}
        for( int c  =  - 1; c < =1; c + + ) {
          if( c = =0) {continue;}
          for( int d  =  - 1;d < =1;d + + ) {
              if( d = =0) {continue;}
            if( - 10000 < =a * (b +3 * c +2 * d +2) && a * (b +3 * c +2 * d +2) < =10000
              && - 10000 < =b * (3 * a +c +2 * d +3) && b * (3 * a +c +2 * d +3) < =10000
              &&  - 10000 < =c * (2 * a +b +3 * d) && c * (2 * a +b +3 * d) < =10000
              && - 10000 < =d * (3 * a +b +2 * c +1) && d * (3 * a +b +2 * c +1) < =10000) {
  System. out. println("a =" +a +";b =" +b +";c =" +c +";d =" +d);
                  System. out. println("y1 ="  + a * (b +c +2 * d +2));
                  System. out. println("y2 ="  + b * (3 +3 * a +c +2 * d));
                  System. out. println("y3 ="  + c * (3 * a +b +2 * d +1));
                  System. out. println("y4 ="  + d * (2 +2 * a +b +2 * c));
  System. out. println(" ================================“);
                    }
                  }
                }
```

```
            }
        }
    }
```

}结果：

a = -1;b = -1;c = -1;d = -1

y1 = 2,y2 = 3,y3 = 5,y4 = 3

==================================

a = -1;b = -1;c = -1;d = 1

y1 = -2,y2 = -1,y3 = 1,y4 = -3

==================================

a = -1;b = -1;c = 1;d = -1

y1 = 0,y2 = 1,y3 = -5,y4 = -1

==================================

a = -1;b = -1;c = 1;d = 1

y1 = -4,y2 = -3,y3 = -1,y4 = 1

==================================

a = -1;b = 1;c = -1;d = -1

y1 = 0,y2 = -3,y3 = 3,y4 = 1

==================================

a = -1;b = 1;c = -1;d = 1

y1 = -4,y2 = 1,y3 = -1,y4 = -1

==================================

a = -1;b = 1;c = 1;d = -1

y1 = -2,y2 = -1,y3 = -3,y4 = -3

==================================

a = -1;b = 1;c = 1;d = 1

y1 = -6,y2 = 3,y3 = 1,y4 = 3

==================================

a = 1;b = -1;c = -1;d = -1

y1 = -2,y2 = -3,y3 = -1,y4 = -1

==================================

a = 1;b = -1;c = -1;d = 1

y1 = 2,y2 = -7,y3 = -5,y4 = 1

==================================

a = 1;b = -1;c = 1;d = -1

y1 = 0,y2 = -5,y3 = 1,y4 = -5

==================================
a = 1; b = -1; c = 1; d = 1
y1 = 4, y2 = -9, y3 = 5, y4 = 5
==================================
a = 1; b = 1; c = -1; d = -1
y1 = 0, y2 = 3, y3 = -3, y4 = -3
==================================
a = 1; b = 1; c = -1; d = 1
y1 = 4, y2 = 7, y3 = -7, y4 = 3
==================================
a = 1; b = 1; c = 1; d = -1
y1 = 2, y2 = 5, y3 = 3, y4 = -7
==================================
a = 1; b = 1; c = 1; d = 1
y1 = 6, y2 = 9, y3 = 7, y4 = 7
==========

十二、GDP及三次产业占比原始数据

年份	GDP（亿元）	GDP增长（%）
2010	401513	
2011	473104	17.8
2012	518942	9.7
2013	568845	9.6
2014	636463	11.9

年份	第一产业 GDP（亿元）	第二产业 GDP（亿元）	第三产业 GDP（亿元）	第一产业 GDP增长（%）	第二产业 GDP增长（%）	第三产业 GDP增长（%）
2010	40553	187506	173454			
2011	47310	220466	205327	16.7	17.6	18.4
2012	52413	235081	231448	10.8	6.6	12.7
2013	56957	249684	262204	8.7	6.2	13.3
2014	58555	271770	306139	2.8	8.8	16.8

我国产业结构占 GDP 比重

年份	GDP（亿元）	第一产业占GDP比重（%）	第二产业占GDP比重（%）	第三产业占GDP比重（%）
2010	401512. 8	10. 1	46. 7	43. 2
2011	473104	10	46. 6	43. 4
2012	518942. 1	10. 1	45. 3	44. 6
2013	568845. 2	10. 0127	43. 8932	46. 094
2014	636463	9. 2	42. 7	48. 1

十三、人均可支配收入及消费性支出原始数据

年份	城镇居民人均可支配收入（元）	城镇居民人均可支配收入增长率（%）	农村居民人均可支配收入（元）	农村居民人均可支配收入增长率（%）
2010	19109. 4	7. 8	5919	
2011	21810	14. 1	6978	17. 9
2012	24564. 7	12. 6	7919	13. 5
2013	26955. 1	9. 7	8896	12. 400
2014	28844	9. 0	10489	11. 2

年份	城镇居民人均消费性支出（元）	城镇居民人均消费性支出增长率（%）	农村居民人均消费性支出（元）	农村居民人均消费性支出增长率（%）
2010	13471. 45		4381. 8	
2011	15160. 89	0. 13	5221. 1	0. 19
2012	16674. 3	0. 10	5908	0. 13
2013	18023	0. 08	6625. 5	0. 12
2014	19968	0. 11	8383	0. 27

十四、能源消耗总量及能源消费结构原始数据

年份	能源消耗总量（万吨标准煤）	占能源消费量的比重（%）			
		煤炭	石油	天然气	水电、核电、风电
2010	324939	68	19	4.4	8.6
2011	348002	68.4	18.6	5	8
2012	362000	67.4	19	5.3	8.3
2013	417000	66	18.4	5.8	9.8
2014	426000	66	17.1	6.2	10.7

年份	单位 GDP 能耗降低率（%）	GDP 能源消费弹性系数
2010	4	0.69
2011	2	0.77
2012	3.6	0.51
2013	3.7	0.48
2014	4.8	0.3

年份	人工造林面积（千公顷）	城市建成区绿化覆盖面积（千公顷）	森林覆盖率（%）
2010	3872.762	1494.5	20.36
2011	4065.693	1612	20.36
2012	3820.704	1719	20.36
2013	4209.686	1812	21.63
2014	4052.912	1907.5	21.63

参考文献

[1] De Bary A. Die Erscheinung Der Symbios [D] . Privately Printed, 1879: 1 -30.

[2] Carter H. The Study of Urban Geography [J] . New Zealand Geographer, 1973, 29 (1): 102.

[3] Coats A W, David R. The Principles of Political Economy and Taxation [J] . The Economic History Review, 1973 (1) .

[4] Gnaaff J D V, Boulding K E. A Reconstruction of Economics [J] . The Economic Journal, 1951, 62 (247): 628.

[5] Panayotou T. Empirical Tests and Policy Analysis of Environmental Degradation at Different Stages of Economic Development [Z] . Working Paper WP238, Technology and Employment Programme, International Labor Office, Geneva, 1993.

[6] Krueger G A B. Economic Growth and the Environment [J] . Quarterly Journal of Economics, 1995, 110 (2): 353 -377.

[7] Ansuategi A. Economic Growth and Transboundary Pollution in Europe: An Empirical Analysis [J] . Environmental & Resource Economics, 2003, 26 (2): 305 -328.

[8] Mario, Giampietro, Kozo, et al. Multiple - Scale Integrated Assessment of Societal Metabolism: An Analytical Tool to Study Development and Sustainability [J] . Environment Development & Sustainability, 2001, 3 (4): 275 -307.

[9] Warlenius R, Pierce G, Ramasar V. Reversing the Arrow of Arrears: The Concept of "Ecological Debt" and Its Value for Environmental Justice [J] . Global Environmental Change, 2015 (30): 21 -30.

[10] Lai P H, Nepal S K. Local Perspectives of Ecotourism Development in Tawushan Nature Reserve, Taiwan [J] . Tourism Management, 2006, 27 (6): 1117 -1129.

[11] Yacob M R, Shuib A, Mamat M F, et al. Local Economic Benefits of Ecotourism Development in Malaysia: The Case of Redang Island Marine Park [J] . International Journal of Economics and Management, 2007, 1 (3): 365 -386.

[12] Joungkoo P, Gary D E, Samuel S K, Bruce P. An Investigation of Perceptions of Social Equity and Price Acceptability Judgments for Campers in the U. S. National Forest [J]. Tourism Management, 2010, 31 (2): 202 -212.

[13] Jaafar M, Maideen S A. Ecotourism - related Products and Activities, and the

Economic Sustainability of Small and Medium Island Chalets [J]. Tourism Management, 2012, 33 (3): 683-691.

[14] Kent E P. Taking Sustainable Cities Seriously [M]. Cambridge, MA: MIT Press, 2003: 269.

[15] Asfaw K, Isaac K M. Challenges of Sustainable Urban Development: The Case of Umoja Residential Community in Nairobi City, Kenya [M]. Springer Netherlands, 2011.

[16] Schienke E W. "Ecocity China": An Ethos under Development [M]. Engineering, Development and Philosophy, 2012.

[17] Panayotou T. Demystifying the Environmental Kuznets Curve: Turning a Black Box into a Policy Tool [J]. Environment & Development Economics, 1997, 2 (4): 465-484.

[18] Hantschel R E, Lenz R J M. Management Induced Changes in Agroecosystems Aims and Research Approach of the Munich Research Network on Agroecosystems [M] // Integrated Soil and Sediment Research: A Basis for Proper Protection. Springer Netherlands, 1993.

[19] Ragland J, Lal R. Technologies for Sustainable Agriculture in the Tropics [J]. Soilence, 1994, 158 (4): 303.

[20] Hiranandani V. Sustainable Agriculture in Canada and Cuba: A Comparison [J]. Environment Development & Sustainability, 2010, 12 (5): 763-775.

[21] Nahuelhual L, Carmona A, Aguayo M, et al. Land Use Change and Ecosystem Services Provision: A Case Study of Recreation and Ecotourism Opportunities in Southern Chile [J]. Landscape Ecology, 2014, 29 (2): 329-344.

[22] Giampietro M. Complexity and Scales: The Challenge for Integrated Assessments [M] //Rotmans J. and M. van Asselts (eds.). Scaling Issues in Integrated Assessment. Dordrecht the Netherlands: Kluwer Academic Publishers, 2001: 305-318.

[23] Berardi U. Sustainability Assessment of Urban Communities Through Rating Systems [J]. Environment Development & Sustainability, 2013, 15 (6): 1573-1591.

[24] Hoagland P, Jin D. Accounting for Marine Economic Activities in Large Marine Ecosystems [J]. Ocean & Coastal Management, 2008, 51 (3): 246-258.

[25] Leukhardt F, Allen S. How Environmentally Focused Is the German Sustainability Strategy? A Critical Discussion of the Indicators Used to Measure Sustainable Development in Germany [J]. Environment, Development and Sustainability, 2013, 15 (1): 149-166.

[26] Thapa G B. Sustainability of Ecological and Conventional Agricultural Systems in Bangladesh: An Assessment Based on Environmental, Economic and Social Perspectives [J]. Agricultural Systems, 2004, 79 (3): 327-351.

[27] Rezaei-Moghaddam K, Karami E. A Multiple Criteria Evaluation of Sustainable Agricultural Development Models Using AHP [J]. Environment Development & Sustainability, 2008, 10 (4): 407-426.

[28] Gort M, Klepper S. Time Paths in the Diffusion of Product Innovations [J] . The Economic Journal, 1982 (92) : 630 –653.

[29] Klepper S, Graddy E. The Evolution of New Industriesand the Determinants of Market Structure [J] . Rand Journal of Economics, 1990, 21 (1) : 27 –44.

[30] Bond E, Tybout J R, Utar H. Credit Rationing, Risk Aversion and Industrial Evolution in Developing Countries [R] . NBER Working Papers, 2008.

[31] Kuznets S S. Modern Economic Growth: Rate, Structure, and Spread [J] . Journal of Political Economy, 1966, 37 (145): 475 –476.

[32] Montobbio F. An Evolutionary Model of Industrial Growth and Structural Change [J]. Structural Change & Economic Dynamics, 2002, 13 (4): 387 –414.

[33] Parrinello S. The Service Economy Revisited [J] . Structural Change and Economic Dynamics, 2004, 15 (4): 381 –400.

[34] Fujita M, Thisse J. Economics of Agglomeration [M] . England: Cambridge University Press, 2005.

[35] Iammarino S, McCann P. The Structure and Evolution of Industrial Clusters: Transactions, Technology and Knowledge Spillovers [J] . Research Policy, 2006 (35) .

[36] Kim Y H. Impacts of Regional Economic Integration on Industrial Relocation Through FDI in East Asia [J] . Journal of Policy Modeling, 2007, 29 (1): 165 –180.

[37] Malerba F. Innovation and the Dynamics and Evolution of Industries: Progress and Challenges [J] . International Journal of Industrial Organization, 2007, 25 (4): 675 –699.

[38] Tuan C, Ng F Y. The Place of FDI in China's Regional Economic Development: Emergence of the Globalized Delta Economies [J] . Journal of Asian Economics, 2007, 18 (2): 348 –364.

[39] Toner P. Changes in Industrial Structure in the Australian Construction Industry: Causes and Implications [J] . Economic and Labour Relations Review, 2000, 11 (2): 291 –307.

[40] Holub A. Changes in the Industrial Structure of the Czech Economy in the Process of Transformation with Regard to International Aspects [J] . Politická Ekonomie, 1998 (6) .

[41] Institute H, Kahn H. World Economic Development: 1979 and Beyond [M] . University of Tronto, 1979.

[42] Engberg H. Industrial Symbiosis in Denmark [M] . New York: NYU Stern School of Business Press, 1993: 25 –26.

[43] King P, Annandale D, Bailey J. Integrated Economic and Environmental Planning in Asia: A Review of Progress and Proposals for Policy Reform [J] . Progress in Planning, 2003, 59 (4): 233 –315.

[44] 贾莉，阎小培．生态环境与经济的可持续发展［J］．生态经济，2001（3）：18－20.

[45] 黄小勇．区域经济共生发展的界定与解构［J］．华东经济管理，2014，28（1）：158－159.

[46] 张青峰，吴发启，王力，王健．黄土高原生态与经济系统耦合协调发展状况［J］．应用生态学报，2011，22（6）：1531－1536.

[47] 李怡雯．临安市生态与经济协调发展评价研究［D］．浙江农林大学博士学位论文，2012.

[48] 付丽萍．我国发展低碳经济的行为主体激励机制研究［D］．中南大学博士学位论文，2012.

[49] 杨林．资源、环境与经济共生的制度约束与制度创新研究［J］．中国海洋大学，2005（4）：7.

[50] 尹继东，彭道宾．省域经济运行评价指标体系研究［J］．南昌大学学报（人文社会科学版），2005（4）：61－66.

[51] 刘定惠，杨永春．区域经济—旅游—生态环境耦合协调度研究——以安徽省为例［J］．长江流域资源与环境，2011，20（7）：892－896.

[52] 陶表红．生态旅游产业可持续发展研究——以江西为例［D］．武汉理工大学博士学位论文，2012.

[53] 孙玉琴．基于 DEA 的滨海区域生态旅游效率评价及优化研究［D］．中南林业科技大学博士学位论文，2012.

[54] 胡冀珍．云南典型少数民族村落生态旅游可持续发展研究——以沧源翁丁佤寨为例［D］．中国林业科学研究院博士学位论文，2013.

[55] 李石斌．海南无居民海岛旅游可持续发展评价指标体系及应用研究［D］．海南大学博士学位论文，2014.

[56] 王飞儿．生态城市理论及其可持续发展研究［D］．浙江大学博士学位论文，2004.

[57] 陈天鹏．生态城市建设与评价研究［D］．哈尔滨工业大学博士学位论文，2008.

[58] 秦东钦．基于生态城市构建的资源型城市可持续发展研究——以招远市为例［D］．中国海洋大学博士学位论文，2011.

[59] 崔照忠．区域生态城镇化发展研究——以山东省青州市为例［D］．华中师范大学博士学位论文，2014.

[60] 张丽峰，贾卫萍，刘玉川．环渤海经济圈生态足迹与经济增长关系研究［J］．干旱区资源与环境，2010，24（10）：1－6.

[61] 王美霞，任志远，王永明，王海岗．宝鸡市经济与环境系统耦合协调度分析［J］．华中师范大学学报，2010，44（3）：512－516.

[62] 邱林卉．晋江市经济与环境协调发展实证分析［D］．福建农林大学博士学

位论文，2012.

［63］车婷．鄱阳湖地区城市生态环境与经济发展关系的实证研究［D］．南昌大学博士学位论文，2013.

［64］孙玥，程全国．基于能值分析的辽宁省生态经济系统可持续发展评价［J］．应用生态学报，2014，25（1）：188－194.

［65］杨世琦，高旺盛．农业生态系统协调度测度理论与实证研究［J］．中国农业大学学报，2006，11（2）：7－12.

［66］翟勇，杨世琦，韩清芳，贾志宽．生态农业评价理论与实证研究［J］．西北农林科技大学学报，2006，34（11）：54－60.

［67］吴大付，张伟，任秀娟，李东方．我国红壤地区生态农业农户层次可持续性评价［J］．中国农业资源与区划，2008，29（5）：43－47.

［68］林刚．洛川县苹果产业生态经济效益分析与综合评价［D］．西北农林科技大学博士学位论文，2010.

［69］徐敏雄，周潇，曹青青．生态农业可持续发展综合能力评价研究——以四川省德昌县为例［J］．现代商贸工业，2014（3）：51－54.

［70］王良健．旅游可持续发展评价指标体系及评价方法研究［J］．旅游学刊，2001，16（1）：67－70.

［71］魏敏，冯永军，李芬，王晓玲．农业生态旅游地综合评价指标体系的研究［J］．中国生态农业学报，2004，12（4）：188－191.

［72］王玉霞，郭连生．运用AHP法对大青沟自然保护区进行生态评价［J］．内蒙古农业大学学报，2010，31（3）：46－51.

［73］孙洁婧．基于AHP的浙江滨海生态旅游资源评价研究［D］．浙江海洋学院博士学位论文，2014.

［74］曹慧，胡锋，李辉信，梁镇海，王昭昭．南京市城市生态系统可持续发展评价研究［J］．生态学报，2002，22（5）：787－792.

［75］申远．呼俗贝尔市生态城市发展模式研究［D］．中央民族大学博士学位论文，2012.

［76］钟永德，石晟屹，罗芬，罗伟亮．杭州低碳生态城市评价体系设计及实证研究［J］．中南林业科技大学学报，2014，34（6）：117－123.

［77］贺晟晨，王远，高倩，石磊，陆根法．城市经济环境协调发展系统动力学模拟［J］．长江流域资源与环境，2009，18（8）：698－703.

［78］曹辉．基于熵值法的少数民族地区生态经济评价研究［J］．贵州民族研究，2014，35（5）：81－85.

［79］潘安兴，王芳．基于熵值法的区域农业循环经济发展评价［J］．农机化研究，2008（8）：44－47.

［80］黄祖辉，林本喜．基于资源利用效率的现代农业评价体系研究［J］．农业经济问题，2009（11）：20－27.

［81］张立超．中国循环农业发展评价研究［D］．沈阳农业大学博士学位论文，2011.

［82］刘旭，蔺雪芹，王岱，孙鸣喆．北京市县域都市农业可持续发展综合评价研究［J］．首都师范大学学报，2014，35（6）：75－81.

［83］吴鑫．莆田市主导产业选择研究［D］．福建农林大学博士学位论文，2012.

［84］赵斌．中国西北地区主导产业选择研究［D］．北京交通大学博士学位论文，2011.

［85］高登榜．产业转移中的主导产业选择与承接模式研究［D］．合肥工业大学博士学位论文，2013.

［86］吴晓芳．低碳背景下江苏省工业主导产业选择研究［D］．江南大学博士学位论文，2013.

［87］刘鸿宵．低碳经济下资源型城市主导产业选择研究［D］．东北石油大学博士学位论文，2012.

［88］张雷．资源环境技术约束下我国主导产业选择研究［D］．上海社会科学院硕士学位论文，2012.

［89］杜吉明．煤炭资源型城市产业转型能力构建与主导产业选择研究［D］．哈尔滨工业大学博士学位论文，2013.

［90］李龙新．基于劳动力发展的主导产业选择研究［D］．复旦大学博士学位论文，2006.

［91］林洁．基于投入产出表的山东省主导产业选择［D］．山东大学博士学位论文，2010.

［92］靳丽贤．河北省主导产业对经济增长的影响研究［D］．河北工业大学博士学位论文，2005.

［93］李维．重庆市特色工业园区主导产业对经济增长影响研究［D］．西南大学博士学位论文，2009.

［94］王春艳，蔡敬梅，李卫东．主导产业引领区域经济增长［J］．科技进步与对策，2013，30（13）：34－38.

［95］任昕．我国海洋主导产业经济效应研究［D］．中国海洋大学硕士学位论文，2012.

［96］赵付民，黄进．基于价值创造网络的区域主导产业成长路径［J］．科技进步与对策，2007，24（2）：47－49.

［97］朱启铭，钟继润．区域主导产业成长路径类型分析［J］．赣南医学院学报，2011，31（5）：812－814.

［98］宋继承．边缘地区主导产业成长机制研究［D］．武汉理工大学博士学位论文，2012.

［99］宋继承．边缘地区主导产业成长模式研究［J］．财经理论研究，2015（6）：20－27.

［100］吴寒冰，张学玲，王恕立．生态文明视野下主导产业成长机制构建［J］．江西社会科学，2013（11）：49－53.

［101］江金铭，张广胜，陈婧文．政府推动型县域主导产业成长机制及集群水平测度—以 ZW 林产品基地为例［C］//中国软科学研究会．第十届中国软科学学术年会论文集，2015：5.

［102］牛立超，祝尔娟．战略性新兴产业发展与主导产业变迁的关系［J］．发展研究，2011（6）：77－81.

［103］魏鹤群．中国主导产业和经济发展模式的变革［J］．经济研究导刊，2012（24）：5－7.

［104］陈弥，桑沧，王如渊，汤运，吕登高．成渝经济区主导产业演变规律原因［J］．西华师范大学学报（自然科学版），2013，34（4）：349－357.

［105］齐少虎，高志刚．新疆主导产业演化研究［J］．新疆财经，2013（3）：47－52.

［106］罗琦，罗明忠．江西省赣州市农业主导产业选择及其发展策略［J］．南方农村，2015，31（1）：9－15，38.

［107］王树华．工业结构优化升级与江西主导产业的选择［J］．企业经济，2010（7）：119－121.

［108］詹春雷．基于 SSM 的江西省工业行业主导产业选择研究［J］．科技广场，2016（9）：117－120.

［109］石菲菲．江西省现代服务业主导产业选择及发展对策研究［D］．江西师范大学博士学位论文，2014.

［110］李亚云，杨伶，谢屹，王金龙，张大红．江西省林业主导产业识别及产业结构优化研究［J］．林业经济，2016，38（9）：48－54.

［111］王世梅．江西省体育主导产业选择研究［D］．江西师范大学博士学位论文，2008.

［112］张征华，柳华，彭迪云．低碳城市主导产业选择研究——以江西南昌为例［J］．江西社会科学，2013，33（2）：62－66.

［113］杨晨宇．县域经济主导产业的选择与发展研究——以江西省樟树市为例［D］．江西师范大学博士学位论文，2013.

［114］戴志敏，郭露，时奇．产业关联与产业创新系统分析——以江西省主导产业为例［J］．技术经济，2011，30（4）：14－20.

［115］金富民，郑丽月．江西省主导产业变化研究［J］．农村经济与科技，2011，22（4）：65－67.

［116］长谷部勇一．中国经济の构造变化と环境负荷［J］．エコノミア，1994，5（3）：57－62.

［117］藤川清史．犷口一，勺卜怪济刃座案速阴分析［M］．创文社，1999.

［118］冯建功．改革开放以来我国产业结构变动的影响因素分析［D］．内蒙古财

经大学博士学位论文，2012.

［119］檀祝兵．安徽省第三产业内部结构变动及影响因素研究［D］．南京农业大学博士学位论文，2011.

［120］王增．中东欧国家产业结构演变影响因素研究［D］．辽宁大学博士学位论文，2015.

［121］李在军，管卫华，臧磊，吕旭江．江苏省产业结构的空间格局演变及其动力机制分析［J］．经济地理，2013，33（8）：79－85.

［122］袁佳．经济增长背景下我国产业结构演变及优化分析［D］．中国政法大学博士学位论文，2011.

［123］张文，孙林岩，何哲．中国产业结构演变的影响因素分析［J］．科技管理研究，2009，29（6）：373－375.

［124］史亚丽．甘肃省产业结构变动的投入产出分析［D］．兰州商学院博士学位论文，2009.

［125］刘小刚．基于投入产出分析河北省产业结构的变动［D］．河北大学博士学位论文，2011.

［126］李娜，王飞．中国主导产业演变及其原因研究：基于 DPG 方法［J］．数量经济技术经济研究，2012（1）：19－99.

［127］金继红．韩国经济结构变化的因素分析［J］．南开经济研究，2006（6）：89－102.

［128］雪合来提·马合木提，唐小玉．基于 DPG 模型的产业结构演变的因素分析［J］．经济理论与经济管理，2013（4）：69－79.

［129］周东，韩君玲．基于 DPG 要因分析法的中国产业结构变化［J］．山东大学学报，2012（4）：96－103.

［130］李育华．生态与经济发展的鸿沟［J］．生态经济（学术版），2009（5）：145－149.

［131］蔡乌赶，周小亮．企业生态创新驱动、整合能力与绩效关系实证研究［J］．财经论丛，2013（1）：95－100.

［132］王朝全，杨霞．论循环经济的动力机制——德国经验及其对中国的启示［J］．科学管理研究，2008（3）：116－120.

［133］廖筠．发展循环经济对公共政策的需求分析［J］．财经理论与实践，2011，32（1）：87－91.

［134］杨雪峰．循环经济的运行机制研究［D］．华中科技大学博士学位论文，2006.

［135］刘怀德，刘解龙，刘建江．发展中国家绿色消费的经济学分析［J］．消费经济，2002，18（1）：34.

后　记

本书是在国家社科基金一般项目“泛县域视角下产城融合共生路径研究”（16BGL212）、国家自然科学基金面上项目“绿色发展理念指导下区域绿色竞争力的动态监测与政策仿真研究”（71774074）、江西省社科规划项目“江西省传统优势产业转型升级的技术创新路径研究”（16GL06）、江西省教育厅科技研究项目“绿色科技为工业园区服务的效应与路径研究”（GJJ170202）的阶段性成果研究基础上完成的，从江西经济运行的总体情况和转型升级的监测状况出发，对江西生态与经济融合共生水平进行评价分析，并研究了江西生态与经济融合共生的主导产业选择和动力机制。这些成果的主要内容已经陆续在相关杂志上发表，在此，对已经发表本书内容的杂志表示由衷的谢意！

同时，本书得以顺利完成，与课题组成员的团队协作和努力分不开，在课题论证和研究期间，课题组成员收集和整理了大量的数据，并对开发的量表进行了论证和问卷调查。参加课题研究的研究生在资料整理方面提供了相应的帮助，做出了相应的贡献。在此，对这些课题参与成员表示深深的谢意！

当然，书中研究并不全面和系统，可以在后续的研究中加以完善，书中若有不妥之处，敬请广大读者批评指正。

陈运平

二零二零年九月于洪城